Grundschule Wörterbuch für Deutsch als Fremdsprache

Deutsch-Ukrainisch

Німецько-український словник для початкової школи з німецької мови як іноземної

Produktinfos und Shop: interkulturaverlag.de

E-Mail: info@interkulturaverlag.de

Erste Auflage.

ISBN 978-3-96213-480-8

inter. Kultura. Verlag.

AF792490

Inhaltsverzeichnis - зміст

Überblick
Aufbau der Seiten, Vokabeln und Worterklärung

Короткий огляд
Структура сторінок, слів і тлумачення слів

Artikel *Артикль слова*

Silbentrennung: Anhand von Strichen wird die Silbentrennung angezeigt
Поділ слова на склади: перенос слова по складах відображається за допомогою риски

Ukrainische Übersetzung
Переклад на українську мову

Deutsche Definition
Тлумачення слова на німецькій мові

Ukrainischische Definition
Переклад тлумачення слова на українську мову

Deutsche Aussprache der Definition auf Ukrainisch
Німецька вимова тлумачення на українській мові

Abbildung
Зображення слова, про яке було тлумачення

Deutsche Aussprache des Wortes auf Ukrainisch
Німецька вимова слова на українській мові

der	Aal, Aa|le	Вугор	Ааль
die	Ab|fahrt, Ab|fahr|ten	Виїзд	Аб|фарт
	ab|fär|ben	линяти	аб|фер|бен
der	Ab|flug, Ab|flü|ge	Виліт	Аб|флуґ
die	Ab|kür|zung, Ab|kür|zun|gen	Скорочений шлях	Аб|кюр|цунґ
die	Ab|rei|se, Ab|rei|sen	Відправлення	Аб|рай|зе
	ab|sa|gen	відмовлятись, скасовувати	аб|за|ген
der	Ab|schlepp|wa|gen, Ab|schlepp|wa|gen	Евакуатор	Аб|шлепп|ва|ген

Ein großer Wagen, der kaputte Autos auf einer Ladefläche mitnimmt.

Велика машина, яка забирає зламані автомобілі на навантажувальну платформу.

Айн ґросса Ваґен, дер капутте Аутос ауф айна Ладефлєхе мітнімmт.

	ab|schlie|ßen	закривати	аб|шлі|ссен
der	Ab|sen|der, Ab|sen|der	Відправник	Аб|зен|да
die	Ab|sicht, Ab|sich|ten	Намір	Аб|зіхт
die	Ab|stim|mung, Ab|stim|mun|gen	Голосування	Аб|штім|мунґ
	ab|wa|schen	відмивати	аб|ва|шен
	ab|we|send	відсутній	аб|ве|зенд
das	Ab|zei|chen, Ab|zei|chen	Значок	Аб|цай|хен

Kleiner Gegenstand, der zeigt, dass man zu einer Gruppe gehört.

Невеликий предмет, який показує, що ви належите до групи.

Кляйна Ґеґенштанд, дер цайґт, дасс ман цу айна Ґруппе ґехьорт.

die	ABC-Klötze	Розвиваючі кубики «ABC»	АБЦ-Кльотце
der	Abend, Aben|de	Вечір	Абенд
das	Abend|brot, Abend|bro|te	Вечеря	Абенд|брот
	Abend|es|sen ko|chen	Готувати вечерю	Абенд|ес|сен ко|хен
	Abend|es|sen, Abend|es|sen	Вечеря	Абенд|ес|сен

	Groß	Klein	Deutsche Transliteration	Deutsche Transkription
1	А	а	A a	A a
2	Б	б	B b	B b
3	В	в	V v	W w
4	Г	г	H h	H h
5	Ґ	ґ	G g	G g
6	Д	д	D d	D d
7	Е	е	E e	E e
8	Є	є	Je je	Je je
9	Ж	ж	Ž ž	Sch (Zh) sch (zh)
10	З	з	Z z	Z z
11	И	и	Y y	Y y
12	І	і	I i	I i
13	Ї	ї	Ji ji	Ji ji
14	Й	й	J j	J j
13	К	к	K k	K k (statt ks auch x)
16	Л	л	L l	L l
17	М	м	M m	M m
18	Н	н	N n	N n
19	О	о	O o	O o
20	П	п	P p	P p
21	Р	р	R r	R r
22	С	с	S s	S s (zwischen Vokalen auch ss)
23	Т	т	T t	T t
24	У	у	U u	U u
25	Ф	ф	F f	F f
26	Х	х	Ch ch	Ch ch
27	Ц	ц	C c	Ts ts
28	Ч	ч	Č č	Tsch tsch
29	Ш	ш	Š š	Sch sch
30	Щ	щ	Šč šč	Schtsch schtsch (Stsch stsch)
31	ь	ь	’bzw. j 1 (Weichheitszeichen)	‘ bzw. j
32	Ю	ю	Ju ju	Ju ju
33	Я	я	Ja ja	Ja ja
34		’	’ (Apostroph) 2	(–)
35	Ю	ю	Ju ju	Ju ju
	Я	я	Ja ja	Ja ja

Groß & klein	Aussprache	Anwendung	Ukrainische Aussprache
A, a	a	Anton	антон
Ä ä	Ärger		ерґер
B, b	be	Berta	берта
C, c	tse	Cäsar	цезар
Ch	tsch	Charlotte	шарлотте
D, d	de	Dora	дора
E, e	e	Emil	еміль
F, f	eff	Friedrich	фрідріхь
G, g	ge	Gustav	ґустав
H, h	ha	Heinrich	хайнріх
I, i	i	Ida	іда
J, j	jott	Julius	юліус
K, k	ka	Kaufmann	кауфманн
L, l	ell	Ludwig	людвіґ
M, m	emm	Martha	марта
N, n	enn	Nordpol	нордполь
O, o	o	Otto	отто
Ö,ö	ö	Ökonom	оконом
P, p	pe	Paula	паула
Q, q	ku	Quelle	квеллє
R, r	err	Richard	річард
S, s	ess	Samuel (amtl.) / Siegfried (gebräuchl.)	замуель / зіґфрід
Sch	sch	Schule	шулє
ß	Eszett		есцетт
T, t	te	Theodor	теодор
U, u	u	Ulrich	ульріхь
Ü,ü	hue	Übermut	убермут
V, v	fau	Viktor	віктор
W, w	we	Wilhelm	вільгельм
X, x	iks	Xanthippe	ксантхіппе
Y, y	üpsilon	Ypsilon	упсілон
Z, z	tsett	Zacharias (amtl.) / Zeppelin (gebräuchl.)	цахаріас / цеппелін

Визначення роду - середній рід "Das"

Das (Neutrum)	Beispiele	Übersetzung
Genusbestimmung durch Bedeutungen		
Wortgruppen		словосполучення
Farbnamen	Rot, Gelb, Blau	назви фарб: червоний, жовтий, синій
Hotelnamen	Ritz, Sheraton, Hilton	назви готелів: Рітц, Шератон, Гілтон
die meisten chemischen Elemente	Eisen, Kupfer, Methan	більшість хімічних елементів: залізо, мідь, метан
Namen von Metallen	Silber, Gold, Platin	назви металів: срібло, золото, платина
Namen von Kinos, Cafés, Gaststätten	Cineplex, UCI, Starbucks	Назви фільмів, кафе, ґастгауси(типовий ресторан для Німеччини): Cineplex(кінотеатр), UCI(кінотеатр), Starbucks(кафе)
Buchstaben	A, J, P	Букви: A, J, P
substantive Infinitive	Essen, Rennen, Schwimmen	субстантивовані інфінітиви: їжа, біг, плавання

interkulturaverlag.de ISBN 9783962134808 Grundschulwörterbuch Deutsch-Ukrainisch
Німецько-український словник для початкової школи з німецької мови як іноземної

Das (Neutrum)	Beispiele	Übersetzung
Genusbestimmung durch Nachsilben		
-lein	Fräulein, Häuslein, Tischlein	жіночка, будиночок, стіл
-chen	Ärmchen, Häuschen, Pferdchen	ручка, будиночок, коник
-ment	Ornament, Argument, Sakrament	орнамент, аргумент, таїнство
-tum	Fürstentum, Altertum, Datum	князівство, античність, дата
-um	Zentrum, Kriterium, Visum	ценрт, критерій, віза
-tel	Hotel, Mittel, Stadtviertel	готель, спосіб, район міста
-in	Adrenalin, Nikotin, Koffein	адреналін, нікотин,кофеїн
-a	Aroma, Asthma, Thema	аромат, астма, тема
-ett	Amulett, Bankett, Omelett	амулет, банкет, омлет
-nis	Zeugnis, Bekenntnis, Begräbnis	посвідчення, визнання, похорон
-o	Auto, Konto	авто, рахунок(в банку)
-ing	Shopping, Meeting, Handling	шопінг, зустріч, підхід
-sal	Rinnsal, Schicksal, Scheusal	цівка, доля, чудовисько

ISBN 9783962134808 interkulturaverlag.de

Визначення роду - жіночий рід "Die"

Die (Femininum)	Beispiele
Genusbestimmung durch Nachsilben Визначення роду за допомогою суфіксів	
-anz	Akzeptanz, Ambulanz, Bilanz
-ei	Arznei, Kanzlei, Partei
-enz	Existenz, Frequenz, Dekadenz
-heit	Angewohnheit, Krankheit, Begebenheit
-ie	Allegorie, Amnesie, Therapie
-keit	Zuständigkeit, Fähigkeit, Ehrlichkeit
-ik	Ästhetik, Dynamik, Politik
-in	Abiturientin, Studentin, Lehrerin
-ion	Abstraktion, Produktion, Option
-ität	Genialität, Individualität, Formalität
-schaft	Gesellschaft, Herrschaft, Wirtschaft
-ung	Anerkennung, Bewertung, Einstellung
-nis	Verdamnis, Erkenntnis, Fahrerlaubnis
-sal	Mühsal, Trübsal
-ur	Temperatur, Makulatur, Konjunktur
-frau	Hotelfachfrau, Bankkauffrau, Jungfrau
-ade	Mansarde, Fassade
-age	Anlage, Zusage, Wehklage
-aille	Taille, Medaille, Emaille
-aise	Polonaise, Ecossaise, Mayonnaise
-ette	Dublette, Kassette, Diskette
-elle	Bodenwelle, Profitquelle, Schnittstelle
-ille	Gleitsichtbrille, Patrouille, Pupille
-ine	Kabine, Lawine, Gardine
-isse	Kulisse, Narzisse
-itis	Bronchitis, Meningitis, Parodontitis
-ive	Lokomotive, Perspektive, Olive
-sis	Basis, Dosis, Physis
-ei	Ei,

interkulturaverlag.de ISBN 9783962134808 Grundschulwörterbuch Deutsch-Ukrainisch
Німецько-український словник для початкової школи з німецької мови як іноземної

Die (Femininum)	Übersetzung	Beispiele
Genusbestimmung durch Bedeutungen Визначення роду через значення		
Namen von Schiffen, Motorrädern, Flugzeugen	Назви кораблів, мотоциклів, літаків: Цессна, Аіда, Гарлей	Cessna, Aida, Harley
Namen von Blumen und Bäumen	Назви квітів та дерев: роза, тюльпан, береза	Rose, Tulpe, Birke
Zigarettennamen	Назви марок цигарок: Вест, Лакі Страйк, Честрефільд	West, Lucky Strike, Chesterfield
substantivierte Zahlen	субстантивовані цифри: вісім, шість, дев'ять	Acht, Sechs, Neun
Flüsse	Річки: Ельба, Дунай, Рур	Elbe, Donau, Ruhr
von Verben abgeleitete Nomen mit -t	Іменники на -t, що походять від дієслів: робота, втеча, розведення	Arbeit, Flucht, Zucht
weibliche Berufsbezeichnung	Професії жіночого роду: лікарка, адвокатка, вчителька	Ärztin, Anwältin, Lehrerin

Die (Femininum)	Übersetzung	Beispiele
Genusbestimmung durch Vorsilben Визначення роду за допомогою префіксів		
Ab-	зменшення, компенсація, попередження	Absenkung, Abfindung, Abmahnung
Unter-	той світ, житло, тунель	Unterwelt, Unterkunft, Unterführung
Zu-	імміграція, проїзд, майбутнє	Zuwanderung, Zufahrt, Zukunft
An-	прибуття, заїзд, звинувачення	Ankunft, Anreise, Anklage

Der (Maskulinum)	**Beispiele**	**Übersetzung**
Genusbestimmung durch Nachsilben		Визначення роду за допомогою суфіксів
-ant	Diamant, Gigant, Kommandant	Діамант, гігант, командир
-ent	Advent, Assistent, Präsident	Передріздваний піст, асистент, президент
-ich	Dietrich, Pfirsich, Teppich	Відмичка, персик, килим
-ling	Ankömmling, Säugling, Pfifferling	Приїжджий, немовля, лисичка(гриби)
-er	Dachdecker, Herrscher, Fahrer	Покрівельник, правитель, водій
-ismus	Aktionismus, Mechanismus, Dualismus	Акціонізм, механізм, дуалізм
-ist	Antagonist, Idealist, Komponist	Антагоніст, ідеаліст, композитор
-or	Motor, Reaktor, Äquator	Двигун, реактор, екватор
-ner	Rechner, Gärtner, Zeichner	Калькулятор, садівник, кресляр
-ig	Honig, Käfig, Pfennig	Мед, клітка, пфеніг
-ier	Offizier, Pionier, Portier	Офіцер, новатор, портьє
-ör	Eierlikör	Яєчний лікер
-iker	Botaniker, Chemiker, Grafiker	Ботанік, хімік, графік
-ast	Ballast, Gymnasiast, Palast	Баласт, гімназист, палац
-är	Sekretär, Millionär, Legionär	Секретар, міліонер, легіонер
-eur/ör	Ingenieur, Chauffeur, Animateur	Інженер, водій, аніматор
-us	Modus, Aktivismus, Zirkus	Режим(функіонування), активізм, цирк
Genusbestimmung durch Bedeutungen		Визначення роду за значенням слова
Jahreszeiten	Frühling, Sommer, Herbst	Пори року: весна, літо, осінь
Monate	Januar, Frebruar, März	Місяці: січень, лютий, березень
Wochentage	Montag, Dienstag, Mittwoch	Дні тижня: понеділок, вівторок, середа
Himmelsrichtungen	Osten, Süden, Westen	Сторони світу: схід, південь, захід
Wetter, Niederschläge	Schnee, Sturm, Regen	Погода, опади: сніг, буря, дощ

interkulturaverlag.de ISBN 9783962134808 Grundschulwörterbuch Deutsch-Ukrainisch
Німецько-український словник для початкової школи з німецької мови як іноземної

Визначення роду - чоловічий рід "Der"

Der (Maskulinum)	Beispiele (drei)	Übersetzung
Genusbestimmung durch Bedeutungen		Визначення роду за значенням слова
alkoholische Getränke	Schnaps, Wein, Likör	Алкогольні напої: горілка, вино, лікер
Automarken	Audi, Volkswagen, Volvo	Автомарки: Ауді, Фольксваґен, Вольво
Flüsse außerhalb Deutschlands	Amazonas, Mississippi, Nil	Річки поза територією Німеччини: Амазонка, Міссісіпі, Ніл
viele benannte Berge	Watzmann, Hochkönig, Montblanc	Більшість назви гір: Вацман, Хохкеніг, Монблан
männliche Personen	Vater, Sohn, Onkel	Особи чоловічого роду: тато, син, дядько
Berufe	Künstler, Techniker, Anwalt	Професії: митець, технік, адвокат
Namen von Zügen	Regionalzug, ICE,	Назви потягів: регіональний потяг, інтенсіті експерс
Substantive aus Verben, ohne Endungen	Flug, Teer, Film	Іменники утворені з дієслів без закінчення: Політ, дьоготь, фільм
Gesteinsarten	Granit, Marmor, Grünschiefer	Види гірських порід: ґраніт, мармур, зелений сланець

Genusbestimmung durch Vorsilben		Визначення роду за допомогою префіксів
An-	напад(серцевий), підхід, порядність	Anfall, Ansatz, Anstand
Miss-	помилка, незадовільний стан, невдача	Missgriff, Missstand, Misserfolg
Um-	обхід, околиця, обставина	Umweg, Umkreis, Umstand

Kurzgrammatik
КОРОТКА ГРАМАТИКА

	Deutsch	Übersetzung- Ukrainisch
1. 1	Bestimmter Artikel	Означений артикль
1. 2	Unbestimmter Artikel	Неозначений артикль
1. 3	Unbestimmter negativer Artikel	Неозначений заперечний артикль
1. 4	Kasuszeichen	Відмінок
1.5	Relativpronomen	Відносний займенник
1. 6	Fragepronomen	Питальний займенник
1. 7	Demonstrativpronomen	Вказівний займенник
1. 8	Bestimmtes Personalpronomen	Означений особовий займенник
1. 9	Lokale Präpositionen	Прийменники місця
1.10	Präpositionen mit Akkusativ	Прийменники з знахідним відмінком
1.11	Präpositionen mit Dativ	Прийменники з давальним відмінком
1.12	Präpositionen mit Dativ oder Akkusativ	Прийменники з давальним або знахідним відмінком
1.13	Präpositionen mit dem Genitiv	Прийменники з родовим відмінком
1.14	Präpositionen	Прийменники
1.15	Adverbien der Zeit	Прислівники часу
1.16	Adverbien des Ortes	Прислівники місця
1.17	Häufigkeitsadverbien	Прислівники частоти
1.18	Adverbien der Art und Weise	Прислівники способу дії
1.19	Wichtigste Adjektive	важливі прикметники
1.20	Wichtige Verben	важливі дієслова

1.1 Bestimmter Artikel
означений артикль

	maskulin	feminin	neutral	Plural für alle Nomen
Nominativ (wer? was?)	der Tisch	die Lampe	das Bett	die Stühle
Akkusativ (wen? was?)	den Tisch	die Lampe	das Bett	die Stühle
Dativ (wem?)	dem Tisch	der Lampe	dem Bett	den Stühlen
Genitiv (wessen?)	des Tisches	der Lampe	des Bettes	der Stühle

1.2 Unbestimmter Artikel
неозначений артикль

Nominativ (wer? was?)	ein Tisch	eine Lampe	ein Bett	die Stühle
Akkusativ (wen? was?)	einen Tisch	eine Lampe	ein Bett	die Stühle
Dativ (wem?)	einem Tisch	einer Lampe	einem Bett	den Stühlen
Genitiv (wessen?)	eines Tisches	einer Lampe	eines Bettes	der Stühle

1.3 Unbestimmter negativer Artikel
неозначений заперечний артикль

Nominativ (wer? was?)	kein Tisch	keine Lampe	kein Bett	keine Stühle
Akkusativ (wen? was?)	keinen Tisch	keine Lampe	kein Bett	keine Stühl
Dativ (wem?)	keinem Tisch	keiner Lampe	keinem Bett	keinen Stühlen
Genitiv (wessen?)	keines Tisches	keiner Lampe	keines Bettes	keiner Stühle

ISBN 9783962134808 interkulturaverlag.de

1.4 Kasuszeichen
відмінок

	maskulin	feminin
1.Nominativ	der (er)	die (e)
2. Akkusativ	den (en)	die (e)
3. Dativ	dem (em)	der (er)
4. Genitiv	des (en)	der (er)

1.5 Relativpronomen
відносний займенник

	maskulin	neutral
1.Nominativ (wer? was?)	der	das
2. Dativ (wem?)	dem	dem
3. Akkusativ (wen? was?)	den	das
4. Genitiv	dessen	dessen

1.6 Fragepronomen
питальний займенник

	Person	Sache
1.Nominativ (wer? was?)	wer	was
2. Akkusativ (wen? was?)	wen	was
3. Dativ (wem?)	wem	wem
4. Genitiv (wessen?)	wessen	wessen

1.7 Demonstrativpronomen
вказівний займенник

	maskulin	neutral	feminin	Plural
1.Nominativ	der	das	die	die
2. Akkusativ	den	das	die	die
3. Dativ	dem	dem	der	den
4. Genitiv	des	des	der	der

Nominativ	dieser	diese	dieses/ dies	diese
Genitiv	dieses	dieser	dieses	dieser
Dativ	diesem	dieser	diesem	diesen
Akkusativ	diesen	diese	dieses/ dies	diese

1.8 Bestimmte Personalpronomen
означений особовий займенник

Nominativ	ich	er		ihr
Akkusativ	mich	ihn		euch
Dativ	mir	ihm		uns

1.9 Lokale Präpositionen (прийменники місця)

1	am	при, на	ам
2	in	в	ін
3	auf	на	ауф
4	über	над	ьюбер
5	unter	під	унтер
6	vor	перед	фор
7	hinter	позаду	хінтер
8	zwischen	між	цвішен
9	neben	біля	небен16

1.10 Präpositionen mit Akkusativ (прийменники з акузативом=)

1	bis	до	біс
2	durch	крізь	дурьхь
3	für	для	фюр
4	gegen	проти	геген
5	ohne	без	оне
6	um	про, о	ум
7	entlang	вздовж	ентланг

1.11 Präpositionen mit Dativ (прийменники з дативом)

1	von	від	фон
2	mit	разом з	міт
3	ab	від	аб
4	aus	з	аус
5	gegenüber	навпроти	гегенюбер

6	nach	після	нах
7	zu	до	цу
8	seit	від, з	зайт
9	außer	окрім	аусер
10	bei	при	бай

1.12 Präpositionen mit Dativ oder Akkusativ
прийменники з дативом чи акузативом

1	in	в	ін
2	an	при, на	ан
3	auf	на	ауф
4	unter	під	унтер
5	über	над	ьюбер
6	hinter	за	хінтер
7	vor	перед	фор
8	zwischen	між	цвішен
9	neben	біля	небен

1.13 Präpositionen mit dem Genitiv
прийменники з генетивом

1	anstatt/statt	замість	анштатт/штатт
2	außerhalb	за межами, окрім	аусерхальб
3	beiderseits	з обох сторін	байдерзайтс
4	diesseits	з цієї сторони	діісзайтс
5	jenseits	з тієї сторони	єнзайтс
6	halber	заради	хальбер
7	hinsichtlich	стосовно	хінзіхтліх

1.13 Präpositionen mit dem Genitiv
прийменники з генетивом

8	infolge	внаслідок	інфольге
9	innerhalb	протягом	іннерхальб
10	statt	замість	штатт
11	trotz	не дивлячись на	троц
12	um	про, о	ум
13	während	під час	веренд
14	wegen	через	вєген
13	willen	згідно	віллєн

1.14 Präpositionen
прийменники

1	als	як	альс
2	auf	на	ауф
3	ausgenommen	за виключенням	аусгеноммен
4	außerhalb	окрім, за межами	аусерхальб
5	außerhalb von	окрім	аусерхальб фон
6	bei	при	бай
7	bis	до	біс
8	bis auf	аж до	біс ауф
9	darüber hinaus	окрім того	дарюбер хінаус
10	durch	крізь	дурьх
11	durch	крізь	дурьх
12	durch	крізь	дурьх
13	für	для	фюр

14	gegen	проти	геген
15	gegenüber	навпроти	гегенюбер
16	gemäß	згідно	ґемес
17	heraus	назовню	хераус
18	hinauf	нагору	хінауф
19	hinter	позаду	хінтер
20	im Gegensatz zu	на противагу	ім Гегензац цу
21	im Namen von	іменем ...	ім Намен фон
22	in	в	ін
24	in der Nähe von	поблизу	ін дер Нее фон
25	innen	всередині	іннен
26	innerhalb	протягом	іннерхальб
27	innerhalb	протягом	іннерхальб
28	mit	з	міт
29	nach	після, у напрямку до	нах
30	nach unten	вниз	нах унтен
31	nächste	наступний	нексте
32	nahe an	поблизу	нае ан
33	neben	біля	небен
34	oben	зверху	обен
35	obenauf	зверху на	обенауф
36	ohne	без	оне
37	plus	плюс	плус
38	seit	з, відтоді	зайт
39	soweit	в цілому	зовайт
40	sowie	так як	зові

41	statt	замість	штатт
42	trotz	не дивлячись на	троц
43	über	над	юбер
44	über	над	юбер
45	über	над	юбер
46	um	о, про	ум
47	um	о, про	ум
48	unten	знизу	унтен
49	unter	під	унтер
50	unter	під	унтер
51	von	від	фон
52	vor	перед	фор
53	vor	перед	фор
54	während	протягом	вєренд
56	wegen	через	вєген
57	weit entfernt	віддалено	вайт ентфернт
58	wie	як	ві
59	zu	до	цу
60	zusätzlich zu	додатково до	цузецліх цу
61	zwei Wörter	два слова	цвай Вьортер
62	zwischen	між	цвішен

1.15 Adverbien der Zeit
прислівники часу

1	gestern	вчора	ґестерн
2	heute	сьогодні	хойте
3	morgen	завтра	морген
4	jetzt	зараз	єцт
5	dann	тоді	данн
6	später	пізніше	шпєтер
7	heute Abend	сьогодні ввечері	хойте Абенд
8	in diesem Moment	у цей момент	ін дізем Момент
9	letzte Nacht	минулої ночі	лецте Нахт
10	heute Morgen	сьогодні зранку	хойте Морген
11	nächste Woche	наступного тижня	нексте Вохе
12	bereits, schon	вже	берайтс, шон
13	vor kurzem, kürzlich	нещодавно	фор курцем, кюрцліх
14	in letzter Zeit, neulich	останнім часом	ін лецтер Цайт, нойліх
15	bald	скоро	бальд
16	sofort	одразу	зофорт
17	immer noch	все ще	іммер нох
18	noch	ще	нох
19	vor	перед	фор

1.16 Adverbien des Ortes
прислівники місця

1	anderswo	деінде	андерсво
2	außen	ззовні	аусен
3	draußen	ззовні	драусен
4	drinnen	всередині	дріннен
5	heraus	назовню	хераус
6	hier	тут	хіа
7	hinten	позаду	хінтен
8	innen	всередині	іннен
9	irgendwo	десь	ірґендво
10	links	зліва	лінкс
11	nach Hause, zu Hause	додому, вдома	нах Хаузе, цу Хаузе
12	nebenan	поблизу	нєбенан
13	nirgends	ніде	нірґендс
14	oben	зверху	обен
15	rechts	зправа	рехьтс
16	überall	повсюди	ьюбералль

1.17 Adverbien der Art und Weise
Прислівники способу дії

1	immer	завжди	іммер
2	häufig	часто	хойфіґ
3	normalerweise, in der Regel	зазвичай, як правило	нормалервайзе, ін дер Реґель
4	manchmal	іноді	манхмаль
5	gelegentlich	час від часу	ґелеґентліх
6	selten	рідко	зельтен
7	ständig	постійно	штендіґ

1.18 Adverbien der Art und Weise
Прислівники способу дії

1	sehr	дуже	зер
2	ganz	повністю	ґанц
3	hübsch	красивий	хюбш
4	wirklich	дійсно	віркліх
5	schnell	швидко	шнелль
6	gut	добре	ґут
7	hart	твердо	харт
8	schnell	швидко	шнелль
9	langsam	повільно	ланґзам
10	vorsichtig	обережно	форзіхтіґ
11	kaum	майже не	каум
12	meist	здебільшого	майст
13	fast	майже	фаст
14	durchaus	абсолютно	дурхаус
15	zusammen	разом	цузаммен
16	allein	наодинці	алляйн

1.19 Wichtigste Adjektive
важливі прикметники

1	lang	довгий	ланґ
2	kurz	короткий	курц
3	hoch	високий	хох
4	tief	глибокий	тіф
5	hell	світлий	хелль
6	dick	товстий	дік
7	dünn	тонкий	дюнн
8	furchtbar	жахливий	фурхтбар

9	süß	солодкий	зюс
10	ruhig	спокійний	руіґ
11	laut	гучний	лаут
12	niedlich	милий	нідліх
13	ärgerlich	неприємний	ерґерліх
14	perfekt	ідеальний	перфект
15	schwach	слабкий	швах
16	stark	сильний	штарк
17	traurig	сумний	трауріґ
18	glücklich	щасливий	ґлюкліх
19	sauber	чистий	заубер
20	schmutzig	брудний	шмутціґ
21	lieb	милий	лііб
22	faul	лінивий	фауль
23	schüchtern	сором'язливий	шюхтерн
24	nervös	тривожний	нервьос
25	berühmt	відомий	берюмт
26	unterschiedlich	різноманітний	унтершідліх
27	billig	дешевий	білліґ
28	teuer	дорогий	тойер
29	leicht	легкий	ляйхт
30	schwierig	важкий	швіріґ
31	besorgt	стурбований	безорґт
32	weit	широкий	вайт
33	nah	близький	наа
34	richtig	правильний	ріхтіґ
35	falsch	неправильний	фальш

36	nett	милий	нетт
37	schlecht	поганий	шлехт
38	gut	хороший	ґут
39	eifersüchtig	ревнивий	айферзюхтіґ
40	klein	маленький	кляйн
41	groß	великий	ґрос
42	betrunken	п'яний	бетрункен
43	verrückt	божевільний	феррюкт
44	beliebt	улюблений	белібт
45	hässlich	невродливий	хесліх
46	schön	вродливий	шьон
47	hübsch/niedlich/süß	красивий, милий	хюбш/нідліх/зюс
48	ausgezeichnet	відмінний	аусґецайхнет
49	wertvoll	цінний	вертфолль
50	neu	новий	ной
51	neugierig	допитливий	нойґіріґ
52	jung	молодий	юнґ
53	wichtig	важливий	віхтіґ
54	wütend	злий	вютенд
56	beschäftigt	зайнятий	бешефтіґт
57	ernsthaft	серйозний	ернстафт
58	interessant	цікавий	інтерессант
59	krank	хворий	кранк
60	wunderbar	чудовий	вундербар
61	fantastisch	фантастичний	фантастіш
62	fertig	готовий	фертіґ
63	früh	рано	фрю
64	spät	пізно	шпєт

1.20 Wichtige Verben
важливі дієслова

1	absagen	скасовувати	абзаґен
2	addieren	додавати	аддірен
3	sammeln	збирати	заммельн
4	akzeptieren	акцептувати	акцептірен
5	anmelden	реєструватися	анмельден
6	anreden	звертатися	анреден
7	anrufen	телефонувати	анруфен
8	anschauen	дивитися на	аншауен
9	anschwellen	припухати	аншеллен
10	anstellen	приймати на роботу	анштеллен
11	anstrengen	напружуватися	анштренґен
12	anziehen	надягати	анціен
13	arbeiten	працювати	арбайтен
14	aufhören	припиняти	ауфхьорен
15	aufmachen	відкривати	ауфмахен
16	ausfüllen	заповнювати	аусфюллен
17	ausruhen	відпочивати	аусруен
18	ausschalten	вимикати	аусшальтен
19	auswendig lernen	вчити напам'ять	аусвендіґ лернен
20	Auto fahren	керувати авто	Ауто фарен
21	befehlen	наказувати	бефелен
22	besetzen	займати	безетцен
24	bestellen	замовляти	бештеллен
26	bewusst werden	усвідомлювати	бевуст верден
27	bewusst werden	усвідомлювати	бевуст верден

interkulturaverlag.de ISBN 9783962134808 Grundschulwörterbuch Deutsch-Ukrainisch
Німецько-український словник для початкової школи з німецької мови як іноземної

28	binden	пов'язувати	бінден
29	blasen	надувати	блазен
30	bleiben	залишатися	бляйбен
31	brennen	горіти	бреннен
32	bringen	приносити	брінґен
33	danken	дякувати	данкен
34	denken	думати	денкен
35	diskutieren	дискутувати	діскутірен
36	einschalten	вмикати	айншальтен
37	entschuldigen	вибачати	енчульдіґен
38	erziehen	виховувати	ерціен
39	essen	їсти	ессен
40	fallen	падати	фаллен
41	festnehmen	затримувати	фестнемен
42	finden	знаходити	фінден
43	fliegen	летіти	фліґен
44	fliegen	летіти	фліґен
45	fragen	питати	фраґен
46	fragen	питати	фраґен
47	geben	давати	ґебен
48	heben	піднімати	хебен
49	heiraten	одружуватися	хайратен
50	helfen	допомогати	хельфен
51	hinauswerfen	викидати	хінаусверфен
52	hören	слухати	хьорен
53	jagen	полювати	яґен

54	kaufen	купувати	кауфен
55	kennen	знати	кеннен
56	kochen	готувати	кохен
57	kochen	готувати	кохен
58	kommen	приходити	коммен
59	kratzen	дряпати	кратцен
60	küssen	цілувати	кюссен
61	lachen	сміятися	лахен
62	laufen	бігти	лауфен
63	legen	класти	леґен
64	lernen	вчитися	лернен
65	lesen	читати	лезен
66	machen, tun	робити	махен, тун
67	nähen	шити	неен
68	nehmen	брати	немен
69	öffnen	відчиняти	ефнен
70	produzieren	виробляти	продуцірен
71	rechnen	рахувати	рехнен
72	rennen	бігти	реннен
73	reparieren	лагодити	репарірен
74	rutschen	котитися	ручен
75	sagen	казати	заґен
77	schlafen	спати	шлафен
78	schlagen	бити	шлаґен
79	schließen	зачиняти	шлісен
80	schneiden	різати	шнайден

81	schreiben	писати	шрайбен
82	sehen	бачити	зеен
83	sein	бути	зайн
84	senden	відправляти	зенден
85	sitzen	сидіти	зітцен
86	spielen	грати	шпілен
87	sterben	вмирати	штербен
88	suchen	шукати	зухен
89	Tee machen	робити чай	Тее махен
90	teilnehmen	брати участь	тайльнемен
91	tragen	носити	траґен
92	trinken	пити	трінкен
93	üben	тренуватися	ібен
94	überraschen	здивовувати	іберрашен
95	überweisen	переказувати	ібервайзен
96	verkaufen	продавати	феркауфен

Allgemeine Redewendungen und Zahlen
Загальні вирази й числа

interkulturaverlag.de **ISBN** 9783962134808 Grundschulwörterbuch Deutsch-Ukrainisch
Німецько-український словник для початкової школи з німецької мови як іноземної

Порядкові числівники

2.1 Ordnungszahlen Порядкові числівники

Ordnungszahlen	Übersetzung-Ukrainisch	Ukrainische Aussprache	Deutsche Aussprache
Erste/r	перша/ий	ерсте/р	perscha/yj
Zweite/r	друга/ий	цвайте/р	druha/yj
Dritte/r	третя/ій	дрітте/р	tretja/ij
Vierte/r	четверта/ий	фірте/р	tschetwerta/yj
fünftens	по-п'яте	фюнфтенс	po-p'jate
sechstens	по-шосте	зехьстенс	po-schoste
siebtens	по-сьоме	зібтенс	po-s'ome
achtens	по-восьме	ахтенс	po-wos'me
neuntens	по-дев'яте	нойнтенс	po-dew'jate
zehntens	по-десяте	цейнтес	po-desjate
Kardinalzahl, die	кількісний числівник	кардінальцаль	kil'kisnyj tschysliwnyk
einhalb	половина	айнхальб	polowyna
ein Drittel	третина	айн дріттель	tretyna
ein Viertel	чверть	айн фіртель	tschwert'
ein Fünftel	одна п'ята	айн фюнфтель	odna p'jata
ein Sechstel	одна шоста	айн зехстель	odna schosta

ISBN 9783962134808 interkulturaverlag.de

2.1 Ordnungszahlen Порядкові числівники

Ordnungszahlen	**Übersetzung-Ukrainisch**	**Ukrainische Aussprache**	**Deutsche Aussprache**
ein Siebtel	одна сьома	айн зібтель	odna s'oma
ein Achtel	одна восьма	айн ахтель	odna wos'ma
ein Neuntel	одна дев'ята	айн найтер	odna dew'jata
ein Zehntel	одна десята	айн цейнтель	odna desjata
mehr als	більше ніж	мер альс	bil'sche nizh
weniger als	менше ніж	веніґер альс	mensche nizh
Hälfte, die	половина	хельфте	polowyna

2.2 Ordinalzahlen Числівники

Ordinalzahlen	**Übersetzung-Ukrainisch**	**Ukrainische Aussprache**	**Deutsche Aussprache**
null	нуль	нулль	nul'
eins	один	айнс	odyn
zwei	два	цвай	dwa
drei	три	драй	try
vier	чотири	фір	tschotyry

interkulturaverlag.de ISBN 9783962134808 Grundschulwörterbuch Deutsch-Ukrainisch
Німецько-український словник для початкової школи з німецької мови як іноземної

8.2 Числівники

Ordinalzahlen	**Übersetzung-Ukrainisch**	**Ukrainische Aussprache**	**Deutsche Aussprache**
fünf	п'ять	фюнф	p'jat'
sechs	шість	зехс	schist'
sieben	сім	зібен	sim
acht	вісім	ахт	wisim
neun	дев'ять	нойн	dew'jat'
zehn	десять	цейн	desjat'
elf	одинадцять	ельф	odynadtsjat'
zwölf	дванадцять	цвьольф	dwanadtsjat'
dreizehn	тринадцять	драйцейн	trynadtsjat'
vierzehn	чотирнадцять	фірцейн	tschotyrnadtsjat'
fünfzehn	п'ятнадцять	фюнфцейн	p'jatnadtsjat'
sechzehn	шістнадцять	зехсцейн	schistnadtsjat'
siebzehn	сімнадцять	зібцейн	simnadtsjat'
achtzehn	вісімнадцять	ахтцейн	wisimnadtsjat'
neunzehn	дев'ятнадцять	нойнцейн	dew'jatnadtsjat'
zwanzig	двадцять	цванціг	dwadtsjat'
einundzwanzig	двадцять один	айнундцванціг	dwadtsjat' odyn
zweiundzwanzig	двадцять два	цвайундцванціг	dwadtsjat' dwa
dreißig	тридцять	драйсіг	trydtsjat'
einunddreißig	тридцять один	айнунддрайсіг	trydtsjat' odyn
vierzig	сорок	фірціг	sorok
fünfzig	п'ятдесят	фюнфціг	p'jatdesjat
sechzig	шістдесят	зехціг	schistdesjat
siebzig	сімдесят	зібціг	simdesjat
achtzig	вісімдесят	ахтціґ	wisimdesjat
neunzig	дев'яносто	нойнціг	dew'janosto

2.2 Ordinalzahlen Числівники

Ordinalzahlen	**Übersetzung-Ukrainisch**	**Ukrainische Aussprache**	Deutsche Aussprache
neunundneunzig	*дев'яносто дев'ять*	*нойнунднойнціг*	dew'janosto dew'jat'
(ein-)hundert	*сто*	*(айн-)хундер*	sto
(ein-)hunderteins, (ein-)hundertundeins	*сто один*	*(айн-)хундертайнс, (айн-)хундертундайнс*	sto odyn
(ein-)hundertzwei	*сто два*	*(айн-)хундертцвай*	sto dwa
zweihundert	*двісті*	*цвайхундерт*	dwisti
dreihundert	*триста*	*драйхундерт*	trysta
vierhundert	*чотириста*	*фірхундерт*	tschotyrysta
fünfhundert	*п'ятсот*	*фюнфхундерт*	p'jatsot
sechshundert	*шістсот*	*зехсхундерт*	schistsot
siebenhundert	*сімсот*	*зібенхундерт*	simsot
achthundert	*вісімсот*	*ахтхундерт*	wisimsot
neunhundert	*дев'ятсот*	*нойнхундерт*	dew'jatsot
(ein-)tausend	*тисяча*	*(айн-)таузенд*	tysjatscha
(ein-) tausendeinhundert, elfhundert	*тисяча сто, одинадцять тисяч*	*(айн-) таузендайнхундерт*	tysjatscha sto, odynadtsjat' tysjatsch
zehntausend	*десять тисяч*	*цейнтаузенд*	desjat' tysjatsch
(ein-)hunderttausend	*сто тисяч*	*(айн-)хундерттаузенд*	sto tysjatsch
eine Million	*мільйон*	*айне мілльон*	mil'jon

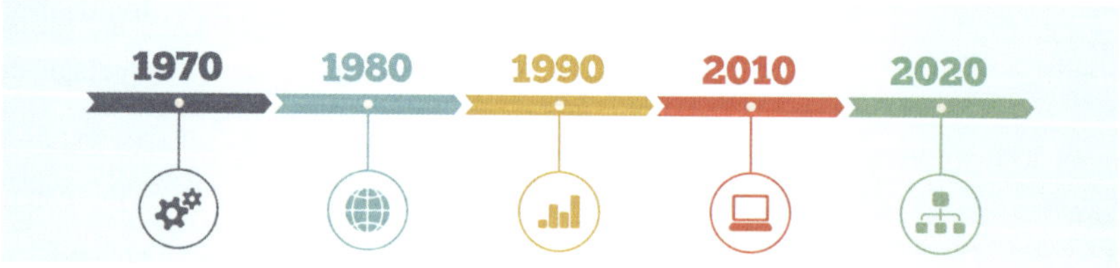

2.3 Zeitangaben Час

2.3 Zeitangaben Час

1 **Haben Sie / Hast du eine Uhr ?**
У Вас / тебе є годинник?
хабен зі / хаст ду айне ур?
u was / tebe je hodynnyk?
У Вас / тебя есть часы?

2 **Wie spät ist es?**
Котра година?
ві шпет іст ес?
kotra hodyna?
Который час?

3 **Zeit, die**
Час
цайт
tschas
Время

4 **Stunde, die**
Година
штунде
hodyna
Час

5 **Minute, die**
Хвилина
мінуте
hwylyna
Минута

6 **Sekunde, die**
Секунда
зекунде
sekunda
Секунда

7 **Es ist 16.15 (sechzehn Uhr fünfzehn)**
Зараз 16.15 (чверть на п'яту)
ес іст 16.15 (зехцейн ур фюнфцейн)
zaraz 16.15 (tschwert' na p'jatu)
Сейчас 16.15 (шестнадцать пятнадцать)

8 **Es ist 17.10 (siebzehn Uhr zehn)**
Зараз 17.10 (сімнадцять десять)
ес іст 17.10 (зібцейн ур цейн)
zaraz 17.10 (simnadtsjat' desjat')
Сейчас 17.10 (семнадцать десять)

9 **Zehn Minuten vor 17.00 Uhr**
За десять хвилин п'ята
цейн мінутен фор 17.00 ур
za desjat' hwylyn p'jata
Без десяти пять

2.3 Zeitangaben Час

10 **Es ist 13.30 (dreizehn Uhr dreißig)**
Зараз 13.30 (тринадцять тридцять)
ес іст 13.30 (драйцейн ур драйсіг)
zaraz 13.30 (trynadtsjat' trydtsjat')
Сейчас 13.30 (тринадцать тридцать)

11 **Meine Uhr geht falsch.**
Мій годинник помиляється.
майне ур ґейт фальш.
mij hodynnyk pomyljajet'sja.
Мои часы ошибаются.

12 **Um wieviel Uhr soll ich kommen / treffen wir uns?**
О котрій годині я маю прийти / ми зустрінемося?
ум віфіль ур золль іхь коммен / треффен вір унс?
o kotrij hodyni ja maju pryjty / my zustrinemosja?
В какое время я должен прийти / мы встретимся?

13 **Wann?**
Коли?
ванн?
koly?
Когда?

14 **In ein paar Minuten.**
Пара хвилин.
айн паар мінутен.
para hwylyn.
Пару минут.

15 **Um circa zwei Uhr.**
Близько другої години.
ум цірка цвай ур.
blyz'ko druhoji hodyny.
Около двух часов.

16 **In einer halben Stunde.**
За пів години.
ін айнер хальбен штунде
za piw hodyny.
Через пол часа.

17 **Nach zehn Uhr abends.**
Після десятої години ввечері.
нах цейн ур абендс.
pislyja desjatoji hodyny wwetscheri.
После десяти часов вечера.

18 **später**
Пізніше
шпетер
piznische
Позже

2.3 Zeitangaben Час

genau ____
точно ____
19 ґенау ____
totschno ____
точно ____

ungefähr ____
приблизно ____
20 унґефер ____
pryblyzno ____
примерно ____

fast ____
майже ____
21 фаст ____
majzhe ____
почти ____

kurz nach ____
незабаром після ____
22 курц нах ____
nezabarom pislja ____
вскоре после ____

 ISBN 9783962134808 interkulturaverlag.de

2.4 Jahrzehnt-Angaben Століття

1	**Wir haben das Jahr ____ nach islamischer Zeitrechnung / nach christlicher Zeitrechnung** Це ____ рік за ісламським календарем / за християнським календарем вір хабен дас яр ____ нах ісламішер цайтрехнунґ / нах хрістліхер цайтрехнунґ tse ____ rik za islams'kym kalendarem / za hrystyjans'kym kalendarem Это ____ год по исламскому календарю / по христианскому календарю
2	**Wir leben im 21. Jahrhundert** Ми живемо в 21 столітті вір лєбен ім айнундцвансігстен ярхундерт my zhywemo w 21 stolitti Мы живем в 21 веке
3	**Das Jahr ____ war für mich besonders.** ____ рік був для мене особливим. дас яр ____ вар фюр міхь безондерс. ____ rik buw dlja mene osoblywym. ____ год был для меня особенным.
4	**Am Mittwoch, den (Tag) (Monat) (Jahr)** У середу (день) (місяць) (рік) ам міттвох, ден (таґ) (монат) (яр) u seredu (den') (misjats') (rik) В среду (день) (месяц) (год)
5	**In unserer Epoche / unserem Zeitalter / unserer Ära** В нашу епоху / наші роки / нашу еру ін унзерер епохе / унзерем цайтальтер / унзерер ера W naschu epohu / naschi roky / naschu eru В нашу эпоху / наши годы / нашу эру
6	**Im Jahre ____ vor Haj / nach / vor Christi Geburt** У рік ____ до Хаджу / після / до народження Христа ім яре ____ фор хай / нах / фор Крісті ґебурт U rik ____ do Hadzhu / pislja / do narodzhennja Hrysta В год ____ до Хаджа / после / до рождения Христа
7	**Vor etwa ____ Jahren / Monaten / Wochen / Tagen** Приблизно ____ років / місяців / тижнів / днів тому фор етва ____ ярен / монатен / вохен / таґен pryblyzno ____ rokiw / misjatsiw / tyzhniw / dniw tomu Приблизительно ____ лет / месяцев / недель / дней назад
8	**Von ____ bis ____** Від ____ до ____ фон ____ біс ____ wid ____ do ____ От ____ до ____
9	**Mitte / Anfang / Ende des Jahres ____** середина / початок / кінець ____ року мітте / анфанґ / енде дес ярес ____ seredyna / potschatok / kinets' ____ roku середина / начало / конец ____ года

interkulturaverlag.de ISBN 9783962134808 Grundschulwörterbuch Deutsch-Ukrainisch
Німецько-український словник для початкової школи з німецької мови як іноземної

2.4 Jahrzehnt-Angaben Століття

10	**In den Jahren davor** У попередні роки ін ден ярен дафор u poperedni roky В предыдущие годы
11	**Zur Zeit des ____** Під час ____ цур цайт дес ____ pid tschas ____ Во время ____

	Übersetzung-Ukrainisch	**Ukrainische Aussprache**	**Deutsche Aussprache**
Jahrhundert	століття	ярхундерт	stolittja
Jahrtausend	тисячоліття	яртаузенд	tysjatscholittja
Jahrzehnt	десятиліття	ярцейнт	desjatylittja
jährlich (Adj.)	щорічно	єрліхь	schtschoritschno
Jahr	рік	яр	rik
dieses Jahr	цього року	дізес яр	ts'oho roku
nächstes Jahr	наступного року	нехстес яр	nastupnoho roku
Von Jahr zu Jahr	рік за роком	фон яр цу яр	rik za rokom
Jahresende	кінець року	яресенде	kinets' roku
Kalender, der	календар	календер	kalendar
Generation	покоління	ґенерацьон	pokolinnja
Ära, die	ера	ера	era
Zyklus, der	цикл	цюклус	tsykl
Epoche , die	епоха	епохе	epoha
Phase, die	фаза	фазе	faza
Zeitraum, der	період	цайтраум	period
zurzeit	зараз	цурцайт	zaraz

2.5 Tagesangaben und Zeiten Час дня

2.5 Tagesangaben und Zeiten Час дня

	Übersetzung-Ukrainisch	Ukrainische Aussprache
am Morgen	вранці	ам морґен
am Tag danach	наступного дня	ам таґ данах
am Tag davor	напередодні	ам таґ дафор
Abend, der	вечір	абенд
Am ____ (1. / 2. / 3. / ...) ____ Mai / Juni / ...	першого/ другого/ третього травня/ червня	ам ____ (ерсте, цвайте, дрітте / ...) ___ маі / юні
bis heute	до сьогодні	біс хойте
Datum, das	дата	датум
Den wievielten haben wir heute?	яке сьогодні число?	ден віфільтен хабен вір хойте?
Es ist ...	сьогодні...	ес іст...
gestern	вчора	ґестерн
gestern Abend	вчора ввечері	ґестерн абенд
heute	сьогодні	хойте
heute Abend	сьогодні ввечері	хойте абенд
heute Morgen	сьогодні вранці	хойте морґен
heute Nachmittag	сьогодні вдень	хойте нахміттаґ
heutzutage	в наш час	хойтцутаґе

interkulturaverlag.de ISBN 9783962134808 Grundschulwörterbuch Deutsch-Ukrainisch
Німецько-український словник для початкової школи з німецької мови як іноземної

2.5 Tagesangaben und Zeiten Час дня

	Übersetzung-Ukrainisch	Ukrainische Aussprache
in drei Tagen	за три дні	ін драй таґен
letzte Woche	минулого тижня	лєтцте вохе
Minute,die	хвилина	мінуте
Mittag, der	середина дня	міттаґ
Mitternacht, die	північ	міттернахт
morgen	завтра	морґен
morgen Abend	завтра ввечері	морґен абенд
morgens	вранці	морґенс
Morgendämmerung, die	світанок	морґендеммерунґ
Nachmittag, der	післяобідній час	нахміттаґ
nächste Woche	наступний тиждень	нехсте вохе
Nacht, die	ніч	нахт
nächtlich	нічний	нехтліхь
Sekunde, die	секунда	зекунде
Sonnenaufgang, der	схід сонця	зонненауфґанґ
später Abend, der	пізній вечір	шпетер абенд
später	пізніше	шпетер
Stunde	година	штунде
Tag danach, der	день після цього	таґ данах
Tageszeit, die	час доби	таґесцайт
täglich	кожен день	теґліхь
tagsüber	протягом дня	таґс'убер
übermorgen	післязавтра	уберморґен
Viertelstunde, die	Чверть години	фіртельштунде
von heute an	з сьогоднішнього дня	фон хойте ан
vor zwei Tagen	два дні тому	фор цвай таґен

2.5 Tagesangaben und Zeiten Час дня

	Übersetzung-Ukrainisch	Ukrainische Aussprache
vorgestern	позавчора	форґестерн
Vormittag, der	ранок це	фоміттаґ
Wochentag, der	день тижня	вохентаґ
zwei Wochen lang	два тижні	цвай вохен ланґ
jetzt	зараз	йетцт
nicht jetzt	не зараз	ніхьт йетцт
sofort	зразу	зофорт
vorher	раніше	форхер
bald	скоро	бальд
später	пізніше	шпетер
früher	раніше	фрюер
pünktlich	вчасно	пюнктліхь
verspätet / zu spät	запізнілий / занадто пізно	фершпетет / цу шпет
immer	завжди	іммер
oft	часто	офт
manchmal	іноді	манхмаль
niemals	у жодному разі	німальс
wieder / noch einmal	знову / ще раз	відер / нох айнмаль
in (vier) Tagen	через (чотири) дні	ін (фір) таґен
nächste (Woche)	наступного (тижня)	нехсте (вохе)
letztes (Jahr)	минулого (року)	лєтцтес (яр)
jeden (Monat)	кожного (місяця)	єден (монат)
seit (zwei Monaten)	останні два місяці	зайт (цвай монатен)
vor (drei Tagen)	три дні тому	фор (драй таґен)
am (Wochenende)	на вихідних	ам (вохененде)

2.5 Tagesangaben und Zeiten Час дня

	Übersetzung-Ukrainisch	Ukrainische Aussprache
von (Montag) bis (Freitag)	з (понеділка) по (п'ятницю)	фон (монтаґ) біс (фрайтаґ)
nach (dem Termin)	після (зустрічі)	нах (дем термін)
während (der Besprechung)	під час (обговорення)	веренд (дер бешпрехунґ)
zuerst	спочатку	цуерст
dann/ danach	потім	данн/ данах
(einmal) pro Monat	(раз) на місяць	(айнмаль) про монат
drei Stunden lang / für die Dauer von drei Stunden	на три години / терміном на три години	драй штунден ланґ / фюр ді дауер фон драй штунден
den ganzen Tag	весь день	ден ґанцен таґ
Frühling	весна	фрюлінґ
Sommer	Літо	зоммер
Herbst	осінь	хербст
Winter	зима	вінтер

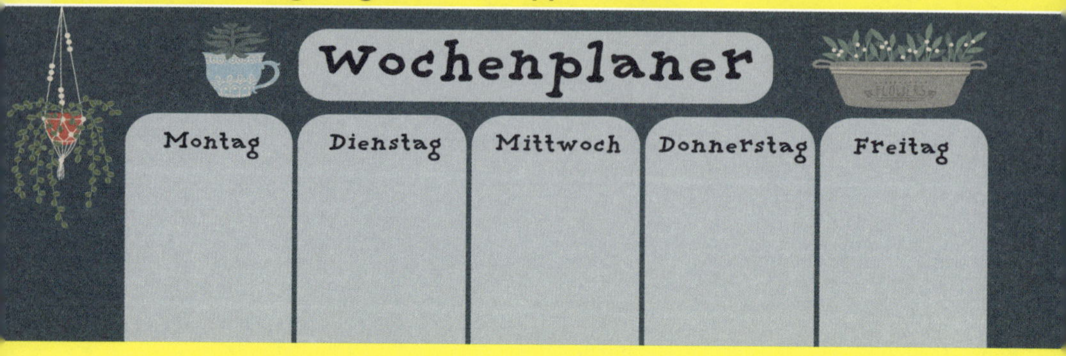

2.6 Wochentagsangaben Дні тижня

Wochentagsangaben	*Übersetzung-Ukrainisch*	*Ukrainische Aussprache*	*Russisch*
Wochentagsangaben, die	дні тижня	вохентаґіанґабен	дни недели
Samstag, der	субота	замстаґ	суббота
Sonntag, der	неділя	зоннтаґ	воскресенье
Montag, der	понеділок	монтаґ	понедельник
Dienstag, der	вівторок	дінстаґ	вторник
Mittwoch, der	середа	міттвох	среда
Donnerstag, der	четвер	доннерстаґ	четверг
Freitag, der	п'ятниця	фрайтаґ	пятница
heute	сьогодні	хойте	сегодня
Woche, die	тиждень	вохе	неделя
Wochenende, das	вихідні	вохененде	выходные
wöchentlich	щотижня	вьохентліхь	еженельно
kommende Woche, die	наступний тиждень	комменде вохе	следующая неделя
vergangene Woche, die	минулий тиждень	ферґанґене вохе	прошлая неделя
Morgen, der	ранок	морґен	утро
Tag, der	день	таґ	день

interkulturaverlag.de ISBN 9783962134808

2.6 Wochentagsangaben Дні тижня

Nacht, die	ніч	нахт	ночь
gestern	вчора	ґестерн	вчера
Werktag, der	робочий день	верктаґ	рабочий день
Anfang, der	початок	анфанґ	начало
Ende, das	кінець	енде	конец
täglich (Adj.)	щоденний	теґліхь	ежедневный
nächtlich / abends	нічний / вечірній	нехтліхь	ночной / вечерний
jeden Tag	кожен день	йеден таґ	каждый день
jede Nacht	кожну ніч	йеде нахт	каждую ночь

2.7 Monatsangaben Місяці

	Übersetzung-Ukrainisch	Ukrainische Aussprache	Russisch
Monate	місяці	монате	месяцы
monatlich (Adj.)	щомісячний	монатліхь	ежемесячный
Welche Monate?	які місяці?	вельхе монтате?	какие месяцы?
diesen Monat	цього місяця	дізен монат	в этом месяце
nächsten Monat	наступного місяця	нехстен монат	следующего месяца
vergangene Monate	минулі місяці	ферґанґене монате	прошедшие месяцы
Januar	січень	януар	январь

2.7 Monatsangaben Місяці

Februar	лютий	фебруар	февраль
März	березень	мерц	март
April	квітень	апріль	апрель
Mai	травень	маі	май
Juni	червень	юні	июнь
Juli	липень	юлі	июль
August	серпень	ауґуст	август
September	вересень	зептембер	сентябрь
Oktober	жовтень	октобер	октябрь
November	листопад	новембер	ноябрь
Dezember	грудень	децембер	декабрь

2.8 Farben und Formen Кольори й форми

Deutsch	**Übersetzung-Ukrainisch**	**Ukrainische Aussprache**	**Russisch**
Farbe, die	колір	фарбе	
rot Adj.	червоний	рот	красный
gelb Adj.	жовтий	ґельб	желтый
dunkel Adj.	темний	дункель	темный
hell Adj.	світлий	хелль	светлый
orange Adj.	оранжевий	оранже	оранжевый
silber Adj.	срібний	зільбер	серебряный
violett Adj.	фіолетовий	віолетт	фиолетовый

2.8 Farben und Formen Кольори й форми

Deutsch	Übersetzung-Ukrainisch	Ukrainische Aussprache	Russisch
golden Adj.	золотий	ґольден	золотой
weiß Adj.	білий	вайс	белый
schwarz Adj.	чорний	шварц	чёрный
blau Adj.	блакитний	блау	голубой
grün Adj.	зелений	ґрюн	зеленый
rosarot Adj.	рожевий	розарот	розовый
grau Adj.	сірий	ґрау	серый
dunkelblau Adj.	синій	дункельблау	синий
pistaziengrün Adj.	фісташковий зелений	пістацінґрюн	фисташковый зеленый
himmelblau Adj.	блакитний	хіммель	голубой
bunt Adj.	різнобарвний	бунт	разноцветный
sandfarben (beige) Adj.	пісочний колір (бежевий)	зандфарбен	песочный цвет (бежевый)
blass Adj.	блідий	бласс	бледный
türkis Adj.	бірюзовий	тюркіс	бирюзовый
abfärbend	безбарвний	абфербенд	бесцветный
glänzend	блискучий	ґленценд	блестящий

 ISBN 9783962134808 interkulturaverlag.de

der	Aal, Aa|le	Вугор	Ааль
die	Ab|fahrt, Ab|fahr|ten	Виїзд	Аб|фарт
	ab|fär|ben	линяти	аб|фер|бен
der	Ab|flug, Ab|flü|ge	Виліт	Аб|флуґ
die	Ab|kür|zung, Ab|kür|zun|gen	Скорочений шлях	Аб|кюр|цунґ
die	Ab|rei|se, Ab|rei|sen	Відправлення	Аб|рай|зе
	ab|sa|gen	відмовлятись, скасовувати	аб|за|ґен
der	Ab|schlepp|wa|gen, Ab|schlepp|wa|gen	Евакуатор	Аб|шлєпп|ва|ґен

Ein großer Wagen, der kaputte Autos auf einer Ladefläche mitnimmt.

Велика машина, яка забирає зламані автомобілі на навантажувальну платформу.

Айн ґросса Ваґен, дер капутте Аутос ауф айна Ладефлєхе мітніммт.

	ab|schlie|ßen	закривати	аб|шлі|ссен
der	Ab|sen|der, Ab|sen|der	Відправник	Аб|зен|да
die	Ab|sicht, Ab|sich|ten	Намір	Аб|зіхт
die	Ab|stim|mung, Ab|stim|mun|gen	Голосування	Аб|штім|мунґ
	ab|wa|schen	відмивати	аб|ва|шен
	ab|we|send	відсутній	аб|вє|зенд
das	Ab|zei|chen, Ab|zei|chen	Значок	Аб|цай|хен

Kleiner Gegenstand, der zeigt, dass man zu einer Gruppe gehört.

Невеликий предмет, який показує, що ви належите до групи.

Кляйна Ґеґєнштанд, дер цайґт, дасс ман цу айна Ґруппе ґехьорт.

die	ABC-Klötze	Розвиваючі кубики «ABC»	АБЦ-Кльотце
der	Abend, Aben|de	Вечір	Абенд
das	Abend|brot, Abend|bro|te	Вечеря	Абенд|брот
das	Abend|es|sen ko|chen	Готувати вечерю	Абенд|ес|сен ко|хен
	Abend|es|sen, Abend|es|sen	Вечеря	Абенд|ес|сен
die	Abend|schu|le, Abend|schu|len	Вечірня школа	Абенд|шу|лє

Grundschulwörterbuch Deutsch-Ukrainisch
interkulturaverlag.de ISBN 9783962134808

	abends	щовечора	абендс
	aber	але	абер
	ach|te	восьмий	ах|те
die	Ach|te/Ach|ten	Восьмий	Ах|те
	ach|ten	звертати увагу	ах|тен
die	Ach|ter|bahn, Ach|ter|bah|nen	Американські гірки	Ах|та|бан
	acht	вісім	ахт
das	Acht ge|ben	наглядати	Ахт ґе|бен
	acht|zehn	вісімнадцять	ахт|цейн
	acht|zig	вісімдесят	ахт|ціх
	ad|die|ren	додавати	ад|ді|рен
der	Ad|ler, Ad|ler	Орел	Ад|ля
	adop|tie|ren	всиновити/удочерити	адоп|ті|рен
die	Adres|se, Adres|sen	Адреса	Адрес|се

Eine Adresse hilft einem zu wissen, wo genau man hin muss.

Адреса допомагає розуміти, куди саме потрібно йти.

Айне Адрессе хільфт айнем цу віссен, во ґенау ман хін мусс.

der	Af|fe, Af|fen	Мавпа	Аф|фе
	Af|ri|ka	Африка	Аф|рі|ка
	af|ri|ka|nisch	африканський	аф|рі|ка|ніш
die	Ah|le, Ah|len	Шило	А|лє
der	Ak|ro|bat, Ak|ro|ba|ten	Акробат	Ак|ро|бат
der	Ak|ten|schrank, Ak|ten|schrän|ke	Шафа для зберігання зошитів, файлів	Ак|тен|шранк
das	Ak|tions|wort, Ak|tions|wör|ter	Дієслово	Ак|цьйонс|ворт
das	Al|bum, Al|ben	Альбом	Аль|бум

Ein Buch, in dem man Fotos oder Sticker sammeln kann.

Книга, в якій можна збирати фотографії чи наклейки.

Айн Бух, ін дем ман Фотос ода Стіка заммельн канн.

die	Al|ge, Al|gen	Водорість	Аль|ґе

Grundschulwörterbuch Deutsch-Ukrainisch
ISBN 9783962134808 interkulturaverlag.de

	al|le	всі	аль|лє
	al|lein	на самоті	аль|ляйн
die	Al|ler|gie, Al|ler|gi|en	Алергія	Аль|лєр|ґіє
	al|ler|gisch sein	мати алергію	аль|лєр|ґіш зайн
	al|les	все	аль|лєс
der	Al|li|ga|tor, Al|li|ga|tor|en	Алігатор	Аль|лі|ґа|тор
das	Al|pha|bet, Al|pha|be|te	Абетка	Аль|фа|бет

Die Reihenfolge aller Buchstaben einer Sprache.

Порядок усіх букв у мові.

Ді Раєнфольґе альлер Бухштабен айна Шпрахе.

	al|so	отож	аль|зо
das	Al|ter, Al|ter	Вік	Аль|та
der	Alarm, Alarme	Тривога	Алярм
	als		
	als ich ... war (?)	як я ... був/була (?)	альс іх вар (?)
	alt	старий	альт
	am Au|to	біля авто, на авто, в авто, про авто	ам Ау|то
	am Mor|gen	вранці, щоранку	ам Мор|ґен
	am Te|le|fon	по телефону	ам Те|лє|фон
die	Am|bu|lanz, Am|bu|lan|zen	Автомобіль швидкої допомоги	Ам|бу|ланц

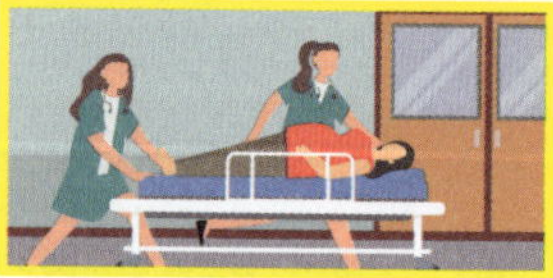

Hier werden Menschen gerettet, die einen Unfalll hatten.

Тут рятують людей, які потрапили в аварію.

Хір верден Меншен ґереттет, ді айнен Унфаль хаттен.

die	Am|pel, Ampeln	Світлофор	Ам|пель
die	Am|phi|bie, Am|phi|bi|en	Амфібія	Ам|фі|біє
die	Am|sel, Am|seln	Дрізд	Ам|зель
	Ame|ri|ka	Америка	Аме|рі|ка
	ame|ri|ka|nisch	американський	аме|рі|ка|ніш
die	Amei|se, Amei|sen	Мураха	Амай|зе

interkulturaverlag.de ISBN 9783962134808

	amü|sie|ren	розважати	амю|зі|рен
	an	біля, на	ан
	an der Hal|te|stel|le	на зупинці	ан дер Халь|те|штель|лє
	an|bau|en (Pflan|zen)	вирощувати (рослини)	ан|бау|ен (Пфлан|цен)
der	An|de|re, An|de|ren	інші	ан|де|ре
	an|de|rer/an|de|re/an|de|res	інший/інша/інше	ан|де|ра/ан|де|ре/ ан|де|рес
	än|dern	змінювати	ен|дерн
	an|fan|gen	починати	ан|фан|ґен
der	An|fang, An|fän|ge	Початок	Ан|фанґ
	an|fas|sen	доторкатись	ан|фас|сен
	An|ge|bot und Nach|fra|ge	Пропозиція та попит	Ан|ґе|бот унд Нах|фра|ґе
das	An|ge|bot, An|ge|bo|te	Пропозиція	Ан|ґе|бот
	an|geln	риболовити	ан|ґельн
	an|ha|ben	носити, мати на собі	ан|ха|бен
	an|hal|ten	гальмувати, зупинятись	ан|халь|тен
der	An|ker, An|ker	Якір	Ан|ка

Schweres Objekt, das ein Schiff an einem Ort festhält.

Важкий предмет, який утримує корабель на одному місці.

Шверес Об'єкт, дас айн Шіфф ан айнем Орт фестхельт.

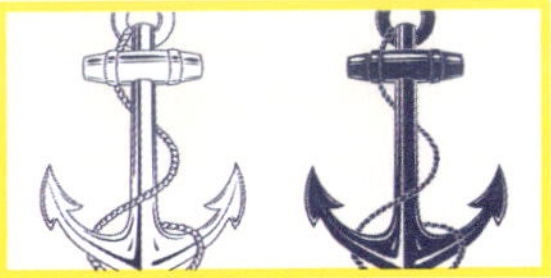

	an|kom|men	прибувати, надходити	ан|ком|мен
die	An|lei|tung, An|lei|tun|gen	Інструкція	Ан|ляй|тунґ
	an|ma|len	розмальовувати	Ан|ма|лєн
	an|pro|bie|ren	приміряти	ан|про|бі|рен
	an|ru|fen	зателефонувати	ан|ру|фен
die	An|sa|ge, An|sa|gen	Оголошення	Ан|за|ґе
	an|schal|ten	включати	ан|шаль|тен
	an|schau|en	дивитись	ан|шау|ен
	an|schnal|len	пристібатися	ан|шналь|лєн

Grundschulwörterbuch Deutsch-Ukrainisch
ISBN 9783962134808 interkulturaverlag.de

	an|se|hen	подивитись	ан|зе|єн
der	An|spit|zer, An|spit|zer	Точилка	Ан|шпіт|ца
	an|stän|dig	пристойний	ан|штен|діх
	an|stel|len (sich)	ставати в чергу	ан|штель|лен (зіх)
	an|stren|gen	старатись	ан|штрен|ґен
die	An|stren|gung, An|stren|gun|gen	зусилля	Ан|штрен|ґунґ
die	An|ten|ne, An|ten|nen	Антена	Ан|тен|не

Ein Draht an technischen Geräten für den Empfang, zum Beispiel am Radio.

Провід до технічних пристроїв для прийому, наприклад, по радіо.

Айн Драт ан технішен Ґеретен фюр ден Емпфанґ, цум Байшпіль ам Радіо.

die	An|ti|lo|pe, An|ti|lo|pen	Антилопа	Ан|ті|льо|пе
	an|we|send	присутній	ан|вє|зенд
die	An|zei|ge, An|zei|gen	Реклама	Ан|цай|ґе
	an|zie|hen	одягати	ан|ці|єн
der	An|zug, An|zü|ge	Костюм	Ан|цуґ
	an|zün|den	запалювати	ан|цюн|ден
die	Ana|nas, Ana|nas /Ana|nas|se	Ананас	Ана|нас
	Angst ha|ben (vor)	боятися (чогось)	Анґст ха|бен (фор)
	Angst ma|chen	лякати	Анґст ма|хен
die	Angst, Äng|ste	Страх	Анґст
	ant|wor|ten	відповідати	ант|вор|тен
die	Ant|wort, Ant|wor|ten	відповідь	Ант|ворт
die	An|ti-fit Ho|se, An|ti-fit Ho|sen	Мішкуваті штани	Ан|ті-фіт Хо|зе

Weite Jeans, die ein bisschen gemütlicher sind.

Мішкуваті джинси, які дещо зручніші.

Вайте Джінс, ді айн біссхен ґемютліха зінд.

der	Ap|fel, Äp|fel	Яблуко	Ап|фель
die	Ap|fel|si|ne, Ap|fel|si|nen	Апельсин	Ап|фель|зі|не

interkulturaverlag.de ISBN 9783962134808

der	Ap|pe|tit, Ap|pe|ti|te	Апетит	Ап|пе|тіт
der	Ap|ril, Ap|ri|le	Квітень	Ап|ріль
die	Apo|the|ke, Apo|the|ken	Аптека	Апо|те|ке
der	Ap|plaus	Оплески	Ап|плаус
die	Apri|ko|se, Apri|ko|sen	Абрикос	Апрі|ко|зе
das	Aqua|ri|um, Aqua|ri|en	Акваріум	Аква|рі|ум

Behälter mit Wasser, in dem Fische leben können.

Ємність з водою, в якій можуть жити риби.

Бехельта міт Васса, ін дем фіше лебен кьоннен.

	ar|bei|ten	працювати	ар|бай|тен
der	Ar|bei|ter, Ar|bei|ter	Працівник	Ар|бай|тер
die	Ar|beit, Ar|bei|ten	Праця	Ар|байт
der	Ar|beits|tag, Ar|beits|ta|ge	Робочий день	Ар|байтс|таґ
das	Ar|beits|zim|mer, Ar|beits|zim|mer	Робочий кабінет	Ар|байтс|цім|ма
der	Ar|chi|tekt, Ar|chi|tek|ten	Архітектор	Ар|хі|тект

Eine Person, die ein neues Haus gestaltet.

Людина, яка проектує новий будинок.

Айне Перзон, ді айн ноєс Хаус ґештальтет.

der	Är|ger	Злість	Ер|ґер
die	Ar|mee, Ar|me|en	Армія	Ар|мє
der	Ar|ti|kel, Ar|ti|kel	Стаття	Ар|ті|кель
der	Ara, Aras	Ара (папуга)	Ара
	arm	бідний	арм
der	Arm, Ar|me	Рука	Арм
das	Arm|band, Arm|bän|der	Браслет	Арм|банд
die	Arm|band|uhr, Arm|band|uh|ren	Наручний годинник	Арм|банд|ур
der	Arm|reif, Arm|rei|fen	Браслет	Арм|райф
die	Art und Wei|se	Спосіб	Арт унд Вай|зе
die	Ärz|tin, Ärz|tin|nen	Лікарка	Ерц|тін

Grundschulwörterbuch Deutsch-Ukrainisch
ISBN 9783962134808 interkulturaverlag.de

der	Arzt, Ärz|te	Лікар	Арцт
der	As|tro|naut, As|tro|nau|ten	Космонавт	Ас|тро|наут

Eine Person, die mit einer Rakete in den Weltraum fliegt.

Людина, яка летить в космос на ракеті.

Айне перзон, ді міт айна Ракете ін ден Вельтраум фліґт.

der	As|tro|nau|tin, As|tro|nau|tin|nen	Космонавтка	Ас|тро|нау|тін
der	As|tro|nom, As|tro|no|men	Астроном	Ас|тро|ном
	asi|a|tisch	азіатський	азі|а|тіш
	Asi|en	Азія	Азі|єн
der	Ast, Äs|te	Гілка	Аст
das	Asth|ma	Астма	Аст|ма
der	At|las, At|las|se	Атлас	Ат|лас
	at|men	дихати	ат|мен
die	At|trak|ti|on, At|trak|ti|o|nen	Атракціон	Ат|трак|ці|он

Ein spannender Ort, den man besuchen kann.

Захоплююче місце для відвідування.

Айн шпанненда Орт, ден ман безухен канн.

der	Ath|let, Ath|le|ten	Спортсмен	Ат|лєт
	au, aua	ай	ау, ауа
die	Au|ber|gi|ne, Au|ber|gi|nen	Баклажан	Ау|бер|жі|не
das	Au|ge, Au|gen	Око	Ау|ґе
der	Au|gen|blick, Au|gen|bli|cke	Момент	Ау|ґен|блік
die	Au|gen|braue, Au|gen|brau|en	Брова	Ау|ґен|брауе
das	Au|gen|lid, Au|gen|li|der	Повіка	Ау|ґен|лід
der	Au|gust, Au|gus|te	Серпень	Ау|ґуст
	au|ßer	за виключенням	ау|ссер
der	Au|ßer|ir|di|scher, Au|ßer|ir|di|sche	Прибулець	Ау|ссер|ір|ді|ша

Lebewesen von einem anderen Planeten.

Істоти з іншої планети.

Лєбевезен фон айнем андерен планетен.

Grundschulwörterbuch Deutsch-Ukrainisch
interkulturaverlag.de ISBN 9783962134808

	Au|to fah|ren (als Fahrer)	водити машину (як водій)	Ау|то фа|рен (альс фара)
	Au|to fah|ren- (ein)	водити машину	Ау|то фа|рен (айн)
die	Au|to-Rik|scha, Au|to-Rick|schas	Авторикша	Ау|то-Рік|ша
das	Au|to, Au|tos	Авто	Ау|то
die	Au|to|bahn, Au|to|bah|nen	Автомагістраль	Ау|то|бан
	au|to|ma|tisch	автоматичний	ау|то|ма|тіш
die	Au|to|rin, Au|to|rin|nen	Авторка	Ау|то|рін
der	Au|to|schüt|ter, Au|to|schüt|ter	Самоскид	Ау|то|шют|та

Ein Auto, was mit einer Kippe Erde in Löcher schüttet.

Машина, яка кузовом сипле землю в ями.

Айн Ауто, вас міт айна Кіппе Ерде ін Льохер шюттет.

der	Au|tor, Au|to|ren	Автор	Ау|тор
	auch	також	аух
	auf	на	ауф
	auf ... zu	на ... до	ауф ... цу
	auf je|man|den zu|lau|fen	бігти назустріч комусь	ауф ... є|ман|ден цу|лау|фен
	auf Wie|der|se|hen	До побачення	ауф Ві|да|зе|ен
	auf|bau|en	будувати	ауф|бау|ен
die	Auf|ga|be, Auf|ga|ben	завдання	Ауф|га|бе
	auf|hän|gen	вішати	ауф|хен|ген
	auf|hö|ren	припиняти	ауф|хьо|рен
der	Auf|kle|ber, Auf|kle|ber	Наклейка	Ауф|клє|ба
	auf|le|gen	покласти слухавку	ауф|лє|ген
	auf|ma|chen	відчиняти	ауф|ма|хен
die	Auf|merk|sam|keit	уважність	Ауф|мерк|зам|кайт
	auf|pas|sen	пильнувати, спостерігати	ауф|пас|сен
	auf|räu|men	прибирати	ауф|рой|мен
	auf|re|gend	захоплююче	ауф|ре|генд

Grundschulwörterbuch Deutsch-Ukrainisch
ISBN 9783962134808 interkulturaverlag.de

der	Auf|satz, Auf|sät|ze	Твір	Ауф|зату
	auf|schlie|ßen	відкривати	ауф|шлі|ссен
	auf|ste|hen	вставати	ауф|ште|єн
	auf|wa|chen	прокидатися	ауф|ва|хен
	auf|wach|sen	виростати	ауф|вак|сен
	auf|zie|hen	підтягувати	ауф|ці|єн
der	Auf|zug, Auf|zü|ge	Ліфт	Ауф|цуґ

Ein beweglicher Kasten, der jemanden in ein anderes Stockwerk bringt.

Рухома коробка, яка переносить когось на інший поверх.

Айн бевеґліха Кастен, дер єманден ін айн андерес Штокверк брінґт.

	aus	з	аус
	aus dem Raum ge|hen	вийти з кімнати	аус дем Раум ґе|єн
	aus der Schu|le kom|men	прийти зі школи	аус дер Шу|лє ком|мен
die	Aus|bil|dung, Aus|bil|dun|gen	Освіта	Аус|біль|дунґ
die	Aus|dau|er	Витримка, наполегливість	Аус|дау|а
	aus|ei|nan|der	один від одного;на шматки	аус|ай|нан|да
der	Aus|flug, Aus|flü|ge	Екскурсія	Аус|флуґ
	aus|füh|ren	виконувати	аус|фю|рен
der	Aus|gang, Aus|gän|ge	Вихід	Аус|ґанґ
	aus|ge|ben	витрачати, видавати	аус|ґе|бен
	aus|ge|zeich|net	відмінно	аус|ґе|цайх|нет
	aus|hal|ten	витримувати	аус|халь|тен
das	Aus|land	закордон, зарубіжжя	Аус|ланд
	aus|lei|hen	позичати	аус|ляй|єн
	aus|pa|cken	розпаковувати	аус|па|кен
	aus|pres|sen	вичавлювати	аус|прес|сен
	aus|pro|bie|ren	спробувати	аус|про|бі|рен
	aus|ra|die|ren	стирати	аус|ра|ді|рен

interkulturaverlag.de ISBN 9783962134808

die	Aus|re|de, Aus|re|den	Виправдання, відмовка, привід	Аус|ре|де

Eine nicht ganz ehrliche Erklärung, warum man etwas falsch gemacht hat.

Не зовсім чесне пояснення того, чому ви зробили щось не так.

Айне ніхт ґанц ерліхе Ерклерунґ, варум ман етвас фальш ґемахт хат.

	aus|ru|hen	відпочити	аус|ру|ен
	aus|rut|schen	послизнутися	аус|рут|чен
	aus|se|hen	виглядати	аус|зе|ен
	aus|stei|gen	виходити, сходити	аус|штай|ґен
	Aus|tra|lien	Австралія	Аус|тра|лієн
	aus|tra|lisch	австралійський	аус|тра|ліш
	aus|wäh|len	вибирати	аус|ве|лен
der	Aus|weis, Aus|wei|se	Посвідчення особи, ID-картка	Аус|вайс

Ein Stück Plastik mit deinem Namen und wichtigen Daten drauf.

Пластикова картка з твоїм ім'ям та важливою інформацією про тебе.

Айн Штюк Пластік міт дайнем Намен унд віхтіґен Датен драуф.

	aus|wen|dig ler|nen	вчити напам'ять	аус|вен|діх лер|нен
	aus|zie|hen	зняти одяг, з'їжджати, переїжджати	аус|ці|ен
die	Avo|ca|do, Avo|ca|dos	Авокадо	Аво|ка|до
die	Axt, Äx|te	Сокира	Акст
der	Ba|by-Scoo|ter, Ba|by-Scoo|ter	Дитячий самокат	Бей|бі-Ску|та
das	Ba|by, Ba|bys	Маленька дитина	Бей|бі
das	Ba|by|sit|ting	Догляд за маленькою дитиною	Бей|бі|сіт|тін

Wenn man auf ein Baby oder Kind aufpasst.

Догляд за немовлям або дитиною.

Венн ман ауф айн Бейбі ода Кінд ауфпасст.

Grundschulwörterbuch Deutsch-Ukrainisch
ISBN 9783962134808 interkulturaverlag.de

die	Ba|cke, Ba|cken	Щока	Ба|ке
die	Bä|cke|rei, Bä|cke|rei|en	Пекарня	Бе|ке|рай
die	Bä|cke|rin, Bä|cke|rin|nen	Пекарка	Бе|ке|рін
	ba|cken	пекти	ба|кен
der	Bä|cker, Bä|cker	Пекар	Бе|ка
der	Ba|de|an|zug, Ba|de|an|zü|ge	Купальник	Ба|де|ан|цуґ
die	Ba|de|ho|se, Ba|de|ho|sen	Плавки	Ба|де|хо|зе
die	Ba|de|lat|schen	В'єтнамки для басейну	Ба|де|лат|чен
der	Ba|de|man|tel, Ba|de|män|tel	Купальний халат	Ба|де|ман|тель
der	Ba|de|ofen, Ba|de|öfen	Водонагрівач	Ба|де|офен

Dieses Gerät macht dein Badewasser warm.

Цей пристрій нагріває воду у ванній.

Дізес ґерет махт дайн Бадевасса варм.

die	Ba|de|wan|ne, Ba|de|wan|nen	Ванна	Ба|де|ван|не
das	Ba|de|zim|mer, Ba|de|zim|mer	Ванна кімната	Ба|де|цім|ма
	ba|den	купатись	ба|ден
	Ba|den-Würt|tem|berg	Баден-Вюртемберг	Ба|ден-Вюрт|тем|берґ
die	Ba|na|ne, Ba|na|nen	Банан	Ба|на|не
der	Bach, Bä|che	Струмок	Бах
der	Back|ofen, Back|öfen	Духовка, піч	Бак|офен
der	Back|stein, Back|stei|ne	Цегла	Бак|штайн

Eckiger Stein, mit dem oft Häuser und Mauern gebaut werden.

Прямокутний камінь, який часто використовується для будівництва будинків і стін.

Екіґа Штайн міт дем офт Хойза унд Мауерн ґебаут верден.

das	Bad, Bä|der	Ванна	Бад
die	Ba|de|mat|te, Ba|de|mat|ten	Килимок для ванної кімнати	Ба|де|мат|те
das	Bad|min|ton	Бадмінтон	Бад|мін|тон
der	Bag|ger, Bag|ger	Екскаватор	Баг|ґа

Grundschulwörterbuch Deutsch-Ukrainisch
interkulturaverlag.de ISBN 9783962134808

die	Bah|re, Bah|ren	Ноші	Ба|ре
	Bahn fah|ren	їхати залізницею	Бан фа|рен
die	Bahn, Bah|nen	Поїзд	Бан
der	Bahn|gleis, Bahn|glei|se	Залізнична колія	Бан|ґляйс

Zwei Schienen, auf denen ein Zug fahren kann.

Дві рейки, якими їде поїзд.

Цвай Шінен, ауф денен айн Цуґ фарен канн.

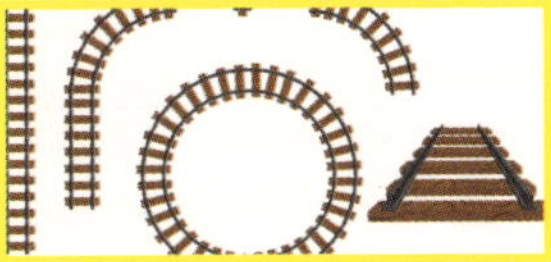

der	Bahn|hof, Bahn|hö|fe	Залізнична станція	Бан|хоф
der	Bahn|steig, Bahn|stei|ge	Платформа, перон	Бан|штайґ
der	Bahn|steig|zu|gang, Bahn|steig|zu|gän|ge	Вхід до платформи	Бан|штайґ|цу|ґанґ
der	Bal|ken, Bal|ken	Колода, балка	Баль|кен
der	Bal|kon, Bal|ko|ne/Bal|kons	Балкон	Баль|кон
das	Bal|lett, Bal|let|te	Балет	Баль|лєт
	bald	згодом	бальд
der	Ball, Bäl|le	М'яч, бал	Баль
das	Band, Bän|der	Стрічка	Банд
das	Band, Bands	Стрічка	Банд
die	Bank	Банк	Банк

Ein Ort, in dem Menschen Geld wechseln und sparen können.

Місце, де люди можуть обмінювати та заощаджувати гроші.

Айн Орт, ін дем Меншен Ґельд вексельн унд шпарен кьоннен.

die	Bank, Ban|ken	Банк	Банк
die	Bank, Bänke	Лавка	Банк
das	Bar-Geld, (Bar-)Gel|der	Готівка	Бар-Ґельд
der	Bär, Bä|ren	Ведмідь	Бер
die	Bar, Bars	Бар	Бар
der	Bart, Bär|te	Борода	Барт
der	Bas|ket|ball, Bas|ket|bäl|le	Баскетбол	Бас|кет|баль

Grundschulwörterbuch Deutsch-Ukrainisch
ISBN 9783962134808 interkulturaverlag.de

der	Base|ball, Base|balls	Бейсбол	Бейс|баль

Ein amerikanisches Spiel mit Schlägern und zwei Mannschaften.

Американська гра з ракетками і двома командами.

Айн амеріканішес Шпіль міт Шлєґерн унд цвай Манншафтен.

der/ der	Baseball und Baseballschläger,	Бейсбол та бейсбольна бита	Бейс|баль унд Бейс|баль|шлє|га
der	Bau|ar|bei|ter, Bau|ar|bei|ter	Будівельник	Бау|ар|бай|та
die	Bäu|e|rin, Bäu|er|in|nen	фермерка	Бо|є|рін
	bau|en	будувати	бау|ен
der	Bau|er, Bau|ern	фермер	Бау|а
der	Bau|ern|hof, Bau|ern|hö|fe	Хутір, ферма	Бау|ерн|хоф
der	Bau|klotz, Bau|klöt|ze	Будівельні кубики (для дітей)	Бау|кльотц
der	Bau|stein, Bau|stei|ne	Будівельний камінь, кубик (іграшка)	Бау|штайн
der	Bauch, Bäu|che	Живіт	Баух
der	Bauch|na|bel, Bauch|na|bel	Пупок	Баух|на|бель
der	Baum, Bäu|me	Дерево	Баум
der	Baum|stamm, Baum|stäm|me	Стовбур	Баум|штамм
die	Baum|wol|le	Бавовна	Баум|воллє
	Bay|ern	Баварія	Бай|ерн

Das südlichste Bundesland von Deutschland, bekannt für Dirndl und Lederhosen.

Найпівденніша федеральна земля Німеччини, відома дірндлями (традиційний жіночий народний костюм) та ледерхозенами (шкіряні штани).

Дас зюдліхсте Бундесланд фон Дойтчланд, беканнт фюр Дірндль унд Лєдахозен.

	be|ar|bei|ten	редагувати, обробляти	бе|ар|бай|тен
das	Be|ben, Be|ben	Землетрус	Бє|бен
der	Be|cher, Be|cher	Келих, склянка	Бе|ха
der	Be|darf	Потреба, вимога	Бе|дарф
	be|de|cken	покривати	бе|де|кен

interkulturaverlag.de ISBN 9783962134808

	be|deu|ten	означати	бе|дой|тен
	be|en|den	закінчувати	бе|ен|ден
	be|er|di|gen	поховати	бе|ер|ді|ґен
die	Be|er|di|gung, Be|er|di|gun|gen	Поховання, похорони	Бе|ер|ді|ґунґ

Eine Feier, auf der man sich von einem Toten verabschiedet.

Подія, на якій прощаються з померлою людиною.

Айне фає, ауф дер ман зіх фон айнем Тотен ферабшідет.

	be|feh|len	давати наказ	бе|фе|лєн
	be|fes|ti|gen	прикріпити	бе|фес|ті|ґен
die	Be|geg|nung, Be|geg|nun|gen	Зустріч	Бе|ґеґ|нунґ
die	Be|geis|te|rung, Be|geis|te|run|gen	Натхнення	Бе|ґайс|те|рунґ
	be|geis|tern	надихати	бе|ґайс|терн
	be|gin|nen	починати	бе|ґін|нен
das	Be|gin|nen	Початок	Бе|ґін|нен
der	Be|ginn, Be|gin|ne	Початок	Бе|ґінн
	be|glei|ten	супроводжувати	бе|гляй|тен
	be|gra|ben	хоронити	бе|гра|бен

Wenn man viel Sand und Erde auf etwas schüttet.

Коли ви насипаєте на щось багато піску та землі.

Венн ман філь Занд унд Ерде ауф етвас шюттет.

	be|grü|ßen	вітати	бе|ґрю|ссен
	be|hal|ten	утримувати	бе|халь|тен
	be|hin|dert	з особливими потребами	бе|хін|дат
	be|kom|men	отримати	бе|ком|мен
	be|läs|ti|gen	турбувати, надокучати	бе|лєс|ті|ґен
der	Be|leg, Be|le|ge	Касовий чек	Бе|леґ
	be|lie|fern	постачати	бе|лі|ферн
	be|mü|hen	докладати зусилля	бе|мю|єн
	be|nei|den	заздрити	бе|най|ден

Grundschulwörterbuch Deutsch-Ukrainisch
ISBN 9783962134808 interkulturaverlag.de

	be|nut|zen	використовувати	бе|нут|цен
	be|ob|ach|ten	спостерігати	бе|об|ах|тен
	be|quem	зручний	бе|квем
	be|reit	готовий	бе|райт
	be|rich|ten	розповідати, доповідати	бе|ріх|тен

Wenn man spannende Nachrichten vorgetragen bekommt.

Коли ви чуєте цікаві новини.

Венн ман шпанненде Нахріхтен форґетраґен бекоммт.

der	Be|richt, Be|rich|te	Доповідь	Бе|ріхт
der	Be|ruf, Be|ru|fe	Професія	Бе|руф
	be|rüh|ren	доторкатися	бе|рю|рен
	be|rühmt	відомий	бе|рюмт
	be|schäf|tigt	зайнятий, працевлаштований	бе|шеф|тіхт
	Be|scheid ge|ben	давати точно знати, повідомляти	Бе|шайд ґє|бен
	be|schrei|ben	описувати	бе|шрай|бен
	be|schwe|ren	скаржитись	бе|шве|рен
der	Be|sen, Be|sen	Віник	Бє|зен
	be|setzt	занятий	бе|зетцт
	be|sie|gen	завдавати поразки, перемагати	бе|зі|ґен
	be|sit|zen	володіти	бе|зіт|цен
	be|son|de|rer/be|son|de|re/be|son|de|res	особливий/особлива/особливе	бе|зон|де|ра/бе|зон|де|ре/бе|зон|де|рес
	be|son|ders	особливо	бе|зон|дерс
	be|sorgt	стурбований	бе|зорґт
	be|spre|chen	обговорювати	бе|шпре|хен
das	Be|steck, Be|ste|cke	Столові прибори	Бе|штек
	be|stel|len	замовляти	бе|штель|лєн
die	Be|stel|lung, Be|stel|lun|gen	Замовлення	Бе|штель|лунґ

 ISBN 9783962134808

die	Be|su|che|rin, Be|su|che|rin|nen	Відвідувачка	Бе|зу|хе|рін
	be|su|chen	відвідувати, навідувати	бе|зу|хен
der	Be|su|cher, Be|su|cher	Відвідувач, навідувач	Бе|зу|ха
	be|ten	молитися	бє|тен

Einen Gott um etwas bitten oder sich bei ihm bedanken.

Просити або дякувати Бога за щось.

Айнен Ґотт ум етвас біттен ода зіх бай ім беданкен.

der	Be|ton|mi|scher, Be|ton|mi|scher	Бетонозмішувач	Бе|тон|мі|ша
der	Be|trag, Be|trä|ge	Сума	Бе|траґ
	be|vor	до	бе|фор
	be|vor|zu|gen	надавати перевагу	бе|фор|цу|ґен
	be|wäs|sern	поливати	бе|вес|серн
	be|we|gen	рухати	бе|вє|ґен
	be|wer|ben	подавати заявку, відправляти резюме	бе|вер|бен
	be|wölkt	хмарно	бе|вьолькт
	be|wun|dern	захоплюватися	бе|вун|дан
	be|zah|len	платити	бе|ца|лєн
	be|ach|ten	звертати увагу	бе|ах|тен
der	Beach|vol|ley|ball, Beach|vol|ley|bäl|le	Пляжний волейбол	Біч|воль|лей|баль
	be|gabt	обдарований	бе|ґабт

Wenn man eine besondere Fähigkeit oder ein Talent hat.

Коли у людини є особливі здібності чи талант.

Венн ман айне безондере Фехіґкайт одер айн Талєнт хат.

	bei	біля, при, на, в	бай
	bei|de	обидва	бай|де
das	Bei|leid	Співчуття	Бай|ляйд
das	Bei|spiel, Bei|spie|le	Приклад	Бай|шпіль
	bei|ßen	кусати	бай|ссен

Grundschulwörterbuch Deutsch-Ukrainisch
ISBN 9783962134808 interkulturaverlag.de

der	Bei|stell|tisch, Bei|stell|ti|sche	Придиванний столик	Бай|штель|тіш
das	Bein, Bei|ne	Нога	Байн
	beis|sen	кусати	байс|сен
die	Beiß|zan|ge, Beiß|zan|gen	Кусачки, гострогубці	Байсс|цан|ґе

Mit dieser Zange kann man Nägel aus der Wand holen.

за допомогою цих щипців можна дістати цвяхи зі стіни.

Міт діза Цанґе канн ман Неґель аус дер Ванд холєн.

	Bel|gi|en	Бельгія	Бель|ґі|єн
	bel|gisch	бельгійський	бель|ґіш
	bel|len	лаяти, гавкати	бель|лєн
das	Ben|zin	бензин, паливо	Бен|цін
	Ber|lin	Берлін	Бер|лін
der	Berg, Ber|ge	Гора	Берґ
der	Bern|stein	Янтар	Берн|штайн
das	Bett, Bet|ten	Ліжко	Бетт
die	Bett|de|cke, Bett|de|cken	Покривало	Бетт|де|ке
das	Bett|la|ken, Bett|la|ken	Простирадло	Бетт|ла|кен
die	Beu|le, Beu|len	Гуля від удару	Бой|лє
der	Beu|tel, Beu|tel	Сумка	Бой|тель
der	Bey|blade-Krei|sel, Bey|blade-Krei|-sel	Бейблейд дзиґа (іграшка)	Бей|блейд-Край|зель
der	Bi|ber, Bi|ber	Бобер	Бі-бер
der	Bi|ki|ni, Bi|ki|nis	Бікіні	Бі|кі|ні
das	Bi|son, Bi|son	Бізон	Бі|зон

Ein großes, schweres Tier mit vier Beinen, zwei Hörnern und viel Fell.

Велика важка тварина з чотирма ногами, двома рогами та великою кількістю хутра.

Айн ґроссес, шверес Тіа міт фір Байнен, цвай Хьорнерн унд філь Фель.

	Bie|gen	Згинання	Бі|ген
die	Bie|ne, Bie|nen	Бджола	Бі|не

interkulturaverlag.de ISBN 9783962134808

die	Bie|nen|kö|ni|gin, Bie|nen|kö|ni|gin|nen	Бджолина матка	Бі|нен|кьо|ні|ґін
der	Bie|nen|stock, Bie|nen|stö|cke	Вулик	Бі|нен|шток
der	Bil|der|rah|men, Bil|der|rah|men	фоторамка	Біль|да|ра|мен
	bil|lig	дешевий	біль|ліх
das	Bild, Bil|der	Картина	Більд
der	Bild|schirm, Bild|schir|me	Екран	Більд|ширм
	bin	(я) є	бін
	bin|den	з'єднювати	бін|ден
die	Bir|ne, Bir|nen	Груша	Бір|не
	bis	до	біс
	bist	(ти) є	біст
	bit|te	будь ласка	біт|те
der	bit|te|re Kür|bis, bit|te|re Kür|bis|se	Гіркий гарбуз	біт|те|ре Кюр|біс
	bit|ten	просити	біт|тен
	bit|ter	гірко	біт|тер
die	Bla|se, Bla|sen	Бульбашка	Бла|зе
	bla|sen	дути	бла|зен
	blass	блідий	бласс
der	Blät|ter|teig mit Wurst|fül|lung	Листкове тісто з ковбасною начинкою	Блет|та|тайґ міт Вурст|фюль|лунґ
das	Blatt Pa|pier, Blät|ter Pa|pier	Аркуш паперу	Блатт Па|пір
das	Blatt, Blät|ter	Аркуш	Блатт
der	Blatt|horn|kä|fer, Blatt|horn|kä|fer	Жук-скарабей	Блатт|хорн|кє|фа

Kleiner, runder Käfer, der gerne Pflanzen frisst.

Маленький круглий жук, який любить їсти рослини.

Кляйна, рунда Кєфа, дер ґерне Пфланцен фрісст.

	blau	синій	блау
der	blau|e Fleck, blau|e Fle|cken	синець	блау|е флєк
der	Blau|hä|her, Blau|hä|her	Сизойка блакитна	Блау|хе|хер
der	blaue Zy|lin|der, blau|en Zy|lin|der	синій циліндр	блауе Ци|лін|да

Grundschulwörterbuch Deutsch-Ukrainisch
ISBN 9783962134808 interkulturaverlag.de

	blei|ben	залишатись	бляй|бен
der	Blei|stift, Blei|stif|te	Олівець	Бляй|штіфт
der	Blick, Bli|cke	Погляд	Блік
	Blin|de|kuh	Піжмурки	Блін|де|ку
	blind	сліпий	блінд
	Blind	Сліпець	Блінд
der	Blitz, Blit|ze	Блискавка	Бліц

Ein schnelles, helles Flackern im Himmel wenn es stürmt.

Швидке, яскраве мерехтіння на небі, коли йде шторм.

Айн шнельлєс, хельлєс Флакан ім Хіммель венн ес штюрмт.

die	Block|flö|te, Block|flö|ten	Блокфлейта	Блок|фльо|те
die	Blu|me, Blu|men	Квітка	Блу|ме
der	Blu|men|kohl, Blu|men|koh|le	Цвітна капуста	Блу|мен|коль
der	Blu|men|strauß, Blu|men|sträu|ße	Букет квітів	Блу|мен|штраусс
der	Blu|men|topf, Blu|men|töp|fe	Квітковий горщик	Блу|мен|топф
die	Blu|men|va|se, Blu|men|va|sen	Ваза для квітів	Блу|мен|ва|зе
die	Blu|se, Blu|sen	Блузка	Блу|зе

Ein schickes Oberteil, das Frauen gerne tragen.

Красиве верхнє вбрання, яке люблять носити жінки.

Айн шікес Обатайль, дас Фрауен ґерне траґен.

die	Blü|te, Blü|ten	Цвітіння	Блю|те
	blu|ten	кровоточити	блу|тен
das	Blut	Кров	Блут
der	Blut|druck|mes|ser, Blut|druck|mes|ser	Прилад для вимірювання тиску	Блут|друк|мес|са
der	Bo|den, Bö|den	Земля	Бо|ден
der	Bo|gen, Bö|gen	Дуга	Бо|ґен
der	Bo|gen|schüt|ze, Bo|gen|schüt|zen	Стрілець з лука, Лучник	Бо|ґен|шют|це

interkulturaverlag.de ISBN 9783962134808

Eine Person, die mit Pfeil und Bogen schießt.

Людина, яка стріляє за допомогою лука та стріл.

Айне Перзон, ді міт Пфайль унд Боґен шісст.

	bö|se	сердитий	бьо|зе
	bo|xen	займатись боксом	бо|ксен
das	Bo|xen	Бокс	Бо|ксен
das	Bock|sprin|gen	Чехарда (гра)	Бок|шпрін|ґен
die	Boh|ne, Boh|nen	Фасоль	Бо|не
das	Boh|nen|säck|chen, Boh|nen|säck|chen	Бобовий мішок Bean Bag	Бо|нен|зек|хен
der	Boh|rer, Boh|rer	Дриль	Бо|ра

Ein lautes Gerät, das Löcher in Wände machen kann.

Гучний пристрій, який може робити дірки в стінах.

Айн лаутес Ґерет, дас Льоха ін Венде махен канн.

der	Bohr|ein|satz, Bohr|ein|sät|ze	Свердло	Бор|айн|затц
die	Bohr|ma|schi|ne, Bohr|ma|schi|nen	Бормашина, свердлильний верстат	Бор|ма|ші|не
das	Bon|bon, Bon|bons	Цукерка	Бон|бон
das	Boot, Boo|te	Човен	Боот
der	Boots|füh|rer, Boots|füh|rer	Човняр	Боотс|фю|ра
	Bos|ni|en und Her|ze|go|wi|na	Боснія і Герцеговина	Бос|ні|ен унд Хєр|це|ґо|ві|на
der	Boss, Bos|se	Бос	Босс
das	Bow|ling	Боулінг	Боу|лінґ

Ein Spiel, bei dem man Kegel mit einem Ball umrollt.

Гра, в якій ви збиваєте кеглі за допомогою кулі.

Айн Шпіль бай дем ман Кеґель міт айнем Баль умрольт.

der	Box|hand|schuh, Box|hand|schu|he	Боксерська рукавичка	Бокс|ханд|шу
	bra|ten	смажити	бра|тен
	Bran|den|burg	Бранденбург	Бран|ден|бурґ
die	Brat|pfan|ne, Brat|pfan|nen	Пательня	Брат|пфан|не

ISBN 9783962134808 interkulturaverlag.de

	brau|chen	потребувати	брау|хен
der	Bräu|ti|gam, Bräu|ti|ga|me	Наречений	Брой|ті|ґам
	braun	коричневий	браун
der	Braun|bär, Braun|bä|ren	Бурий ведмідь	Браун|бер
die	Braut, Bräu|te	Наречена	Браут

Eine Frau, die im schicken Kleid heiratet.

Жінка, яка виходить заміж у красивому платті.

Айне фрау, ді ім шікен Кляйд хайратет.

	bre|chen	ламати	бре|хен
	bre|chen, zer|bre|chen	ламати	бре|хен
	Bre|men	Бремен	Бре|мен
die	Brei|te, Brei|ten	Ширина	Брай|те
	breit	широкий	брайт
	bren|nen	горіти	брен|нен
das	Brett, Bret|ter	Дошка	Бретт
	bri|tisch	британський	брі|тіш

Etwas, das aus England, Schottland oder Irland kommt, zum Beispiel Cricket.

Щось, що походить з Англії, Шотландії чи Ірландії, наприклад, крикет.

Етвас, дас аус Енґланд, Шоттланд ода Ірланд коммт, цум Байшпіль Крікет.

der	Brief, Brie|fe	Лист	Бріф
der	Brief|be|schwe|rer, Brief|be|schwe|rer	Преспап'є	Бріф|бе|шве|ра
der	Brief|kas|ten, Brief|käs|ten	Поштова скринька	Бріф|кас|тен
die	Brief|mar|ke, Brief|mar|ken	Поштова марка	Бріф|мар|ке
das	Brief|pa|pier, Brief|pa|pie|re	Поштовий папір	Бріф|па|пір
die	Brief|trä|ge|rin, Brief|trä|ge|rin|nen	Листоноша	Бріф|тре|ґе|рін
der	Brief|trä|ger, Brief|trä|ger	Листоноша	Бріф|тре|ґа

Eine Person, die Briefe und Pakete ausliefert.

Людина, яка доставляє листи та посилки.

Айне Перзон, ді Бріфе унд Пакете аусліферт.

der	Brief|um|schlag, Brief|um|schlä|ge	Конверт	Бріф|ум|шлаґ
die	Bril|le, Bril|len	Окуляри	Бріль|лє
	brin|gen	приносити	брін|ґен
die	Bro|sche, Bro|schen	Брошка	Бро|ше
der	Brok|ko|li, Brok|ko|lis	Брокколі	Брок|колі
die	Brom|bee|re, Brom|bee|ren	Ожина	Бром|бє|ре
das	Brot, Bro|te	Хліб	Брот
das	Bröt|chen, Bröt|chen	Булочка	Брьот|хен
die	Brü|cke, Brü|cken	Міст	Брю|ке
der	Bru|der, Brü|der	Брат	Бру|да
	brül|len	ревіти	брюль|лєн
der	Brun|nen, Brun|nen	Криниця	Брун|нен
die	Brust, Brü|ste	Груди	Бруст
die	Bü|che|rei, Bü|che|rei|en	Бібліотека	Бю|хє|рай

Ein Ort, an dem man Bücher kaufen und lesen kann.

Місце, де можна купувати та читати книги.

Айн Орт, ан дем ман Бюха кауфен унд лєзен канн.

	bu|chen	бронювати	бу|хен
das	Bü|cher|re|gal, Bü|cher|re|ga|le	Книжкова полиця	Бю|ха|ре|ґаль
das	Bü|gel|ei|sen, Bü|gel|ei|sen	Праска	Бю|ґель|ай|зен
das	Bü|ro, Bü|ros	Офіс, бюро	Бю|ро
die	Bü|ro|klam|mer, Bü|ro|klam|mern	Скріпка	Бю|ро|клам|ма
das	Bü|ro|ma|te|ri|al, Bü|ro|ma|te|ria|lien	Офісне приладдя	Бю|ро|ма|те|рі|аль
das	Buch, Bü|cher	Книжка	Бух
die	Buch|händ|le|rin, Buch|händ|le|rin|nen	Продавчиня книг	Бух|хенд|лє|рін

Grundschulwörterbuch Deutsch-Ukrainisch
ISBN 9783962134808 interkulturaverlag.de

Eine Person, die einem gute Bücher vorschlägt und verkauft.

Людина, яка пропонує та продає хороші книги.

Айне Перзон, ді айнем ґуте Бюха форшлеґт унд феркауфт.

der	Buch|händ|ler, Buch|händ|ler	Продавець книг	Бух|хенд|ла
die	Buch|hand|lung, Buch|hand|lun|gen	Книгарня	Бух|ханд|лунґ
der	Buch|sta|be, Buch|sta|ben	Буква	Бух|шта|бе
	buch|sta|bie|ren	продиктувати по буквам	бух|шта|бі|рен
die	Bucht, Buch|ten	Затока	Бухт
der	Bul|le, Bul|len	Бик	Буль|лє
das	Bun|des|land, Bun|des|län|der	Федеральна земля	Бун|дес|ланд
die	Bun|des|re|pu|blik	Федеративна республіка	Бун|дес|ре|пу|блік
	bunt	різнокольоровий	бунт
der	Bunt|stift, Bunt|stif|te	Кольоровий олівець	Бунт|штіфт
der	Bür|ger, Bür|ger	Громадянин	Бю|ґа
die	Bür|ger|meis|te|rin, Bür|ger|meis|te|rin|nen	Жінка-мер	Бю|ґа|майс|те|рін

Eine weibliche Politikerin, die Entscheidungen für eine Stadt trifft.

Жінка-політик, яка приймає рішення для міста.

Айне вайбліхе Політікерін, ді Ентшайдунґен фюр айне Штат тріффт.

der	Bür|ger|meis|ter, Bür|ger|meis|ter	Мер	Бю|ґа|майс|та
der	Bür|ger|steig, Bür|ger|stei|ge	Тротуар	Бю|ґа|штайґ
	Bür|sten, das	Чищення	Бюр|стен
die	Burg, Bur|gen	Замок	Бурґ
die	Bürs|te, Bürs|ten	Щітка	Бюрс|те
	bürs|ten	чистити	бюрс|тен
	Bus fah|ren	вести автобус	Бус фа|рен
der	Bus, Bus|se	Автобус	Бус

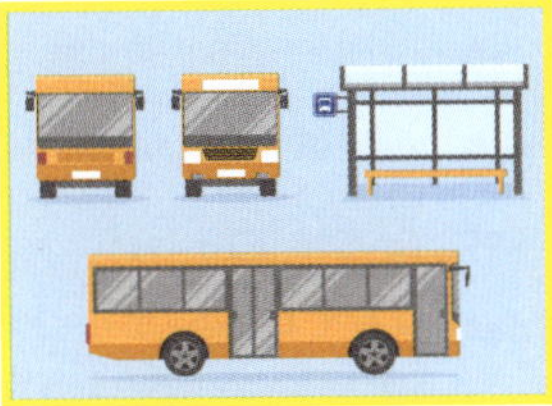

Ein großes, langes Auto, in dem viele Personen mitfahren können.

Великий довгий автомобіль, який може вмістити багато людей.

Айн ґроссес, ланґес Ауто, ін дем філє перзонен мітфарен кьоннен.

die	Bus|fah|re|rin, Bus|fah|re|rin|nen	Водійка автобуса	Бус|фа|ре|рін
der	Bus|fah|rer, Bus|fah|rer	Водій автобуса	Бус|фа|ра
die	Bus|hal|te|stel|le, Bus|hal|te|stel|len	Автобусна зупинка	Бус|халь|те|штель|лє
der	Busch, Bü|sche	Кущ	Буш
die	But|ter	Вершкове масло	Бут|та
das	Ca|fé, Ca|fés	Кафе	Ка|фе

Hier kann man warme Getränke kaufen und trinken.

Тут можна купити та випити гарячі напої.

Хіа канн ман варме ґетренке кауфен унд трінкен.

die	Ca|pri|ho|se, Ca|pri|ho|sen	Капрі (штани)	Ка|прі|хо|зе
	cam|pen	кемпінгувати	кем|пен
	Cam|pen, das	Кемпінг	Кем|пен
der/das	Car|toon, Car|toons	Мультфільм	Кар|тун
die	CD-ROM, CD-ROMs	CD-ROM	Сіді-Ром
die	CD, CDs	CD	Сіді
der/das	Cent, Cents/Cent	Цент	Цент
das	Cha|mä|le|on, Cha|mä|le|ons	Хамелеон	Ха|ме|лє|он

Ein Tier mit einem Kringelschwanz, das seine Farbe ändern kann.

Тварина з закрученим хвостом, яка може змінювати колір.

Айн Тіа міт айнем Крінґельшванц, дас зайне фарбе ендерн канн.

die	Chan|ce, Chan|cen	Шанс	Шан|се
der/das	Chart, Charts	Графік, Діаграма	Чарт
	chat|ten	спілкуватися	чат|тен

Grundschulwörterbuch Deutsch-Ukrainisch
ISBN 9783962134808 interkulturaverlag.de

die	Che|fin, Che|fin|nen	Начальниця	Ше|фін
die	Che|mie	Хімія	Хе|мі
der	Chef, Chefs	Начальник	Шеф
der	Chi|li, Chi|lis	Чилі (перець)	Чі|лі
die	Chips	Чіпси	Чіпс
der	Chor, Cho|re	Хор	Хор

Eine Gruppe von Menschen, die zusammen Lieder singen.

Група людей, яка співає разом пісні.

Айне Ґруппе фон Меншен, ді цузаммен Ліда зінґен.

	cle|ver	розумний	клє|ва
der	Clown, Clowns	Клоун	Клаун
der	Co|de, Co|des	Код	Ко|де
das	Co|mic-Buch, Co|mic- Bü|cher	Комікс	Ко|мік-Бух
das	Co|mic|heft, Co|mic|hef|te	Комікс	Ко|мік-Хефт
das	Cock|pit, Cock|pits	Кабіна пілота	Кок|піт
der	Com|poun|deur	Компаунд-машина	Ком|паун|да
der	Com|pu|ter, Com|pu|ter	Комп'ютер	Ком|пу|та

Ein elektrisches Gerät mit dem man spielen, lernen und arbeiten kann.

Електричний пристрій для гри, навчання та роботи.

Айн елєктрішес Ґерет міт дем ман шпілєн, лєрнен унд арбайтен канн.

das	Com|pu|ter|spiel, Com|pu|ter|spie|le	Комп'ютерна гра	Ком|пу|та|шпіль
der	Com|pu|ter|tisch, Com|pu|ter|ti|sche	Комп'ютерний стіл	Ком|пу|та|тіш
der	Con|tai|ner, Con|tai|ner	Контейнер	Кон|тей|на
das	Con|tai|ner|schiff, Con|tai|ner|schif|fe	Контейнеровоз, Грузове судно	Кон|тей|на|шіфф
die	Corn|fla|kes	Кукурудзяні пластівці	Корн|флейкс
die	Cou|si|ne, Cou|si|nen	Двоюрідна сестра	Ку|зі|не
der	Cou|sin, Cou|sins	Двоюрідний брат	Ку|зен
die	Couch, Cou|ches/Cou|chen	Диван	Кауч

interkulturaverlag.de ISBN 9783962134808

der	Couch|tisch, Couch|ti|sche	Журнальний столик	Кауч|тіш
der	Count|down, Count|downs	зворотний відлік	Каунт|даун

Rückwärts zählen, bis etwas Besonderes passiert.

Рахувати в зворотному порядку, поки не станеться щось особливе.

Рюквертс целєн, біс етвас Безондерес пассірт.

der	Cow|boy, Cow|boys	Ковбой	Ков|бой
die	Creme|rol|le, Creme|rol|len	Кремовий рулет	Крем|роль|лє
das	Crois|sant, Crois|sants	Круасан	Кру|ссон
der/ das	Cur|ry, Cur|rys	Каррі	Кар|рі
der	Cur|sor, Cur|sor	Курсор	Кур|за
	da	тут, там	да
	Dä|ne|mark	Данія	Де|не|марк
	dä|nisch	датський	де|ніш

Etwas, das aus Dänemark kommt, zum Beispiel Smørrebrød.

Щось, що походить з Данії, наприклад, Smørrebrød.

Етвас, дас аус Денемарк коммт, цум Байшпіль Сморреброд.

die	Da|tei, Da|tei|en	Файл	Да|тай
das	Da|tum, Da|ten	Дата	Да|тум
das	Dach, Dä|cher	Дах	Дах
der	Dach|bo|den, Dach|bö|den	Горище	Дах|бо|ден
das	Dach|ge|schoss, Dach|ge|schos|se	Горище	Дах|ге|шосс
der	Damm, Däm|me	Дамба	Дамм
der	Dampf, Dämp|fe	Пара	Дампф

Feuchter Rauch, der über heißen Flüssigkeiten entsteht.

Вологий дим, який утворюється над гарячими рідинами.

Фойхта Раух, дер уьобер хайссен Флюссіґкайтен ентштейт.

	Dan|ke!, Dan|ke schön!	Дякую!	Дан|ке
	dan|ken	дякувати	дан|кен

Grundschulwörterbuch Deutsch-Ukrainisch
ISBN 9783962134808 interkulturaverlag.de

	dann	потім	данн
	das	означений артикль, середній рід	дас
	das Au|to neh|men	брати авто, скористатись авто	дас Ау|то не|мен
	dass	що	дасс
der	Dau|men, Dau|men	Великий палець руки	Дау|мен
die	De|cke, De|cken	Ковдра, покривало	Де|ке
der	De|ckel, De|ckel	Кришка	Де|кель
	de|ko|rie|ren	прикрашати	де|ко|рі|рен
die	De|tek|ti|vin, De|tek|ti|vin|nen	Жінка-детектив	Де|тек|ті|він

Eine weibliche Person, die Verbrechen aufdeckt.

Жінка, яка розкриває злочини.

Айне вайбліхе Перзон, ді Фербрехен ауфдект.

der	De|tek|tiv, De|tek|ti|ve	Детектив	Де|тек|тів
	De|zem|ber	Грудень	Де|цем|ба
	dein/dei|ne	твій/твоя	дайн/дай|не
der	Del|fin, Del|fi|ne	Дельфін	Дель|фін
	den Bus neh|men	скористатись автобусом	ден Бус не|мен
	den gan|zen Mor|gen	весь ранок	ден ґан|цен Мор|ґен
	den|ken	думати	ден|кен
das	Denk|mal, Denk|mä|ler	Пам'ятник	Денк|маль

Eine Statue oder ein Kunstwerk, das an etwas erinnern soll.

Статуя або твір мистецтва, призначений для ушанування чогось.

Айне Штатує ода айн Кунстверк, дас ан етвас еріннерн золь.

	der	означений артикль, чоловічий рід	дер
	Deutsch	Німецька	Дойтч
	Deutsch|land	Німеччина	Дойтч|ланд
die	Dho|lak, Dho|laks	Дголак (музичний інструмент)	До|лак

interkulturaverlag.de ISBN 9783962134808

der	Di|a|mant, Di|a|man|ten	Діамант	Ді|а|мант
der	Di|no|sau|ri|er, Di|no|sau|ri|er	Динозавр	Ді|но|зау|рі|а
der	Di|rek|tor, Di|rek|to|ren	Директор	Ді|рек|тоа
	di|vi|die|ren	ділити	ді|ві|ді|рен

Mathematisch wird eine Zahl durch eine andere geteilt.

Математична операція, під час якої одне число ділиться на інше.

Математіш вірд айне Цаль дурх айне андере ґетайльт.

	dich	тебе	діх
	dick	товстий	дік
	dick - dünn	товстий - тонкий	дік - дюнн
	die	означений артикль, жіночий рід	ді
	die Schu|le ist vor|bei	Школа закінчилася	ді Шу|лє іст фор|бай
die	Die|le, Die|len	Передпокій	Ді|лє
	die|se	ця	ді|зе
	die|ser/die|se/die|ses	цей/ця/це	ді|за/ді|зе/ді|зес
der	Dieb, Die|be	злодій	Діб

Eine Person, die Dinge klaut, die ihr nicht gehören.

Людина, яка краде речі, які їй не належать.

Айне Персон, ді Дінґе клаут, ді ір ніхт ґехьорен.

der	Diens|tag, Diens|ta|ge	вівторок	Дінс|таґ
	dik|tie|ren	диктувати	дік|ті|рен
das	Ding, Din|ge	Річ	Дінґ
	dir	тобі	дір
die	Dis|co, Dis|cos	Дискотека	Діс|ко
die	Dis|ket|te, Dis|ket|ten	Дискета	Діс|кет|те
die	Dis|ko, Dis|kos	Дискотека	Діс|ко
	dis|ku|tie|ren	обговорювати	діс|ку|ті|рен
die	Dis|kus|sion, Dis|kus|sio|nen	Обговорення	Діс|кус|сьйон
der	Dis|kus|wurf	Метання диска	Діс|кус|вурф

Grundschulwörterbuch Deutsch-Ukrainisch
ISBN 9783962134808 interkulturaverlag.de

Eine Sportart, bei der schwere Frisbees geworfen werden.

Спорт, який передбачає метання важких фрісбі.

Айне Шпортарт, бай дер швере Фрізбіс ґеворфен верден.

die	Dis|tel, Dis|teln	Будяк	Діс|тель
der	DJ, Djs	Діджей	Діджей
der	Do|nut, Do|nuts	Пончик	До|нат
die	Do|se, Do|sen	Бляшанка, бляшана банка	До|зе
der	Dol|lar, Dol|lars	Долар	Доль|ля
der	Don|ner, Don|ner	Грім	Дон|на
der	Don|ners|tag, Don|ners|ta|ge	Четвер	Дон|нерс|таґ
der	Dop|pel|de|cker, Dop|pel|de|cker	Двоповерховий автобус	Доп|пель|де|ка

Ein großer Bus mit einem zweiten Stockwerk.

Великий автобус з другим поверхом.

Айн ґроссес Бус міт айнем цвайтен Штокверк.

	dop|pelt	подвійний	доп|пельт
	Dorf, Dör|fer	Село	Дорф
der	Dorn, Dor|nen	Шип, колючка	Дорн
	dort	там	дорт
der	Dra|che, Dra|chen	Дракон	Дра|хє
	Dra|chen stei|gen	запускати змія	Дра|хєн штай|ґен
der	Dra|chen, Dra|chen	Повітряний змій	Дра|хєн

Ein leichtes Spielzeug, das im Wind schwebt und an einer Schnur hängt.

Легка іграшка, яка підтримується на вітрі та висить на шнурку.

Айн ляйхтес Шпільцойґ, дас ім Вінд швебт унд ан айна Шнур хенґт.

	Dra|cu|la	Дракула	Дра|ку|ля

der	Draht, Dräh|te	Дріт	Драт
	drau|ßen	зовні	драу|ссен
	dre|hen	вертіти	дре|єн
die	Dreh|schei|be, Dreh|schei|ben	Поворотний круг (рейкова колія)	Дре|шай|бе
	drei	три	драй
das	Drei|rad, Drei|rä|der	Триколісний велосипед	Драй|рад
	drei|ßig	тридцять	драй|сіх
	drei|zehn	тринадцять	драй|цейн
	drin|gend	терміново	дрін|ґенд
	drin|nen	всередині	дрін|нен
	drit|te,	третя	дріт|те
der/ die	Drit|te, Drit|ten	Третя	Дріт|те
	drü|cken	тиснути	дрю|кен
	Drü|cken, das	Нажим, пресування	Дрю|кен
der	Dru|cker, Dru|cker	принтер	Дру|ка
der	Dschun|gel, Dschun|gels	Джунглі	Джу|нель

Ein tropischer Wald mit vielen Pflanzen und Tieren.

Тропічний ліс з багатьма рослинами і тваринами.

Айн тропіша Вальд міт філєн Пфланцен унд Тірен.

	du	ти	ду
	du bist	ти є	ду біст
	du hast	ти маєш	ду хаст
	du warst	ти був/була	ду варст
die	Du|sche, Du|schen	Душ	Ду|ше
	du|schen	приймати душ	ду|шен
	duf|ten	пахнути	дуф|тен
der	Duft, Düf|te	запах	Дуфт
	dumm	дурний	думм

Grundschulwörterbuch Deutsch-Ukrainisch
ISBN 9783962134808 interkulturaverlag.de

	dün|gen	удобрювати	дюн|ґен

Hilft einer Pflanze, schneller und größer zu wachsen.

Допомагає рослині рости швидше і ставати більшою.

Хільфт айна пфланце, шнеля унд ґрьосса цу ваксен.

	dun|kel	темний	дун|кель
	dun|kel|blau	темно-синій	дун|кель|блау
	dun|kel|haa|rig	темноволосий	дун|кель|хаа|ріх
	dünn	стрункий	дюнн
	dür|fen	мати право	дюр|фен
die	Dür|re, Dür|ren	Посуха	Дюр|ре
	durch	через	дурх
	durs|tig	спраглий	дурс|тіх
	Durst ha|ben	відчувати спрагу	Дурст ха|бен
das	Dusch|gel, Dusch|gels	Гель для душу	Душ|ґель
das	Dut|zend, Dut|zen|de	Десяток	Дут|ценд
der	DVD-Spie|ler, DVD-Spie|ler	DVD-плеєр	Дівіді-Шпі|ля

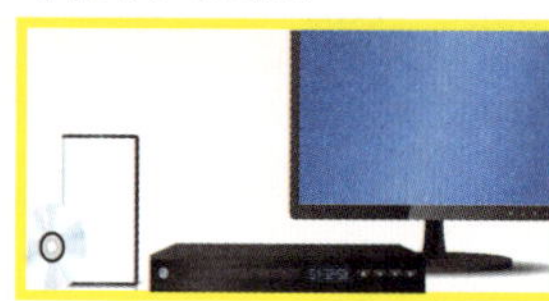

Ein Gerät, das DVD-Filme abspielen kann.

Пристрій, який може відтворювати DVD-фільми.

Айн ґерет, дас Дівіді-Фільме абшпілєн канн.

die	DVD, DVDs	DVD	Дівіді
die	E-Mail, E-Mails	Електронна пошта	І-мейл
die	Eb|be und Flut	Припливи і відпливи	Еб|бе унд флут
	echt	справжній	ехт
die	Ecke, Ecken	Куточок	Еке
der	Efeu	Плющ	Ефой
die	Ehe|frau, Ehe|frau|en	Дружина (за шлюбом)	Еє|фрау
der	Ehe|mann, Ehe|män|ner	Чоловік (за шлюбом)	Еє|манн
	ehr|lich	чесний	ер|ліх
die	Ehr|lich|keit	Чесність	Ер|ліх|кайт

das	Ei, Ei|er	Яйце	Ай
die	Ei|chel, Ei|cheln	Жолудь	Ай|хель
die	Ei|dech|se, Ei|dech|sen	Ящірка	Ай|дек|се
	ei|fer|süch|tig	ревнивий	ай|фер|зюх|тіх

Wenn man Angst hat, einen Menschen an einen anderen zu verlieren.

Коли ти боїшся втратити когось через когось іншого.

Венн ман Анґст хат, айнен Меншен ан айнен андерен цу ферлірен.

die	Ei|fer|sucht	Ревнощі	Ай|фер|зухт
	ei|ge|ner/ei|ge|ne/ei|ge|nes	власний/власна/ власне	ай|ґе|на/ай|ґе|не/ ай|ґе|нес
das	Ei|gelb, Ei|gelbs	Жовток	Ай|ґельб
die	Ei|gen|schaft, Ei|gen|schaf|ten	Характеристика, особливість	Ай|ґен|шафт
der	Ei|gen|tü|mer, Ei|gen|tü|mer	Власник	Ай|ґен|тю|ма
die	Ei|le	Поспіх	Ай|лє
der	Ei|mer, Ei|mer	Відро	Ай|ма
	ei|ne gro|ße (gro|ßar|ti|ge) Fei|er	Велике свято	айне ґро|ссе (ґро|ссар|ті|ґе) фай|я
	ei|ne Trau|be	Виноград	Трау|бе
	ei|nen Ge|fal|len tun	зробити послугу	ай|нен ґе|фаль|лєн тун
	ei|ner/ei|ne von uns	один/одна з нас	ай|на/ай|не фон унс
	ei|ni|ge	деякі	ай|ні|ґе
die	Ei|sen|bahn, Ei|sen|bah|nen	Залізниця	Ай|зен|бан
das	Ei|sen|bahn|set, Ei|sen|bahn|sets	Набір залізничної дороги (гра)	Ай|зен|бан|сет

Eine Sammlung von Eisenbahnspielzeug und Schienen.

Колекція залізничних іграшок і рейок.

Айне заммлунґ фон Айзенбаншпільцойґ унд Шінен.

	ei|sig	крижаний	ай|зіх
das	Eich|hörn|chen, Eich|hörn|chen	Білка	Айх|хьорн|хен
	ein an|de|rer/ei|ne an|de|re/ein an|de|res	інший/інша/інше	айн ан|де|ра/ай|не ан|де|ре/айн ан|де|рес

Grundschulwörterbuch Deutsch-Ukrainisch
ISBN 9783962134808 interkulturaverlag.de

	ein biss|chen	трішки	айн бісс|хен
	ein Ge|schenk von Li|sa	Подарунок від Лізи	айн ґе|шенк фон Лі|за
	ein gro|ßer Mann	великий чоловік	айн ґро|сса Манн
	ein gro|ßes Stück Tor|te	великий шматок пирога	айн ґро|ссес Штюк Тор|те
	ein hal|bes Jahr	півроку	айн халь|бес Яр
	ein paar	пара	айн паар
	ein Ti|cket kau|fen	купити квиток	айн Ті|кет кау|фен
	ein/ei|ne	один/одна	айн/ай|не
der	Ein|band, Ein|bän|de	Обкладинка, палітурка	Айн|банд

Vorder- und Rückseite eines Buches.

Лицьова та зворотна сторона книжки.

Форда- унд Рюкзайте айнес Бухес.

die	Ein|bil|dung, Ein|bil|dun|gen	Уява	Айн|біль|дунґ
der	Ein|bre|cher	Зломник	Айн|бре|ха
der	Ein|de|cker, Ein|de|cker	Моноплан (тип літака)	Айн|де|ка
	ein|fach	просто	айн|фах
der	Ein|gang, Ein|gän|ge	Вхід	Айн|ґанґ
das	Ein|horn, Ein|hör|ner	Єдиноріг	Айн|хорн
	ein|kau|fen	купувати	айн|кау|фен
	ein|kau|fen ge|hen	іти в магазин	айн|кау|фен ґє|єн
die	Ein|kaufs|ta|sche, Ein|kaufs|ta|schen	Сумка для закупки товарів	Айн|кауфс|та|ше
der	Ein|kaufs|wa|gen, Ein|kaufs|wa|gen	Візок для закупки	Айн|кауфс|ва|ґен
das	Ein|kaufs|zen|trum, Ein|kaufs|zen|tren	Торговий центр	Айн|кауфс|цен|трум
	ein|la|den	запрошувати	айн|ла|ден
die	Ein|la|dung, Ein|la|dun|gen	запрошення	Айн|ла|дунґ
	ein|mal	один раз	айн|маль
	ein|sam	самотній	айн|зам

	ein|stei|gen	залізати, входити, садитись	айн|штай|ґен
	ein|tre|ten	входити	айн|тре|тен
die	Ein|tritts|kar|te, Ein|tritts|kar|ten	Вхідний квиток	Айн|тріттс|кар|те

Eine Karte, die man für eine bestimmte Veranstaltung benötigt.

Картка, яка потрібна для певної події.

Айне Карте, ді ман фюр айне бештімmte Феранштальтунґ беньотіґт.

	ein|ver|stan|den sein	бути згодним	айн|фер|штан|ден зайн
	eins	один	айнс
das	Eis	Лід, морозиво	Айс
der	Eis|bär, Eis|bä|ren	Полярний ведмідь	Айс|бер
die	Eis|creme, Eis|cremes	Морозиво	Айс|крем
das	Eis|ho|ckey	Хокей	Айс|хо|кі
	Eis|lau|fen, das	Катання на ковзанах	Айс|лау|фен

Eine Sportart, bei der man mit Schlittschuhen auf Eis fährt.

Вид спорту, який передбачає катання на льоду.

Айне Шпортарт, бай дер ман міт Шліттшуєн ауф Айс ферт.

der	Eis|vo|gel, Eis|vö|gel	Голубий зимородок	Айс|фо|ґель
die	Eis|waf|fel, Eis|waf|feln	Ріжок морозива	Айс|ваф|фель
der	Eis|zap|fen, Eis|zap|fen	Бурулька	Айс|цап|фен
der	El|len|bo|gen, El|len|bo|gen	Лікоть	Ель|лєн|бо|ґен
die	El|tern	Батьки	Ель|терн
das	El|tern|teil, El|tern|tei|le	Один з батьків	Ель|терн|тайль
der	Elch, El|che	Лось	Ельх
die	Ele|fan|ten-Wip|pe, Ele|fan|ten-Wip|pen	Гойдалка у формі слона	Елє|фан|тен-Віп|пе

Eine Wippe auf dem Spielplatz, die wie ein Elefant aussieht.

Гойдалка на дитячому майданчику, схожа на слона.

Айне Віппе ауф дем Шпільплатц, ді ві айн Елєфант аусзійт.

der	Ele|fant, Ele|fan|ten	Слон	Елє|фант

Grundschulwörterbuch Deutsch-Ukrainisch
ISBN 9783962134808 interkulturaverlag.de

die	Elek|tri|zi|tät	Електрика	Елєк|трі|ці|тет
	elek|trisch	електричний	елєк|тріш
	elf	одинадцять	ельф
der	Ell|bo|gen, Ell|bo|gen	Лікоть	Ель|бо|ґен
der	Emp|fang, Emp|fän|ge	Прийом, рецепція	Емп|фанґ
die	Emp|fangs|da|me, Emp|fangs|da|men	Жінка-портьє, рецепціоністка	Емп|фанґс|да|ме
das	Emi|rat, Emi|ra|te	Емірат	Емі|рат
die	Emp|fän|ge|rin, Emp|fän|ge|rin|nen	Одержувачка	Емп|фен|ґе|рін

Eine weibliche Person, die etwas zugesendet bekommt.

Особа жіночої статі, яка отримує щось поштою.

Айне вайбліхе Перзон, ді етвас цуґезендет бекоммт.

der	Emp|fän|ger, Emp|fän|ger	Одержувач	Емп|фен|ґа
	emp|feh|len	рекомендувати	емп|фе|лєн
das	En|de, En|den	Кінець	Ен|де
	en|den	закінчувати	ен|ден
der	En|gel, En|gel	Ангел	Ен|ґель
die	En|ke|lin, En|ke|lin|nen	Внучка	Ен|ке|лін
der	En|kel, En|kel	Внук	Ен|кель
das	En|kel|kind, En|kel|kin|der	Внук/внучка (в дитячому віці)	Ен|кель|кінд
die	En|te, En|ten	Качка	Ен|те
das	En|ten|kü|ken, En|ten|kü|ken	Каченя	Ен|тен|кю|кен
die	Ener|gie, Ener|gi|en	Енергія	Енер|ґі
	eng	тісно, вузько	енґ
	Eng|land	Англія	Енґ|ланд
	eng|lisch	англійський	енґ|ліш

Etwas, das aus England kommt, zum Beispiel Fish and Chips.

Щось, що родом з Англії, наприклад Фіш енд Чіпс (риба зі смаженою картоплею).

Етвас, дас аус Енґланд коммт, цум Байшпіль Фіш енд Чіпс.

ISBN 9783962134808

	Eng|lisch	англійський	Енґ|ліш
	ent|de|cken	виявляти	ент|де|кен
die	Ent|fer|nung, Ent|fer|nun|gen	Відстань	Ент|фер|нунґ
	ent|klei|den	роздягатися	ент|кляй|ден
	ent|lang	вздовж	ент|ланґ
	ent|schei|den	вирішувати	ент|шай|ден
die	Ent|schei|dung, Ent|schei|dun|gen	рішення	Ент|шай|дунґ
	ent|schul|di|gen	вибачитися	ент|шуль|ді|ґен
	Ent|schul|di|gung!	Вибачте!	Ент|шуль|ді|ґунґ!
	ent|setzt	наляканий	ент|зетцт
	ent|täu|schen	розчаровувати	ент|той|шен
	er	він	ер
	er möch|te	він хоче	ер мьох|те
	er/sie/es hat	він/вона/воно має	ер/зі/ес хат
	er/sie/es ist	він/вона/воно є	ер/зі/ес іст
die	Er|de	Земля	Ер|де
	er|fin|den	винаходити	ер|фін|ден
die	Er|fin|dung, Er|fin|dun|gen	Винахід	Ер|фін|дунґ

Etwas Neues erschaffen, was niemand zuvor entdeckt hat.

Створити щось нове, чого ніхто раніше не винаходив.

Етвас Ноєс ершаффен, вас німанд цуфор ентдект хат.

das	Er|fri|schungs|ge|tränk, Er|fri|schungs|ge|trän|ke	Освіжаючий напій	Ер|фрі|шунґс|ґе|тренк
das	Er|geb|nis, Er|geb|nis|se	Результат	Ер|ґеб|ніс
die	Er|in|ne|rung, Er|in|ne|run|gen	Пам'ять, спогад	Ер|ін|не|рунґ
die	Er|käl|tung, Er|käl|tun|gen	Застуда	Ер|кель|тунґ
	er|klä|ren	пояснювати	ер|клє|рен
	er|lau|ben	дозволяти	ер|лау|бен
die	Er|laub|nis, Er|laub|nis|se	дозвіл	Ер|лауб|ніс
	er|rei|chen	досягати	ер|рай|хен
das	Er|satz|teil, Er|satz|tei|le	запчастина	Ер|затц|тайль

ISBN 9783962134808 interkulturaverlag.de

	er|schei|nen	з'являтися	ер|шай|нен
	er|schre|cken	налякати	ер|шре|кен
	er|set|zen	замінювати	ер|зет|цен
	er|staun|lich	вражаючий	ер|штаун|ліх
	er|ste	перший	ер|сте
der	Er|wach|se|ne, Er|wach|se|nen	дорослий	Ер|вак|се|не

Eine volljährige Person ist erwachsen.

Повнолітня особа є дорослою.

Айне фольяріґе Перзон іст ерваксен.

	er|wach|sen	дорослішати	ер|вак|сен
	er|war|ten	очікувати	ер|вар|тен
die	Er|war|tung, Er|war|tun|gen	Очікування	Ер|вар|тунґ
	er|zäh|len	розповідати	ер|це|лєн
die	Erb|se, Erb|sen	Горох	Ерб|зе
das	Erd|be|ben, Erd|be|ben	Землетрус	Ерд|бе|бен
die	Erd|bee|re, Erd|bee|ren	Полуниця	Ерд|бее|ре
das	Erd|ge|schoss, Erd|ge|schos|se	Перший поверх	Ерд|ґе|шосс
die	Erd|nuss, Erd|nüs|se	Арахіс	Ерд|нусс
	ern|ten	збирати врожай	ерн|тен
	ernst	серйозний	ернст
die	Ers|te Hil|fe	Перша допомога	Ерс|те Хіль|фе
der/ die/ das	Ers|te, Ers|ten	перший/перша/ перше	Ерс|те
	es	це	ес
	es war ein|mal	це було одного разу	ес вар айн|маль
	es|sen	їсти	ес|сен
das	Es|sen, Es|sen	Їжа	Ес|сен
der	Es|sig	Оцет	Ес|сіх

ISBN 9783962134808

Ein flüssiges, saures Gewürz, das oft in Salat gemischt wird.

Рідка, кисла приправа, яку часто додають до салатів.

Айн флюссіґес, заурес ґевюрц, дас офт ін залат ґемішт вірд.

der	Esel, Esel	Осел	Езель
der	Ess|stuhl, Ess|stüh|le	Обідній стілець	Есс|штуль
der	Ess|tisch, Ess|ti|sche	Обідній стіл	Есс|тіш
das	Ess|zim|mer, Ess|zim|mer	Їдальня, кімната споживання їжі	Есс|цім|ма
	et|was	щось, трішки, трохи	ет|вас
	et|was Mi|ne|ral|was|ser	трохи мінеральної води	ет|вас Мі|не|раль|вас|са
	et|was ver|bes|sern	щось покращити	ет|вас фер|бес|серн
	et|was zu es|sen	щось поїсти	ет|вас цу ес|сен
die	Eta|ge, Eta|gen	Поверх	Ета|же
das	Eti|kett, Eti|ket|ten	Етикетка	Еті|кетт

Ein kleines Schild an einem Gegenstand, das den Preis angibt.

Невеликий ярлик на предметі із зазначенням ціни.

Айн кляйнес Шільд ан айнем ґеґенштанд, дас ден Прайс анґібт.

	eu|er/eu|re	ваш/ваші	ой|єр/ой|ре
die	Eu|le, Eu|len	Сова	Ой|лє
der	Eu|ro, Eu|ros/Eu|ro	Євро	Ой|ро
	Eu|ro|pa	Європа	Ой|ро|па
	eu|ro|pä|isch	європейський	ой|ро|пе|іш
der	Eu|ter, Eu|ter	Вим'я	Ой|та
	euch	вас, вам (звернення до групи людей на ти)	ойх
das	Ex|pe|ri|ment, Ex|pe|ri|men|te	Експеримент	Екс|пе|рі|мент
der	Ex|per|te, Ex|per|ten	Експерт	Екс|пер|те
die	Ex|per|tin, Ex|per|tin|nen	Експертка	Екс|пер|тін

Grundschulwörterbuch Deutsch-Ukrainisch
ISBN 9783962134808 interkulturaverlag.de

Eine Person, die viel Wissen zu einem bestimmten Thema hat.

Людина, яка має багато знань з конкретної теми.

Айне Перзон, ді філь Віссен цу айнем бештіммтен Тема хат.

	ex|trem	екстремальний	екстрем
die	Fa|brik, Fa|bri|ken	фабрика	фа|брік
die	Fa|brik|ar|bei|te|rin, Fa|brik|ar|bei|te|rin|nen	Працівниця заводу	фа|брік|ар|байт|е|рін
der	Fa|brik|ar|bei|ter, Fa|brik|ar|bei|ter	Працівник заводу	фа|брік|ар|бай|та
der	Fä|cher, Fä|cher	Віяло	фе|ха
der	Fa|den, Fä|den	Нитка	фа|ден
die	Fa|mi|lie, Fa|mi|li|en	Родина	фа|мі|лiє
	fa|xen	надсилати по факсу	фа|ксен
das	Fach, Fä|cher	Навчальний предмет	фах

Zum Beispiel Mathe, Deutsch oder Kunst in der Schule.

Наприклад, математика, німецька чи мистецтво в школі.

Цум Байшпіль Мате, Дойтч ода Кунст ін дер Шуле.

die	Fach|frau, Fach|frau|en	Спеціалістка	фах|фрау
der	Fach|mann, Fach|män|ner/ Fach|leu|te	Спеціаліст	фах|манн
die	Fah|ne, Fah|nen	прапор, знамено	фа|не
die	Fäh|re, Fäh|ren	Паром (транспорт)	фе|ре
die	Fah|re|rin, Fah|re|rin|nen	Водійка	фа|ре|рін
	fah|ren	водити	фа|рен
der	Fah|rer, Fah|rer	Водій	фа|ра
der	Fahr|gast, Fahr|gäs|te	Пасажир	фар|ґаст
die	Fahr|kar|te, Fahr|kar|ten	Проїзний квиток	фар|кар|те

Ein Ticket, das man für Bus- und Bahnfahrten braucht.

Квиток, який потрібен для проїзду автобусом і поїздом.

Айн Тікет, дас ман фюр Бус- унд Банфартен браухт.

der	Fahr|kar|ten|kon|trol|leur, Fahr|kar|ten|kon|trol|leu|re	Контролер проїзних квитків	фар|кар|тен|кон|троль|льор
der	Fahr|plan, Fahr|plä|ne	Розклад	фар|план

interkulturaverlag.de ISBN 9783962134808

	Fahr|rad fah|ren	їздити на велосипеді	фар|рад фа|рен
das	Fahr|rad, Fahr|rä|der	Велосипед	фар|рад
der	Fahr|stuhl, Fahr|stüh|le	Ліфт	фар|штуль
das	Fahr|zeug, Fahr|zeu|ge	Транспортний засіб	фар|цойґ
	fair	справедливий	фер
die	Fak|tu|rier|ma|schi|ne, Fak|tu|rier|ma|sch|in|en	Білінговий апарат, бухгалтерський апарат	фак|ту|рір|ма|ші|не

Eine Maschine, mit der Abrechnungen geschrieben werden.

Машина для запису рахунків-фактур.

Айне Машіне, міт дер Абрехнунґен ґешрібен верден.

der	Fal|ke, Fal|ken	Сокіл	фаль|ке
die	Fal|le, Fal|len	Пастка	фаль|лє
	fal|len	падати	фаль|лєн
	fal|len las|sen	упускати	фаль|лєн лас|сен
	Fal|len, das	Падіння	фаль|лєн
	fal|ten	робити складки	фаль|тен
der	Fall|schirm, Fall|schir|me	Парашут	фаль|шірм
	falsch	помилковий, невірний	фальш
der	Fan, Fans	фан	фан

Jemand, der eine bekannte Person oder Gruppe sehr bewundert.

Той, хто дуже захоплюється відомою людиною чи групою.

Єманд, дер айне беканнте Перзон ода Ґруппе зер бевундерт.

	fan|gen	зловити	фан|ґен
die	Fan|ta|sie, Fan|ta|si|en	фантазія	фан|та|зі
das	Fang|schiff, Fang|schif|fe	Рибальське судно	фанґ|шіфф
die	Far|be, Far|ben	фарба	фар|бе
die	Far|me|rin, Far|me|rin|nen	фермерка	фар|ме|рін
der	Far|mer, Far|mer	фермер	фар|ма
die	Farm, Far|men	ферма	фарм

ISBN 9783962134808 interkulturaverlag.de

Ein Ort auf dem Dorf, in dem Tiere und Menschen zusammenwohnen.

Місце в селі, де тварини і люди живуть разом.

Айн Орт ауф дем Дорф, ін дем Тіре унд Меншен цузамменвонен.

das	Farm|tier, Farm|tie|re	Сільськогосподарська тварина	фарм|тіа
	fas|ten	поститись	фас|тен
der	Fasan, Fa|sa|ne	фазан	фа|зан
	fast	майже	фаст
das	Fast|food	фастфуд	фаст|фуд
der	Fäus|tel, Fäus|tel	Кувалда	фойс|тель
	faul	лінивий	фауль
die	Faust, Fäus|te	Кулак	фауст
das	Fax, Fa|xe	факс	факс

Damit verschickt man Papiere, die woanders ausgedruckt werden.

Це використовується для надсилання документів, які роздруковані в іншому місці.

Даміт фершікт ман папіре, ді воандерс аусґедрукт верден.

das	Fax|ge|rät, Fax|ge|rä|te	факс	факс|ґе|рет
der	Fe|bru|ar, Fe|bru|are	Лютий	феб|ру|а
die	Fe|der, Fe|dern	Перо	фе|да
das	Fe|der|mäpp|chen, Fe|der|mäpp|chen	Пенал	фе|да|мепп|хен
	fe|gen	підмітати	фе|ґен
die	Fe|ri|en	Свята	фе|рі|єн
die	Fee, Fe|en	фея	феє
der	Feh|ler, Feh|ler	Помилка	фе|ла
die	Fei|er, Fei|ern	Свято	фай|а
der	Fei|er|tag, Fei|er|ta|ge	Свято, день святкування	фай|а|таґ
	fei|ern	святкувати	фай|єрн

die	Fei|ge, Fei|gen	Інжир, фігове дерево	файі|ґе
die	Fein|din, Fein|din|nen	Жінка-ворог	файн|дін
der	Feind, Fein|de	Ворог	файнд
der	Fel|sen, Fel|sen	Рок, скеля	фель|зен
das	Feld, Fel|der	Поле	фельд
die	Feld|blu|me, Feld|blu|men	Польова квітка	фельд|блу|ме

Eine auf dem Feld wachsende Blume.

Квітка, що росте в полі.

Айне ауф дем фельд ваксенде Блуме.

das	Fell, Fel|le	Хутро	фель
der	Fels, Fel|sen	Скала, рок	фельц
das	Fens|ter, Fens|ter	Вікно	фенс|та
die	Fer|se, Fer|sen	Закаблук (туфлі)	фер|зе
	fer|tig	готовий	фер|тіх
die	Fern|be|die|nung, Fern|be|die|nun|gen	Пульт	ферн|бе|ді|нунґ
das	Fern|ge|spräch, Fern|ge|spräch	Міжнародний дзвінок	ферн|ґе|шпрех
das	Fern|glas, Fern|glä|ser	Бінокль	ферн|ґлас

Eine Art Brille, mit der man ferne Dinge gut sehen kann.

Свого роду окуляри, за допомогою яких добре видно далекі речі.

Айне Арт Брільлє, міт дер ман ферне Дінґе ґут зеєн канн.

das	Fern|rohr, Fern|roh|re	Телескоп	ферн|роа
	fern|se|hen	дивитись телевізор	ферн|зе|єн
das	Fern|se|hen	Телевізор	ферн|зе|єн
der	Fern|se|her, Fern|se|her	Телевізор	ферн|зе|я
der	Fern|seh|film, Fern|seh|fil|me	Телефільм	ферн|зе|фільм
die	Fes|tung, Fes|tun|gen	Фортеця	фес|тунґ
	fest	щільний, жорсткий	фест
das	Fest, Fes|te	Святкування	фест
	fest|hal|ten	міцно тримати	фест|халь|тен

Grundschulwörterbuch Deutsch-Ukrainisch
ISBN 9783962134808 interkulturaverlag.de

die	Fest|plat|te, Fest|plat|ten	Жорсткий диск	фест|плат|те
	fett	товстий, жирний	фетт
das	Fett, Fet|te	Жир	фетт
das	Feu|er	Вогонь	фой|а
die	Feu|er|wa|che, Feu|er|wa|chen	Пожежна станція	фой|а|ва|хе

Die Zentrale der Feuerwehr, wo alle für Notfälle bereit sind.

Штаб пожежної частини, де всі готові до надзвичайних ситуацій.

Ді Централє дер Фойаве, во альлє фюр Нотфеллє берайт зінд.

das	Feu|er|wehr|au|to, Feu|er|wehr|au|tos	Пожежна машина	фой|а|ве|ау|то
die	Feu|er|wehr|frau, Feu|er|wehr|frau|en	Жінка-пожежний	фой|а|ве|фрау
der	Feu|er|wehr|mann, Feu|er|wehr|män|ner	Пожежний	фой|а|ве|манн
das	Feu|er|werk, Feu|er|wer|ke	Феєрверк	фой|а|верк
	feucht	мокрий	фойхт
	fi|schen	риболовити	фі|шен
der	Fi|scher, Fi|scher	Рибалка	фі|ша
das	Fi|scher|boot, Fi|scher|boo|te	Рибальський човен	фі|ша|боот

Ein Boot, mit dem man gut Fische fangen gehen kann.

Човен, який добре підходить для риболовлі.

Айн Боот, міт дем ман ґут Фіше фанґен ґеен канн.

das	Fie|ber, Fie|ber	Лихоманка	фі|ба
der	Film, Fil|me	Фільм	фільм
der	Filz|stift, Filz|stif|te	Фломастер	фільц|штіфт
	fin|den	знаходити	фін|ден
der	Fin|ger, Fin|ger	Палець	фін|ґа
der	Fisch, Fi|sche	Риба	фіш
der	Fit|ness|trai|ner, Fit|ness|trai|ner	Фітнес-тренер	фіт|несс|трей|на
die	Flä|che, Flä|che	Поверхня	флє|хе
der	Fla|min|go, Fla|min|gos	Фламінго	фла|мін|ґо

interkulturaverlag.de ISBN 9783962134808

Ein auf einem Bein stehender, rosaner Vogel mit langem Schnabel.

Рожева пташка з довгим дзьобом, яка стоїть на одній нозі.

Айн ауф айнем Байн штеєнда, розана Фоґель міт ланґем Шнабель.

die	Fla|sche, Fla|schen	пляшка	фла|ше
der	Fla|schen|kür|bis, Fla|schen|kür|bis|se	пляшковий гарбуз	фла|шен|кюр|біс
der	Fla|schen|öff|ner, Fla|schen|öff|ner	Відкривачка для пляшок	фла|шен|ьофф|на
	flach	плоский	флах
das	Fla|den|brot, Fla|den|bro|te	Корж	фла|ден|брот
die	Flag|ge, Flag|gen	прапор	флаґ|ґе
die	Flam|me, Flam|men	Полум'я	флам|ме
die	Fle|der|maus, Fle|der|mäu|se	Кажан	флє|да|маус

Kleines Tier mit Flügeln, das nachts wach ist und gut hören kann.

Маленька тварина з крилами, яка не спить вночі і добре чує.

Кляйнес Тіа міт Флюґельн, дас нахтс вах іст унд ґут хьорен канн.

der	Fleck, Fle|cken	Пляма	флєк
	flei|ßig	працьовитий	фляй|ссіх
das	Fleisch	М'ясо	фляйш
das	Fleisch|bäll|chen, Fleisch|bäll|chen	фрикаделька	фляйш|бель|хен
das	Fleisch|pro|dukt, Fleisch|pro|duk|te	М'ясний продукт	фляйш|про|дукт
die	Flie|ge, Flie|gen	Муха	флі|ґе
	flie|gen	літати	флі|ґен
	flie|hen	втікати	флі|єн
die	Flit|ter|wo|chen	Медовий місяць	фліт|та|во|хен

Grundschulwörterbuch Deutsch-Ukrainisch
ISBN 9783962134808 interkulturaverlag.de

Der Urlaub eines Paars nach der Hochzeit wird Flitterwochen genannt.

Відпустка пари після одруження називається медовим місяцем.

Дер Урлауб айнес Паарс нах дер Хохцайт вірд Фліттарвохен ґенаннт.

die	Flö|te, Flö|ten	флейта	фльо|те
der	Floh, Flö|he	Блоха	фльо
der	Flü|gel, Flü|gel	Крило	флю|ґель
der	Flug|zeug|trä|ger, Flug|zeug|trä|ger	Авіаносець (клас військових кораблів)	флуґ|цойґ|тре|ґа
der	Flücht|ling, Flücht|lin|ge	Біженець	флюхт|лінґ
der	Flug, Flü|ge	Літак	флуґ
der	Flug|be|glei|ter, Flug|be|glei|ter	Бортпровідник	флуґ|бе|ґляй|та

Eine Person, die im Flugzeug arbeitet und Getränke anbietet.

Людина, яка працює в літаку і пропонує напої.

Айне Перзон, ді ім Флуґцойґ арбайтет унд ґетренке анбітет.

der	Flug|ha|fen, Flug|hä|fen	Аеропорт	флуґ|ха|фен
das	Flug|ha|fen|ge|bäu|de, Flug|ha|fen|ge|bäu|de	Будівля аеропорту	флуґ|ха|фен|ґе|бой|де
der	Flug|ha|fen|ver|kehrs|be|glei|ter, Fl ug|ha|fen|ver|kehrs|be|glei|ter	Працівник аеропорта	флуґ|ха|фен|фер|керс|бе|ґляй|та
das	Flug|zeug, Flug|zeu|ge	Літак	флуґ|цойґ
der	Flur, Flu|re	Коридор	флур
	flüs|tern	шепотіти	флюс|тан
der	Fluss, Flüs|se	Річка	флусс
das	Fo|to, Fo|tos	Фото	фо|то
der	Fo|to|ap|pa|rat, Fo|to|ap|pa|ra|te	Фотоапарат	фо|то|ап|па|рат
	fo|to|gra|fie|ren	фотографувати	фо|то|ґра|фі|рен
der	Fo|to|graf, Fo|to|gra|fen	Фотограф	фо|то|ґраф

Eine Person, die Fotos von Menschen und Orten macht.

Людина, яка фотографує людей і місця.

Айне Перзон, ді Фотос фон Меншен унд Ортен махт.

die	Fo|to|ka|me|ra, Fo|to|ka|me|ras	фотокамера	фо|то|ка|ме|ра
der	Fo|to|ko|pie|rer, Fo|to|ko|pie|rer	Ксерокс	фо|то|ко|пі|ра
der	Fo|to|rah|men, Fo|to|rah|men	фоторамка	фо|то|ра|мен
das	Foh|len, Foh|len	лоша	фо|лєн
	föh|nen	сушити феном	фьо|нен
	fol|gen	слідувати	фоль|ґен
die	For|schung, For|schun|gen	Дослідження	фор|шунґ
die	Form, For|men	форма (вигляд)	форм
der	Förs|ter, Förs|ter	Лісник	фьорс|та

Eine Person, die sich im Wald um die Tiere und Pflanzen kümmert.

Людина, яка доглядає за тваринами і рослинами в лісі.

Айне перзон, ді зіх ім Вальд ум ді Тіре унд Пфланцен кюммат.

	fort	далі	форт
das	Foul, Fouls	фол, порушення, груба гра	фауль
die	Fra|ge, Fra|gen	Питання	фра|ґе
	fra|gen	питати	фра|ґен
das	Fracht|schiff, Fracht|schif|fe	Вантажне судно	фрахт|шіфф
	Fran|zö|sisch	французька мова	фран|цьо|зіш
	fran|zö|sisch	французький	фран|цьо|зіш
	Frank|reich	Франція	франк|райх
	Frau (Anrede)	Пані	фрау
die	Frau, Frau|en	Жінка	фрау
	frech	нахабний	фрех
	frei	вільний	фрай
der	Frei|tag, Frei|ta|ge	П'ятниця	фрай|таґ
die	Frei|zeit, Frei|zei|ten	Вільний час	фрай|цайт
die	Frei|zeit|ak|ti|vi|tät, Frei|zeit|ak|ti|vi|tä|ten	Дозвілля	фрай|цайт|ак|ті|ві|тет
die	Frem|den|feind|lich|keit, Frem|den|feind|lich|kei|ten	Ксенофобія	фрем|ден|файнд|ліх|кайт

Grundschulwörterbuch Deutsch-Ukrainisch
ISBN 9783962134808 interkulturaverlag.de

Wenn man alles ablehnt, das anders ist, als man selbst.

Коли ти ставишся негативно до всього, що відрізняється від тебе самого.

Венн ман альлєс аблент, дас андерс іст, альс ман зельбст.

	fremd	іноземний	фремд
die	Fremd|spra|che, Fremd|spra|chen	Іноземна мова	фремд|шпра|хе
	fres|sen	їсти (для тварин), пожирати	фрес|сен
die	Freu|de, Freu|den	Радість	фрой|де
die	Freun|din, Freun|din|nen	Подружка	фройн|дін
der	Freund, Freun|de	Друг	фройнд
	freund|lich	дружній	фройнд|ліх
die	Freund|schaft, Freund|schaf|ten	Дружба	фройнд|шафт
die	Fri|seu|rin, Fri|seu|rin|nen	Перукарка	фрі|зо|рін

Eine Person, die deine Haare schneidet und schick macht.

Людина, яка стриже ваше волосся та вкладає його.

Айне Перзон, ді дайне Хааре шнайдет унд шік махт.

der	Fri|seur, Fri|seu|re	Перукар	фрі|зо
der	Frie|de, Frie|den	Мир, спокій	фрі|де
	frie|ren	замерзати	фрі|рен
der	Fried|hof, Fried|hö|fe	Кладовище	фрід|хоф
	fried|lich	мирний	фрід|ліх
der	Fris|bee, Fris|bees	Фрізбі	фріз|бі
	frisch	свіжий	фріш
	froh	радісний	фро
der	Frosch, Frö|sche	Жаба	фрош
der	Frost, Frös|te	Мороз	фрост

Die dünne Eisschicht, die im Winter draußen auf den Dingen ist.

Тонкий шар льоду, який покривається ззовні на предметах взимку.

Ді дюнне Айсшіхт, ді ім Вінта драуссен ауф ден Дінґен іст.

interkulturaverlag.de ISBN 9783962134808

die	Frucht, Früch|te	фрукт	фрухт
	frucht|bar	плідний	фрухт|бар
	früh	рано	фрю
der	Früh|ling, Früh|lin|ge	Весна	фрю|лінґ
die	Früh|lings|sai|son, Früh|lings|sai|sons	Весняний сезон	фрю|лінґс|зай|зон
	früh|stü|cken	снідати	фрю|штю|кен
das	Früh|stück, Früh|stü|cke	Сніданок	фрю|штюк

Das erste Essen am Morgen.

Перший прийом їжі вранці.

Дас ерсте Ессен ам Морґен.

die	Früh|stücks|ze|re|a|li|en	зернові на сніданки	фрю|штюкс|це|ре|а|лі|ен
der	Fuchs, Füch|se	Лисиця	фукс
	füh|len	відчувати	фю|лєн
	füh|ren	вести	фю|рен
	fül|len	наповнювати	фюль|лєн
der	Fül|ler, Fül|ler	Чорнильна ручка	фюль|ла
der	Fun|ke, Fun|ken	Іскра	фун|ке

Ein kleines glühendes Teilchen im Feuer.

Маленька частинка, що світиться у вогні.

Айн кляйнес ґлюєндес Тайльхен ім Фойа.

	fünf	п'ять	фюнф
	fünf|te	п'яте	фюнфте
der/ die/ das	Fünf|te, Fünf|ten	п'ятий, п'яте, п'яте	фюнфте
	fünf|zehn	п'ятнадцять	фюнфцейн
	fünf|zig	п'ятдесять	фюнфціх
die	Funk|ti|on, Funk|ti|o|nen	функція	функ|ці|он
	für	для	фюр
	fürch|ten	боятися	фюрх|тен
der	Fuß, Fü|ße	Стопа	фусс

Grundschulwörterbuch Deutsch-Ukrainisch
ISBN 9783962134808 interkulturaverlag.de

der	Fuß|ball, Fuß|bäl|le	футбол	фусс|баль
die	Fuß|ball|spie|le|rin, Fuß|ball|spie|le|rin|nen	футболістка	фусс|баль|шпі|лє|рін
der	Fuß|ball|spie|ler, Fuß|ball|spie|ler	футболіст	фусс|баль|шпі|ла
der	Fuß|bo|den, Fuß|bö|den	Підлога	фусс|бо|ден
die	Fuß|gän|ge|rin, Fuß|gän|ge|rin|nen	Пішохідка	фусс|ген|ге|рін
der	Fuß|gän|ger, Fuß|gän|ger	Пішохід	фусс|ген|га
der	Fuß|ho|cker, Fuß|ho|cker	Табуретка для ніг	фусс|хо|ка
der	Fuß|knö|chel, Fuß|knö|chel	Щиколотка	фусс|кньо|хель

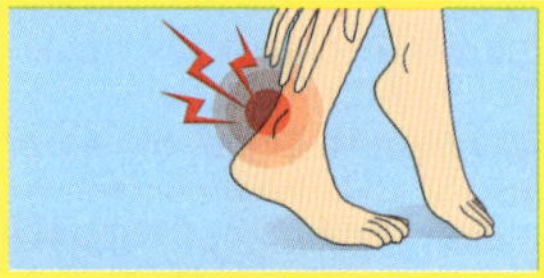

Der runde Knochen über deinem Fuß.

Кругла кістка над вашою стопою.

Дер рунде Кнохен уьобер дайнем Фусс.

die	Fuß|mat|te, Fuß|mat|ten	Килимок для ніг	фусс|мат|те
die	Fuß|pum|pe, Fuß|pum|pen	Ножний насос	фусс|пум|пе
das	Fut|ter, Fut|ter	Корм	фут|та
	Füt|tern, das	Годування	фют|тан
die	Ga|bel, Ga|beln	Вилка	ґа|бель
der	Ga|bel|stap|ler, Ga|bel|stap|ler	Вилковий навантажувач	ґа|бель|штап|ла
das	Ga|lopp, Ga|lopps	Галоп	ґа|льопп
die	Ga|ra|ge, Ga|ra|gen	Гараж	ґа|ра|же

Ein abschließbarer Ort, an dem Autos geparkt werden können.

Місце, яке можна закрити і де можна паркувати автомобілі.

Айн абшліссбара Орт, ан дем Аутос ґепаркт верден кьоннен.

	gäh|nen	позіхати	ґє|нен
das	Gän|se|blüm|chen, Gän|se|blüm|chen	Ромашка	ґєн|зе|блюм|хен
die	gan|ze Klas|se	весь клас	ґан|це Клас|се
die	Gans, Gän|se	Гусак	ґанс
	ganz	весь	ґанц
	ganz nett	дуже мило	ґанц нетт

	gar	зовсім	ґар
die	Gar|di|ne, Gar|di|nen	Штора	ґар|ді|не
der	Gar|ten, Gär|ten	Сад	ґар|тен
die	Gar|ten|ar|beit, Gar|ten|ar|bei|ten	Садівництво	ґар|тен|ар|байт
der	Garn, Gar|ne	Пряжа	ґарн

Ein dicker Faden zum Nähen von Mützen oder Socken.

Товста нитка для пошиття шапок або шкарпеток.

Айн діка Фаден цум Неєн фон Мютцен ода Зокен.

die	Gärt|ne|rin, Gärt|ne|rin|nen	Жінка-садівник	ґерт|не|рін
der	Gärt|ner, Gärt|ner	Садівник	ґерт|на
das	Gas, Ga|se	Газ	ґас
die	Gas|fla|sche, Gas|fla|schen	Газовий балон	ґас|фла|ше
der	Gas|herd, Gas|her|de	Газова плита	ґас|херд
die	Gas|se, Gas|sen	Алея	ґас|се
das	Gäs|te|zim|mer, Gäs|te|zim|mer	Вітальня	ґес|те|цім|ма
der	Gas|zy|lin|der, Gas|zy|lin|der	Газовий балон	ґас|ці|лін|да
der	Gast, Gäs|te	Гість	ґаст
das	Ge|bäck, Ge|bä|cke	Випічка	ґє|бек
das	Ge|bäu|de, Ge|bäu|de	Будівля	ґє|бой|де
	ge|ben	давати	ґє|бен
das	Ge|bet, Ge|be|te	Молитва	ґє|бет

Worte und Lieder die Wünsche und Dank an Gott richten.

Слова та пісні, які посилають побажання та подяку Богу.

Ворте унд Ліда ді Вюнше унд Данк ан Ґотт ріхтен.

das	Ge|biet, Ge|bie|te	Площа	ґє|біт
das	Ge|bir|ge, Ge|bir|ge	Гори	ґє|бір|ґе
	ge|bo|ren wer|den	народитися	ґє|бо|рен вер|ден
das	Ge|bot, Ge|bo|te	Ставка, заповідь, принцип	ґє|бот
	ge|bra|ten	смажений	ґє|бра|тен

Grundschulwörterbuch Deutsch-Ukrainisch
ISBN 9783962134808 interkulturaverlag.de

	ge|bro|chen	зламаний	ґе|бро|хен
die	Ge|burt, Ge|bur|ten	народження	ґе|бурт
das	Ge|burts|da|tum, Ge|burts|da|ten	Дата народження	ґе|бурте|да|тум
der	Ge|burts|ort, Ge|burts|or|te	Місце народження	ґе|буртс|орт
der	Ge|burts|tag, Ge|burts|ta|ge	День народження	ґе|буртс|таґ
die	Ge|burts|tags|fei|er, Ge|burts|tags|fei|ern	Святкування Дня народження	ґе|буртс|таґс|файі|а
das	Ge|burts|tags|ge|schenk, Ge|burts|tags|ge|schen|ke	Подарунок на день народження	ґе|буртс|таґс|ґе|шенк
die	Ge|burts|tags|kar|te, Ge|burts|tags|kar|ten	Листівка на день народження	ґе|буртс|таґс|кар|те
das	Ge|büsch, Ge|bü|sche	Чагарник	ґе|бюш
das	Ge|dächt|nis, Ge|dächt|nis|se	Пам'ять	ґе|дехт|ніс
das	Ge|dicht, Ge|dich|te	Вірш	ґе|діхт
die	Ge|fahr, Ge|fah|ren	Небезпека	ґе|фар
das	Ge|fahr|en|zei|chen, Ge|fahr|en|zei|chen	Знак небезпеки	ґе|фар|ен|цай|хен

Ein rotes Dreieck im Verkehr, das vor Gefahren warnt.

Червоний трикутник на дорозі, який попереджає про небезпеку.

Айн ротес Драйек ім Феркер, дас фор ґефарен варнт.

	ge|fähr|lich	небезпечний	ґе|фер|ліх
	ge|fal|len	подобатись	ґе|фаль|лен
das	Ge|fäng|nis, Ge|fäng|nis|se	В'язниця	ґе|фенґ|ніс
das	Ge|fühl, Ge|füh|le	Почуття	ґе|фюль
	ge|gen	проти	ґе|ґен
der	Ge|gen|satz, Ge|gen|sät|ze	Контраст	ґе|ґен|зату
das	Ge|gen|teil, Ge|gen|tei|le	Протилежність	ґе|ґен|тайль
	ge|gen|über	навпроти	ґе|ґен|уьобер
die	Ge|gen|wart	Присутність	ґе|ґен|варт
	ge|grillt	на грилі	ґе|ґрільт
das	Ge|heim|nis, Ge|heim|nis|se	Секрет	ґе|хайм|ніс
	ge|hen	ходити	ґе|ен

das	Ge|hirn, Ge|hir|ne	Мізок	ґє|хірн

Ein kompliziertes Organ im Kopf, das ausmacht, wer wir sind.

Складний орган у голові, який формує нас.

Айн компліціртес Орґан ім Копф, дас аусмахт, вер вір зінд.

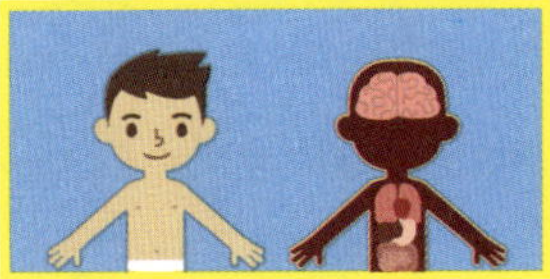

	ge|hö|ren	належать	ґє|хьо|рен
	ge|hor|chen	підкорятися	ґє|хор|хен
	ge|hör|los	глухий	ґє|хьор|льоз
das	ge|lan|de|tes Flug|zeug	Літак, який приземлився	ґє|лан|де|тес флуґ|цойґ
	ge|lang|weilt	нудно	ґє|ланґ|вайльт
das	Ge|mäl|de, Ge|mäl|de	Живопис	ґє|мель|де
das	Ge|mü|se	Овочі	ґє|мю|зе
das	Ge|mü|se|feld, Ge|mü|se|fel|der	Овочеве поле	ґє|мю|зе|фельд
	ge|nau	точно	ґє|нау
	ge|nie|ßen	насолоджуватися	ґє|ні|ссен
	ge|nug	достатньо	ґє|нуґ
das	Ge|päck	Багаж	ґє|пек

Ein Koffer mit Dingen, die man mitnimmt.

Валіза з речами, які можна взяти з собою.

Айн Коффа міт Дінґен, ді ман мітніммт.

der	Ge|päck|trä|ger, Ge|päck|trä|ger	Швейцар, портьє	ґє|пек|тре|ґа
der	Ge|pard, Ge|par|den	Гепард	ґє|пард
	ge|ra|de	просто, зараз	ґє|ра|де
	ge|ra|de|aus	прямо	ґє|ра|де|аус
das	Ge|rät, Ge|rä|te	Пристрій	ґє|рет
das	Ge|räusch, Ge|räu|sche	Шум	ґє|ройш
	ge|recht	справедливо	ґє|рехт
das	Ge|richt, Ge|rich|te	Суд	ґє|ріхт

Grundschulwörterbuch Deutsch-Ukrainisch
ISBN 9783962134808 interkulturaverlag.de

Hier wird entschieden, ob jemand eine Strafe bekommt.

Тут вирішується, чи отримає хтось покарання.

Хір вірд ентшіден, об єманд айне Штрафе бекоммт.

der	Ge|ruch, Ge|rü|che	запах	ґє|рух
das	Ge|schäft, Ge|schäf|te	бізнес	ґє|шефт
	ge|sche|hen	ставатися	ґє|ше|єн
das	Ge|schenk, Ge|schen|ke	подарунок	ґє|шенк
die	Ge|schich|te, Ge|schich|ten	Історія	ґє|шіх|те
	Ge|schich|ten er|zäh|len	Розповідати історії	ґє|шіх|тен ер|це|лєн
die	Ge|schick|lich|keit	Майстерність	ґє|шік|ліх|кайт
	ge|schie|den	розлучений/ розлучена	ґє|ші|ден
	Ge|schirr spü|len	мити посуд	ґє|шірр шпю|лєн
das	Ge|schirr, Ge|schir|re	посуд	ґє|шірр
die	Ge|schirr|spül|ma|schi|ne, Ge|schirr|spül|ma|schi|nen	Посудомийна машина	ґє|шірр|шпюль|ма|ші|не
das	Ge|schlecht, Ge|schlech|ter	Стать	ґє|шлєхт

Bestimmt, ob jemand zum Beispiel ein Mann oder eine Frau ist.

Визначає, чи є хтось, наприклад, чоловіком чи жінкою.

Бештімmт, об єманд цум Байшпіль айн Манн ода айне Фрау іст.

	ge|schlos|sen	зачинено	ґє|шлос|сен
der	Ge|schmack, Ge|schmä|cke	Смак	ґє|шмак
die	Ge|schwin|dig|keit, Ge|schwin|dig|kei|ten	Швидкість	ґє|швін|діх|кайт
die	Ge|schwis|ter	Брати і сестри	ґє|швіс|тер
das	Ge|setz, Ge|set|ze	закон	ґє|зетц
das	Ge|sicht, Gesichter	Обличчя	ґє|зіхт
der	Ge|sichts|aus|druck, Ge|sichts|aus|drü|cke	Вираз обличчя	ґє|зіхтс|аус|друк
das	Ge|spenst, Ge|spens|ter	Привид	ґє|шпенст
das	Ge|spräch, Ge|sprä|che	Розмова	ґє|шпрех
das	ge|star|te|tes Flug|zeug	злетівший літак	ґє|штар|те|тес Флуґ|цойґ

interkulturaverlag.de ISBN 9783962134808

Ein abgehobenes Flugzeug, das fliegt.

Піднятий літак, який летить.

Айн абґехобенес Флуґцойґ, дас фліґт.

	ge|streift	смугастий	ґє|штрайфт
	ge|sund	здоровий	ґє|зунд
die	Ge|sund|heit	здоров'я	ґє|зунд|хайт
das	Ge|tränk, Ge|trän|ke	Напій	ґє|тренк
das	Ge|trei|de	Зерно	ґє|трай|де
	ge|trennt	розділений	ґє|треннт
das	Ge|wächs|haus, Ge|wächs|häu|ser	Оранжерея	ґє|векс|хауз

Ein Haus, in dem Pflanzen zu jeder Zeit wachsen können.

Будинок, де рослини можуть рости в будь-який час.

Айн Хаус, ін дем Пфланцен цу єдер Цайт ваксен кьоннен.

	ge|we|sen	був/була	ґє|ве|зен
das	Ge|wicht, Ge|wich|te	Вага	ґє|віхт
die	Ge|win|ne|rin, Ge|win|ne|rin|nen	Переможниця	ґє|він|не|рін
	ge|win|nen	перемагати	ґє|він|нен
der	Ge|win|ner, Ge|win|ner	Переможець	ґє|він|на
das	Ge|wit|ter, Ge|wit|ter	Гроза	ґє|віт|та
	ge|wöh|nen	звикати	ґє|вьо|нен
die	Ge|wür|ze	Спеції	ґє|вюр|це
die	Gefahr, Ge|fah|ren	Небезпека	ґє|фар
die	Geh|hil|fe, Geh|hil|fen	Ходунки	ґє|хіль|фе

Ein Stock oder Rollator, der beim Laufen hilft.

Тростина або ходунки для допомоги при ходьбі.

Айн Шток ода Рольлатор, дер байм Лауфен хільфт.

der	Geh|weg, Geh|we|ge	тротуар	ґє|веґ
der	Gei|er, Gei|er	Гриф	ґай|я
die	Gei|ge, Gei|gen	Скрипка	ґай|ґе
das	Geiß|lein, Geiß|lein	Козеня	ґайс|ляйн

Grundschulwörterbuch Deutsch-Ukrainisch
ISBN 9783962134808 interkulturaverlag.de

der	Geist, Gei|ster	Дух	ґайст
	gelb	жовтий	ґельб
das	Gelb	Жовтий	ґельб
	Geld ab|he|ben	зняти гроші	ґельд аб|хе|бен
	Geld aus|ge|ben	витрачати гроші	ґельд аус|ґе|бен

Sobald man etwas kauft, gibt man Geld aus.

Як тільки ви щось купуєте, ви витрачаєте гроші.

Зобальд ман етвас кауфт, ґібт ман ґельд аус.

das	Geld, Gel|der	Гроші	ґельд
der	Geld|au|to|mat, Geld|au|to|ma|ten	Банкомат	ґельд|ау|то|мат
der	Geld|beu|tel, Geld|beu|tel	Гаманець	ґельд|бой|тель
die	Geld|bör|se, Geld|bör|sen	Гаманець	ґельд|бьор|зе
die	Geo|gra|fie	Географія	ґео|ґра|фі
	gern|ha|ben	любити	ґерн|ха|бен
	ges|tern	вчора	ґє|стерн
die	Gi|raf|fe, Gi|raf|fen	Жирафа	ґі|раф|фе

Ein afrikanisches, braun gepunktetes Tier mit einem langen Hals.

Африканська коричнева плямиста тварина з довгою шиєю.

Айн афріканішес, браун ґепунктетес Тіа міт айнем ланґен Хальс.

die	Gi|tar|re, Gi|tar|ren	Гітара	ґі|тар|ре
	gie|ßen	поливати	ґі|ссен
die	Gieß|kan|ne, Gieß|kan|nen	Лійка	ґісс|кан|не
	gif|tig	отруйний	ґіф|тіх
der	Gift|pilz, Gift|pil|ze	Мухомор	ґіфт|пільц
der	Gip|fel, Gip|fel	Вершина	ґіп|фель
der	Gips, Gip|se	Гіпс	ґіпс

Hartes Material, das beim Heilen eines Knochenbruchs hilft.

Твердий матеріал, який допомагає загоїти зламану кістку.

Хартес Матеріаль, дас байм Хайлєн айнес Кнохенбрукс хільфт.

der	Gla|di|a|tor, Gla|di|a|to|ren	Гладіатор	ґла|ді|а|та
	glän|zen	блистіти	ґлен|цен
das	Glas, Glä|ser	Скло	ґлас
	glatt	гладкий	ґлатт
	glatt - rau	гладкий - шорсткий	ґлатт - рау
	glau|ben	вірити	ґлау|бен
der/ die/ das	glei|che, glei|chen	такий самий/така сама/таке саме	ґляй|хе
	gleich	однаковий	ґляйх
	gleich - an|ders	однаковий - інший	ґляйх - ан|дас
	gleich lang	однакової довжини	ґляйх ланґ
das	Gleich|ge|wicht, Gleich|ge|wich|te	Баланс, рівновага	ґляйх|ґе|віхт

Wenn man seinen Körper gut gerade halten kann.

Якщо ви можете тримати своє тіло прямо.

Венн ман зайнен Кьорпа ґут ґераде хальтен канн.

das	Gleit|flug|zeug, Gleit|flug|zeu|ge	Планер	ґляйт|флуґ|цойґ
der	Glet|scher, Glet|scher	Льодовик	ґлет|ча
der	Glo|bus, Glo|ben	Глобус	ґло|бус
die	Glo|cke	Дзвоник	ґло|ке
die	Glo|cke, Glo|cken	Дзвоник	ґло|ке
	glü|hen	світіння	ґлю|ен
	Glück ha|ben	мати везіння	ґлюк ха|бен
	glück|lich	щасливий	ґлюк|ліх
die	Glüh|bir|ne, Glüh|bir|nen	Лампочка	ґлю|бір|не

Glaskolben, steckt in Lampen und sorgt für Licht.

Скляна колба, вставляється в лампи і забезпечує світло.

ґласкольбен, штект ін Лампен унд зорґт фюр Ліхт.

der	Go|ril|la, Go|ril|las	Горила	ґо|ріль|ля
	gol|den	золотий	ґоль|ден

Grundschulwörterbuch Deutsch-Ukrainisch
ISBN 9783962134808 interkulturaverlag.de

das	Gold	золото	ґольд
der	Gold|fisch, Gold|fi|sche	золота рибка	ґольд|фіш
das	Golf	Гольф	ґольф
die	Gon|del, Gon|deln	Гондола	ґон|дель
die	Gra|be|ga|bel, Gra|be|ga|beln	Садова вилка	ґра|бе|ґа|бель
	gra|ben	копати	ґра|бен

Mit Händen oder Werkzeug kann man ein Loch im Boden graben.

Викопати яму в землі можна руками або інструментами.

Міт Хенден ода Веркцойґ канн ман айн Льох ім Боден ґрабен.

der	Gra|ben, Grä|ben	Канава	ґра|бен
der	Gra|nat|ap|fel, Granatäpfel	Гранат	ґра|нат|ап|фель
	gra|tu|lie|ren	вітати	ґра|ту|лі|рен
das	Grab, Grä|ber	Могила	ґраб
der	Grab|stein, Grab|stei|ne	Надгробок	ґраб|штайн
der	Grad, Grad	Ступінь	ґрад
das	Gramm, Gramm/Gram|me	Грам	ґрамм
die	Grape|fruit, Grape|fruits	Грейпфрут	ґрейп|фрут
das	Gras, Grä|ser	Трава	ґрас
der	Gras|hüp|fer, Gras|hüp|fer	Коник-стрибунець	ґрас|хюп|фа

Ein kleines grünes Insekt, das auf Wiesen herumspringt.

Маленька зелена комаха, яка стрибає на луках.

Айн кляйнес ґрюнес Інзект, дас ауф Візен херумшпрінґт.

	grau	сірий	ґрау
die	Gren|ze, Gren|zen	Кордон	ґрен|це
	Grie|chen|land	Греція	ґрі|хен|ланд
der	Griff, Grif|fe	Ручка, гриф, хватка	ґріфф
die	Gril|le, Gril|len	Цвіркун	ґріль|лє
	gril|len	готувати на грилі	ґріль|лєн
	Grill, Gril|le	Гриль	ґріль

die	Grill|par|ty, Grill|par|tys	Вечірка-барбекю	ґріль|па|ті
die	Grip|pe, Grip|pen	Грип	ґріп|пе

Eine Krankheit, bei der man sich stark erkältet fühlt.

Хвороба, яка викликає у вас відчуття, ніби ви сильно застуджені.

Айне Кранкхайт, бай дер ман зіх штарк еркельтет фюльт.

	gro|ße Schu|he	Велике взуття	ґро|ссе Шу|є
die	Grö|ße, Grö|ßen	Розмір	ґрьо|ссе
	groß	великий	ґросс
	Groß|bri|tan|ni|en	Велика Британія	ґросс|брі|тан|ні|ен
die	Groß|el|tern	Дідусь і бабуся	ґросс|ель|терн
die	Groß|mut|ter, Groß|müt|ter	Бабуся	ґросс|мут|та
die	Groß|stadt, Groß|städ|te	Велике місто	ґросс|штат
der	Groß|va|ter, Groß|vä|ter	Дідусь	ґросс|фа|та
die	grü|ne Chi|li, grü|ne Chi|lis	Зелений чилі	ґрю|не чі|лі

Ein scharfes Gemüse, das ähnlich aussieht wie Paprika.

Гострий овоч, зовні схожий на болгарський перець.

Айн шарфес ґемюзе, дас енліх аусзійт ві паприка.

	grün	зелений	ґрюн
das	Grün|land	Пасовище, луг	ґрюн|ланд
der	Grund, Grün|de	Причина	ґрунд
die	Grund|schu|le, Grund|schu|len	Початкова школа	ґрунд|шу|лє
die	Grup|pe, Grup|pen	Група	ґруп|пе
der	Gruß, Grü|ße	Привітання	ґрусс
	gu|cken	дивитись	ґу|кен
der	Gü|ter|wa|gen, Gü|ter|wa|gen	Вантажний вагон	ґю|та|ва|ґен

Ein Wagen am Zug, der den Supermarkt beliefert.

Вагон у поїзді, що доставляє продукти до супермаркету.

Айн Ваґен ам Цуґ, дер ден зупамакт беліферт.

der	Gum|mi|ring, Gum|mi|rin|ge	Гумове кільце, заглушка	ґум|мі|рінґ

Grundschulwörterbuch Deutsch-Ukrainisch
ISBN 9783962134808 interkulturaverlag.de

der	Gum|mi|stie|fel, Gum|mi|stie|fel	Гумові чоботи	Ґум|мі|шті|фель
die	Gur|ke, Gur|ken	Огірок	Ґур|ке
der	Gür|tel	Пояс	Ґюр|тель
	gut	добре	ґут
	gut – bes|ser – am bes|ten	добре – краще – найкраще	ґут – бес|са – ам бес|тен
	Gym|nas|tik	Гімнастика	Ґім|нас|тік

Sportliche Übungen für den ganzen Körper.

Спортивні вправи для всього тіла.

Шпортліхе Уьобунґен фюр ден ґанцен Кьорпа.

der	Gym|nas|tik|leh|rer, Gym|nas|tik|leh|rer	Вчитель гімнастики	Ґім|нас|тік|лє|ра
	ha|ben	мати	ха|бен
der	Ha|fen, Hä|fen	Гавань	Ха|фен
der	Ha|fer	Овес	Ха|фа
der	Ha|gel, der	Град	Ха|ґель
der	Ha|ken, Ha|ken	Гачок	Ха|кен
der	Ha|se, Ha|sen	Кролик	Ха|зе
die	Ha|sel|nuss, Ha|sel|nüs|se	Лісовий горіх	Ха|зель|нусс
das	Haar, Haa|re	Волосся	Хаар
die	Haar|bürs|te, Haar|bürs|ten	Гребінець	Хаар|бюрс|те
das	Haar|öl, Haar|öle	Масло для волосся	Хаар|уьоль

Öl, das die Haare weich und glänzend macht.

Олія, яка робить волосся м'яким і блискучим.

Уьоль, дас ді Хааре вайх унд ґлєнценд махт.

der	Haar|trock|ner, Haar|trock|ner	фен для волосся	Хаар|трок|на
das	Hack|fleisch	фарш	Хак|фляйш
der	Hahn, Häh|ne	Півень	Хан
das	Hähn|chen, Hähn|chen	Курка	Хен|хен
der	Hai, Haie	Акула	Хай
der	Hai|fisch, Hai|fi|sche	Акула	Хай|фіш

interkulturaverlag.de ISBN 9783962134808

die	Hal|le, Hal|len	зал	Халь|лє
	hal|lo	привіт	халь|льо
	Hal|lo|w|een	Хеллоуїн	Хель|льо|в|ін
die	Hal|te|stel|le, Hal|te|stel|len	Автобусна зупинка	Халь|те|штель|лє
	hal|ten	тримати	халь|тен
	Hal|ten, das	Витримка	Халь|тен
die	Hal|tung, Hal|tun|gen	Ставлення	Халь|тунґ

Die Meinung, die ein Mensch über etwas bestimmtes hat.

Думка людини про щось.

Ді Майнунґ, ді айн Менш уьобер етвас бештіммтес хат.

	halb	половина	хальб
die	Hälf|te, Hälf|ten	Половина	Хельф|те
der	Hals, Häl|se	Горло	Хальс
die	Hals|ket|te, Hals|ket|ten	Кольє	Хальс|кет|те
der	Hals|schmerz, Hals|schmer|zen	Біль у горлі	Хальс|шмерц
das	Hals|tuch, Hals|tü|cher	Хустка, шарф	Хальс|тух
	Ham|burg	Гамбург	Хам|буаґ

Eine große Küstenstadt im Norden von Deutschland.

Велике прибережне місто на півночі Німеччини.

Айне ґроссе Кюстенштат ім Норден фон Дойтчланд.

der	Ham|mer, Häm|mer	Молоток	Хам|ма
der	Ham|mer|hai, Ham|mer|haie	Акула-молот	Хам|мер|хай
der	Hams|ter, Hams|ter	Хом'як	Хамс|та
	Hän|de wa|schen	мити руки	Хен|де ва|шен
der	Han|del	Торгівля	Хан|дель
das	Han|dy, Han|dys	Мобільний	Хен|ді
	hän|gen	вішати	хен|ґен
die	Hand, Hän|de	Рука	Ханд
die	Hand|flä|che, Hand|flä|chen	Долоня	Ханд|флє|хе

ISBN 9783962134808 interkulturaverlag.de

das	Hand|ge|lenk, Hand|ge|lenke	Зап'ястя	Ханд|ге|ленк

Die Knochen, die die Hand mit dem Unterarm verbinden.

Кістки, що з'єднують руку з передпліччям.

Ді Кнохен, ді ді Ханд міт дем Унтаарм фербінден.

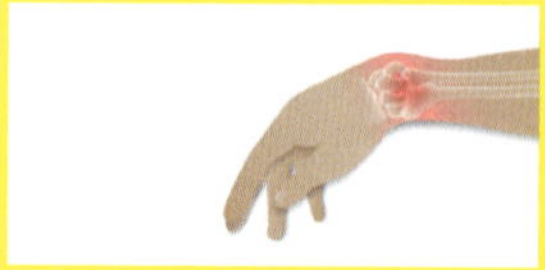

die	Hand|har|mo|ni|ka, Hand|har|mo|ni|kas	Акордеон	Ханд|хар|мо|ні|ка
die	Hand|pup|pe, Hand|pup|pen	Ручна лялька	Ханд|пуп|пе
der	Hand|schuh, Hand|schu|he	Рукавичка	Ханд|шу
die	Hand|ta|sche, Hand|ta|schen	Гаманець	Ханд|та|ше
das	Hand|tuch, Hand|tü|cher	Рушник	Ханд|тух
die	Har|fe, Har|fen	Арфа	Хар|фе
die	Har|ke, Har|ken	Граблі	Хар|ке
das	Har|mo|nium, Har|mo|nien	Фісгармонія	Хар|мо|ніум
	hart	жорсткий	харт
	has|sen	ненавидіти	хас|сен
	häss|lich	потворний	хесс|ліх
	hast	маєш	хаст
	hat	має	хат
	hat|te, hat|ten	мав/мала	хат|те
der	Hau|fen, Hau|fen	Купа	Хау|фен
	Haupt-	Головний	Хаупт
der	Haupt|ein|gang des Flug|ha|fens, Haupt|ein|gän|ge des Flug|ha|fens	Головний вхід в аеропорт	Хаупт|айн|ганг дес флуг|ха|фенс
der	Haupt|ein|gang, Haupt|ein|gän|ge	Головний вхід	Хаупт|айн|ганг
die	Haupt|rol|le, Haupt|rol|len	Головна роль	Хаупт|роль|ле

Der wichtigste Star in einem Film oder Buch.

Головна зірка у фільмі чи книзі.

Дер віхтігсте Стар ін айнем Фільм ода Бух.

die	Haupt|stadt, Haupt|städ|te	Столиця	Хаупт|штат
das	Haus, Häu|ser	Будинок	Хаус
die	Haus|auf|ga|be, Haus|auf|ga|ben	Домашнє завдання	Хаус|ауф|га|бе

die	Haus|maus, Haus|mäu|se	Домашня миша	Хаус|маус
der	Haus|schuh, Haus|schu|he	Капці	Хаус|шу
das	Haus|tier, Haus|tie|re	Домашня тварина	Хаус|тіа
die	Haut, Häu|te	Шкіра	Хаут
	he|ben	піднімати	хє|бен
die	He|cke, He|cken	Жива огорожа	Хе|ке
die	He|cken|sche|re, He|cken|sche|ren	Ножиці для живоплоту	Хе|кен|ше|ре

Eine kleine Gartenschere, um Büsche zu stutzen.

Невеликі садові ножиці для стрижки кущів.

Айне кляйне ґартеншере, ум Бюше цу штутцен.

die	He|fe, He|fen	Дріжджі	Хе|фе
der	He|li|kop|ter, He|li|kop|ter	Вертоліт	Хе|лі|коп|та
	He|rum|lau|fen, das	Ходьба навколо	Хе|рум|лау|фен
	he|run|ter	вниз	хе|рун|та
	he|run|ter|la|den	завантажити	хе|рун|та|ла|ден
die	He|xe, He|xen	Відьма	Хе|ксе
das	Heft, Hef|te	Зошит	Хефт
die	Heft|zwe|cke, Heft|zwe|cken	Канцелярська кнопка	Хефт|цве|ке

Ein kurzer Nagel, um Papier fest zu machen.

Короткий цвях для щільного прилягання паперу.

Айн курца Наґель, ум Папір фест цу махен.

	hei|ra|ten	одружуватися, виходити заміж	хай|ра|тен
	hei|ter	веселий, яскравий	хай|та
die	Hei|zung, Hei|zun|gen	Опалення	Хай|цунґ
die	Heim|ki|no|an|la|ge, Heim|ki|no|an|la|gen	Система домашнього кінотеатру	Хайм|кі|но|ан|ла|ґе
	heiß	гарячий	хайсс
der	Heiß|luft|bal|lon, Heiß|luft|bal|lons	Повітряна куля	Хайсс|луфт|баль|льон
	hel|fen	допомогати	хель|фен

Grundschulwörterbuch Deutsch-Ukrainisch
ISBN 9783962134808 interkulturaverlag.de

der	Held, Hel|den	Герой	Хельд
	hell	яскравий	хель
	hell|haarig	світловолосий	хель|хаарік
der	Helm, Hel|me	Шолом	Хельм
das	Hemd, Hem|den	Сорочка	Хемд
die	Hen|ne, Hen|nen	Курка	Хен|не
die	Her|kunft, Her|künf|te	Походження	Хє|кунфт
der	Herbst, Herbs|te	Осінь	Хєрбст
die	Herbst|zeit, Herbst|zei|ten	Осіння пора	Хєрбст|цайт
die	Herd, Her|de	Стадо	Хєрд
	Herr ...	пан ...	Хєрр ...
	Herr (An|re|de)	пане (звертання)	Хєрр (Ан|ре|де)
das	Herz, Her|zen	Серце	Хєрц
	Hes|sen	Гессен	Хєс|сен
das	Heu	Сіно	Хой

Getrocknetes Gras für Pferde und Nagetiere.

Сушена трава для коней і гризунів.

Ґетрокнетес Ґрас фюр Пферде унд Наґетіре.

der	Heu|hau|fen, Heu|hau|fen	Копиця сіна	Хой|хау|фен
die	Heu|schre|cke, Heu|schre|cken	Коник-стрибунець	Хой|шре|ке
	heu|te	сьогодні	хой|те
	heu|te Abend	Цього вечора	хой|те Абенд
der	Hi|bis|kus, Hi|bis|ken	Гібіскус	Хі|біс|кус
	hi|nauf	вгору	хі|науф
	hi|naus	поза	хі|наус
	hi|nein	в	хі|найн
	hi|nein - hi|naus	вхід – вихід	хі|найн – хі|наус

In etwas rein oder raus gehen.

Зайти або вийти з чогось.

Ін етвас райн ода раус ґеєн.

interkulturaverlag.de ISBN 9783962134808

	hi|nein|ge|hen	входити	хі|найн|ґє|єн
	hi|nun|ter	вниз	хі|нун|та
	hier	тут	хіа
die	Hil|fe, Hil|fen	Допомога	Хіль|фе
	hilfs|be|reit	готовий допомогти	хільфс|бе|райт
die	Him|bee|re, Him|bee|ren	Малина	Хім|бее|ре
das	Him|mel-und-Höl|le-Spiel	Кла́сики (гра)	Хім|мель-унд-Хьоль|лє-Шпіль
der	Him|mel, Him|mel	Небо	Хім|мель
	him|mel|blau	небесний	хім|мель|блау
	Hin|di	Гінді	Хін|ді

Die meistgesprochene Sprache in Indien.

Найбільш поширена мова в Індії.

Ді майстґешпрохене Шпрахе ін Індієн

	hin|ten	позаду	хін|тен
	hin|ten - vor|ne	позаду - спереду	хін|тен - фор|не
	hin|ter	позаду	хін|та
der	Hirsch, Hir|sche	Олень	Хірш
der	Hirsch|kä|fer, Hirsch|kä|fer	Жук-олень	Хірш|кє|фа
die	Hit|lis|te, Hit|lis|ten	Список хітів	Хіт|ліс|те
die	Hit|ze	Спека	Хіт|це
der	Ho|cker, Ho|cker	Табуретка	Хо|ка
das	Ho|ckey	Хокей	Хо|кі

Eine Sportart, bei der ein Schläger einen Ball ins Tor bringt.

Вид спорту, в якому ракетка забиває м'яч у ворота.

Айне Шпортарт, бай дер айн Шлеґа айнен Баль інс Тор брінґт.

die	Hö|he, Hö|hen	Висота	Хьо|є
	ho|len	приносити	хо|лен
der	Ho|nig, Ho|ni|ge	Мед	Хо|ніх
die	Ho|nig|bie|ne, Ho|nig|bie|nen	Медоносна бджола	Хо|ніх|бі|не

Grundschulwörterbuch Deutsch-Ukrainisch
ISBN 9783962134808 interkulturaverlag.de

die	Ho|nig|me|lo|ne, Ho|nig|me|lo|nen	Медова диня	Хо|ніх|ме|льо|не
	hö|ren	чути	хьо|рен
die	Ho|se mit Ho|sen|trä|gern, Ho|sen mit Ho|sen|trä|gern	Штани на підтяжках	Хо|зе міт Хо|зен|тре|ган
die	Ho|se, Ho|sen	Штани	Хо|зе
die	Ho|sen|ta|sche, Ho|sen|ta|schen	Кишеня в штанах	Хо|зен|та|ше
der	Ho|sen|trä|ger, Ho|sen|trä|ger	Підтяжки	Хо|зен|тре|га

Zwei Stoffstreifen von der Hose bis über die Schultern.

Дві смужки тканини від штанів до плечей.

Цвай Штоффштрайфен фон дер Хозе біс уьоба ді Шультерн.

das	Ho|tel, Ho|tels	Готель	Хо|тель
das	Hob|by, Hob|bys	Хоббі	Хо|ббі
	hoch	високо	хох
das	Hoch|haus, Hoch|häu|ser	Хмарочос	Хох|хаус
das	Hoch|was|ser, Hoch|was|ser	Повінь	Хох|вас|са
die	Hoch|zeit, Hoch|zei|ten	Весілля	Хох|цайт
das	Hoch|zeits|kleid, Hoch|zeits|klei|der	Весільна сукня	Хох|цайтс|кляйд
der	Hof, Hö|fe	Подвір'я	Хоф
	hof|fen	сподіватись	хоф|фен
die	Höh|le, Höh|len	Печера	Хьо|лє
die	Höl|le, Höl|len	Пекло	Хьоль|лє

Ein Ort, vor dem sich viele religiöse Menschen fürchten.

Місце, якого бояться багато релігійних людей.

Айн Орт, фор дем зіх філє реліґіуьозе Меншен фюрхтен.

die	höl|zer|ne En|te, höl|zer|ne En|ten	Дерев'яна качка	хьоль|цер|не Ен|те
das	Holz, Höl|zer	Деревина	Хольц
der	Holz|fäl|ler, Holz|fäl|ler	Лісоруб	Хольц|фель|ла
der	Holz|ham|mer, Holz|häm|mer	Киянка	Хольц|хам|ма
das	Holz|stück, Holz|stücke	Шматок дерева	Хольц|штюк
das	Horn, Hör|ner	Ріг	Хорн
die	Hose, Ho|sen	Штани	Хозе

 ISBN 9783962134808

der	Hot Dog, Hot Dogs	Хот-дог	Хот Доґ
der	Hü|gel, Hü|gel	пагорб	Хю|ґель
der	Hub|schrau|ber, Hub|schrau|ber	Вертоліт	Хуб|шрау|ба
	hübsch	гарна, гарний, гарне	хюбш
die	Hüf|te, Hüf|ten	Стегна	Хюф|те
das	Huhn, Hüh|ner	Курка	Хун
das	Hühn|chen, Hühn|chen	Курка	Хун|хен
der	Hum|mer, Hum|mer	Омар	Хум|ма
die	Hun|de|hüt|te, Hun|de|hüt|ten	Собача будка	Хун|де|хют|те
	hun|dert	сто	хун|дат
der	Hund, Hun|de	пес	Хунд
	hung|rig	голодний	хунґ|ріх
	hüp|fen	стрибати	хюп|фен
	Hüp|fen, das	Стрибки	Хюп|фен, дас
die	Hüpf|burg, Hüpf|bur|gen	Батут	Хюпф|буаґ
	hus|ten	кашляти	хус|тен
der	Hut, Hü|te	Капелюх	Хут
der	Hut|stän|der, Hut|stän|der	Вішалка для капелюхів	Хут|штен|да
die	Hüt|te, Hüt|ten	Хатинка	Хют|те
die	Hy|ä|ne, Hy|ä|nen	Гієна	Хю|є|не

Ein hundeartiges Tier, das tote Tiere frisst.

Схожий на собаку звір, який їсть мертвих тварин.

Айн хундеартіґес Тіа, дас тоте Тіре фрісст.

der	Hy|per|schall|jet, Hy|per|schall|jet	Гіперзвуковий літак	Хю|па|шаль|джет
	ich	я	іх
	ich bin	я є	іх бін
	Ich ha|be auch ein Fahr|rad.	я теж маю велосипед	Іх ха|бе аух айн фар|рад
	Ich mag auch Tie|re.	я теж люблю тварин	Іх маґ аух Ті|ре

Grundschulwörterbuch Deutsch-Ukrainisch
ISBN 9783962134808 interkulturaverlag.de

	ich war, er/sie/es war	я був/була, він/вона/ воно був/була/було	Іх вар, ер/зі/ес вар
die	Idee, Ide|en	Ідея	Ідее
das	Ig|lu, Ig|lus	Іглу (халабуда Ескімосів)	Іґ|лу

Ein rundes Haus aus Eisblöcken.

Круглий будинок з льодяних блоків.

Айн рундес Хаус аус Айсбльокен.

der	Igel, Igel	Їжак	Іґель
	ih|nen	Вам	І|нен
	ihm	йому	ім
	ihn	його	ін
	ihr	її	ір
	ihr seid	ви є (звертання до групи)	ір зайд
	ihr wart	ви були (звертання до групи)	ір варт
	ihr/ih|re	її, їх	ір/і|ре
	im|mer	завжди	ім|ма
die	Im|pa|la, Im|pa|las	Імпала (антилопа)	Ім|па|ла

Eine mittelgroße Antilope, ähnlich wie ein Reh mit Hörnern.

Антилопа середнього розміру, схожа на оленя з рогами.

Айне міттельґроссе Антільопе, енліх ві айн Ри міт Хьорнан.

	in	в	ін
	in der Nä|he	Неподалік	ін дер Не|є
	in die Fe|ri|en fah|ren	Поїхати у відпустку	ін ді Фе|рі|ен фа|рен
	in die Stadt	до міста	ін ді Штат
	in mei|nem Haus	в моєму домі	ін май|нем Хаус
	in Rich|tung	в напрямку	ін Ріх|тунґ
der	In|bus|schlüs|sel, In|bus|schlüs|sel	Шестигранний ключ	Ін|бус|шлюс|сель

ISBN 9783962134808

Ein sechskantiger Schlüssel für Handwerker.

Шестигранний ключ для майстрів.

Айн зекскантіґа Шлюссель фюр Хандверка.

die	In|dia|ne|rin, In|dia|ne|rin|nen	Індіанка	Ін|діа|не|рін
der	In|dia|ner, In|dia|ner	Індіанець	Ін|діа|на
der	In|di|a|ner|häupt|ling, In|di|a|ner|häupt|lin|ge	Індіанський вождь	Ін|діа|на|хойпт|лінґ
die	In|for|ma|tion, In|for|ma|tio|nen	Інформація	Ін|фор|ма|цьйон
	in|for|mie|ren	інформувати	ін|фор|мі|рен
der	In|li|ner, In|li|ner	Роликові ковзани	Ін|лай|на
die	In|line|skates	Роликові ковзани	Ін|лайн|скейтс
die	In|nen|stadt, In|nen|städ|te	Центр міста	Ін|нен|штат
	in|ner|halb	всередині	ін|нер|хальб
das	In|sekt, In|sek|ten	Комаха	Ін|зект

Kleine Tiere wie Käfer, Fliegen und Mücken.

Дрібні тварини, такі як жуки, мухи та комарі.

Кляйне Тіре ві Кєфа, Фліґен унд Мюкен.

die	In|sel, In|seln	Острів	Ін|зель
	in|stal|lie|ren	встановлювати	ін|сталь|лі|рен
das	In|stru|ment, In|stru|men|te	інструмент	Ін|стру|мент
	in|te|res|sant	цікавий	ін|те|рес|сант
das	In|te|res|se, In|te|res|sen	Інтерес	Ін|те|рес|се
	in|te|res|siert	зацікавлений	ін|те|рес|сірт
	in|ter|na|tio|nal	міжнародний	ін|тер|на|ціо|наль
das	In|ter|net	Інтернет	Ін|тер|нет

Ein weltweites Netzwerk für Handys und Computer.

Всесвітня мережа для мобільних телефонів і комп'ютерів.

Айн вельтвайтес Нетцверк фюр Хендіс унд Компута.

das	In|ter|view, In|ter|views	Інтерв'ю	Ін|тер|в'ю
	ins Zim|mer ge|hen	йти в кімнату	інс Цім|ма ґє|єн

Grundschulwörterbuch Deutsch-Ukrainisch
ISBN 9783962134808 interkulturaverlag.de

	ir|gend|ein/ir|gend|ei|ne	будь-який/будь-яка	ір|ґенд|айн/ір|ґенд|ай|не
	ir|gend|wann	коли-небудь	ір|ґенд|ванн
	ir|gend|wie	як-небудь	ір|ґенд|ві
	ir|gend|wo	де-небудь	ір|ґенд|во
	Ir|land	Ірландія	Ір|ланд
	ira|kisch	іракський	іра|кіш

Etwas, das aus Irak kommt, zum Beispiel Tikka.

Щось із Іраку, наприклад Tikka.

Етвас, дас аус Ірак коммт, цум Байшпіль Тікка.

	ira|nisch	іранський	іра|ніш
	Irak	Ірак	Ірак
	Iran	Іран	Іран
	irisch	ірландський	іріш
	ist	є	іст
	ita|li|e|nisch	італійський	іта|лі|е|ніш
	Ita|li|en	Італія	Іта|лі|ен
	ja	так	я
die	Ja|cke, Ja|cken	Піджак	Я|ке
der	Jä|ger, Jä|ger	Мисливець	Є|ґа
der	Ja|nu|ar, Ja|nu|a|re	Січень	Я|ну|ар

Der allererste Monat im Jahr.

Найперший місяць року.

Дер альлєрерсте Монат ім Яр.

die	Jah|res|zeit, Jah|res|zei|ten	Пора року	Я|рес|цайт
das	Jahr, Jah|re	Рік	Яр
der	Jahr|gang, Jahr|gän|ge	Рік народження, рік випуску	Яр|ґанґ
der	Jas|min, Jas|mi|ne	Жасмин	Жа|смін
das	Jau|len	Виття	Яу|лєн
	je|der/je|de/je|des	кожен/кожна/кожне	є|да/є|де/є|дес

	je|mals	будь-коли	є|мальс
	je|mand	хтось	є|манд
die	Jeans	Джинси	Джінс
das	Jen|seits	Поза, за межами	Єн|зайтс
	jetzt	зараз	єтцт
das	Jo-Jo, Jo-Jos	Йо-йо	Йо-йо
der/ das	Jo|ghurt, Jo|ghurts	Йогурт	Йо|ґурт
die	Jo|han|nis|bee|re, Jo|han|nis|bee|ren	Смородина	Йо|хан|ніс|бе|ре
der	Job, Jobs	Робота	Джоб
das	Joch, Jo|che	Ярмо	Йох

Ein Gespann für zwei Kühe oder Ochsen auf dem Feld.

Запряга на дві корови чи волів у полі.

Айн ґешпанн фюр цвай Кює ода Оксен ауф дем Фельд.

der	Jog|ging|an|zug, Jog|ging|an|zü|ge	Костюм для бігу	Джо|ґінґ|ан|цуґ
der	Jon|gleur, Jon|gleu|re	Жонглер	Жон|льор
der	Jour|na|list, Jour|na|lis|ten	Журналіст	Жор|на|ліст
der	Joy|stick, Joy|sticks	Джойстик	Джой|стік
	ju|beln	радіти	ю|бельн
das	Ju|do	Дзюдо	Ю|до
die	Ju|gend	Молодість	Ю|ґенд
der	Ju|gend|li|che, Ju|gend|li|chen	Підлітки, молодь	Ю|ґенд|лі|хе

Ein Mensch, der älter als ein Kind aber jünger als ein Erwachsener ist.

Людина старша за дитину, але молодша за дорослого.

Айн Менш, дер ельта альс айн Кінд абер юнґа альс айн Ерваксена іст.

	Ju|go|sla|wi|en	Югославія	Ю|ґо|сла|вієн
	ju|go|sla|wisch	югославський	ю|ґо|сла|віш
der	Ju|li, Ju|lis	Червень	Ю|лі
der	Ju|ni, Ju|nis	Липень	Ю|ні

Grundschulwörterbuch Deutsch-Ukrainisch
ISBN 9783962134808 interkulturaverlag.de

die	Ju|te, Ju|ten	Джут (гнучка рослина)	Ю|те
das	Ju|wel, Ju|we|len	Дорогоцінний камінь	Ю|вель
der	Jun|ge, Jun|gen	Юнак	Юн|ґе
	jung	юний, молодий	юнґ
	jung - alt	молодий - старий	юнґ - альт
der	Kä|fer, Kä|fer	Жук	Кє|фа
der	Kä|fig, Kä|fi|ge	Клітка	Кє|фіх
der	Ka|kao, Ka|kaos	Какао	Ка|као
der	Ka|len|der, Ka|len|der	Календар	Ка|лєн|да

Eine Liste mit allen Tagen und Monaten im Jahr.

Список усіх днів і місяців року.

Айне лісте міт альлєн Таґен унд Монатен ім Яр.

die	Ka|me|ra, Ka|me|ras	Камера	Ка|ме|ра
der	Ka|me|ra|mann, Ka|me|ra|män|ner	Оператор	Ка|ме|ра|манн
das	Ka|mel, Ka|me|le	Верблюд	Ка|мель
	Ka|na|da	Канада	Ка|на|да
	ka|na|disch	канадський	ка|на|діш
der	Ka|na|ri|en|vo|gel, Ka|na|ri|en|vö|gel	Канарейка	Ка|на|рі|ен|фо|ґель
der	Ka|nal, Ka|nä|le	Канал	Ка|наль

Ein Fluss, der Gewässer miteinander verbindet.

Річка, яка з'єднує водойми.

Айн Флусс, дер Ґевесса мітайнандер фербіндет.

das	Ka|nin|chen, Ka|nin|chen	Кролик	Ка|нін|хен
das	Ka|nu, Ka|nus	Каное	Ка|ну
der	Ka|pi|tän, Ka|pi|tä|ne	Капітан	Ка|пі|тен
	ka|putt ma|chen	ламати	ка|путт ма|хен
das	Ka|ra|te	Карате	Ка|ра|те
die	Ka|ri|ka|tur, Ka|ri|ka|tu|ren	Карикатура	Ка|рі|ка|туа
die	Ka|rot|te, Ka|rot|ten	Морква	Ка|рот|те

interkulturaverlag.de ISBN 9783962134808

das	Ka|rus|sell, Ka|rus|sel|le	Карусель	Ка|рус|сель
der	Kä|se, Kä|se	Сир	Кє|зе
der	Kaf|fee, Kaf|fees	Кава	Каф|фє
der	Kaf|fee|au|to|mat, Kaf|fee|au|to|ma|ten	Кавоварка	Каф|фє|ау|то|мат

Eine Maschine, die Kaffee zubereitet.

Машина для приготування кави.

Айне Машіне, ді Каффє цуберайтет.

die	Kaf|fee|tas|se, Kaf|fee|tas|sen	Кавова чашка	Каф|фє|тас|се
der	Kai|ser|fisch, Kai|ser|fi|sche	Риба-ангел	Кай|за|фіш
der	Kak|tus, Kak|tus|se	Кактус	Как|тус
das	Kalb, Käl|ber	Теля	Кальб
	kalt	холодно	кальт
	käm|men	розчісувати	кем|мен
die	Kam|mer, Kam|mern	Палата, спальня, покої	Кам|ма
der	Kamm, Käm|me	Гребінець	Камм
	kämp|fen	боротися	кемп|фен
das	Kampf|flug|zeug, Kampf|flug|zeug	Винищувач	Кемпф|флуг|цойґ
das	Kän|gu|ru, Kän|gu|rus	Кенгуру	Кен|ґу|ру
die	Kan|ne, Kan|nen	Горщик	Кан|не
die	Kap|pe, Kap|pen	Шапка	Кап|пе
der	Kar|da|mom	Кардамон	Кар|да|мом
die	Kar|te, Kar|ten	Карта	Кар|те
das	Kar|ten|spiel, Kar|ten|spie|le	Гра в карти	Кар|тен|шпіль
die	Kar|tof|fel, Kar|tof|feln	Картопля	Кар|тоф|фель
die	Kar|tof|fel|chip, Kar|tof|fel|chips	Картопляні чіпси	Кар|тоф|фель|чіп
der	Kar|ton, Kar|tons	Картон	Кар|тон
die	Kas|se, Kas|sen	Каса	Кас|се

Grundschulwörterbuch Deutsch-Ukrainisch
ISBN 9783962134808 interkulturaverlag.de

Hier bezahlt man die Dinge, die man kaufen möchte.

Тут ви платите за те, що хочете купити.

Хір бецальт ман ді Дінґе, ді ман кауфен мьохте.

die	Kas|set|te, Kas|set|ten	Касета	Кас|сет|те
der	Kas|sie|rer, Kas|sie|rer	Касир	Кас|сі|ра
die	Kat|ze, Kat|zen	Кішка	Кат|це
das	Kätz|chen, Kätz|chen	Кошеня	Кетц|хен
	kau|fen	купувати	кау|фен
der	Kau|gum|mi, Kau|gum|mis	Жуйка	Кау|ґум|мі
das	Kauf|haus, Kauf|häu|ser	Універмаг	Кауф|хаус
die	Kaul|quap|pe, Kaul|quap|pen	Пуголовок	Кауль|квап|пе
	keh|ren	підмітати	ке|рен
	kein/kei|ne	ніякий/ніяка	кайн/кай|не
der	Keks, Kek|se	Кекс	Кекс
die	Kel|le, Kel|len	Черпак	Кель|лє
die	Kell|ne|rin, Kell|ne|rin|nen	Офіціантка	Кель|не|рін

Eine weibliche Person, die in einem Restaurant das Essen bringt.

Жінка, яка приносить їжу в ресторані.

Айне вайбліхе Перзон, ді ін айнем Ресторан дас Ессен брінґт.

der	Kell|ner, Kell|ner	Офіціант	Кель|на
	ken|nen	знати	кен|нен
	ken|nen|ler|nen	познайомитись	кен|нен|лєр|нен
die	Ker|ze, Ker|zen	Свічка	Кер|це
das	Ket|chup, Ket|chups	Кетчуп	Кет|чуп
die	Ket|te, Ket|ten	Ланцюг	Кет|те
das	Key|board, Key|boards	Клавіатура	Кі|борд

Eine Tastatur eines Personal Computers.

Клавіатура персонального комп'ютера.

Айне Тастатур айнес Перзональ Компутерс.

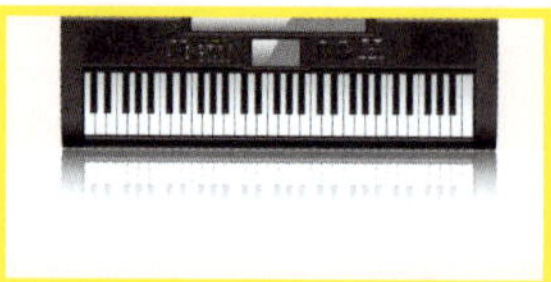

interkulturaverlag.de ISBN 9783962134808

	ki|cken	вдаряти ногою	кі|кен
das	Ki|lo|gramm (Ki|lo), Ki|lo|gramm/ Ki|lo|gram|me (Ki|los)	Кілограм	Кі|льо|ґрамм (Кі|льо)
der	Ki|lo|me|ter, Ki|lo|me|ter	Кілометр	Кі|льо|ме|теа
das	Ki|no, Ki|nos	Кінотеатр	Кі|но
der	Ki|no|saal, Ki|no|sä|le	Кінозал	Кі|но|зааль
der	Kie|fer, Kie|fern	Щелепа	Кі|фа
der	Kie|sel|stein, Kie|sel|stei|ne	Галька	Кі|зель|штайн
die	Kin|der|ärz|tin, Kin|der|ärz|tin|nen	Педіатриня	Кін|да|ерц|тін
der	Kin|der|arzt, Kin|der|ärz|te	Педіатр	Кін|да|арцт
der	Kin|der|gar|ten, Kin|der|gär|ten	Дитячий садок	Кін|да|ґар|тен
die	Kin|der|sen|dung, Kin|der|sen|dun|gen	Дитяче шоу	Кін|да|зен|дунґ
der	Kin|der|wa|gen, Kin|der|wa|gen	Коляска	Кін|да|ва|ґен
das	Kin|der|zim|mer, Kin|der|zim|mer	Дитяча кімната	Кін|да|цім|ма
das	Kind, Kin|der	Дитина	Кінд
die	Kind|heit	Дитинство	Кінд|хайт
der	Kin|der-Hoch|stuhl, Hoch|stüh|le	Дитячий стільчик	Кін|да-Хох|штуль
das	Kinn, Kinns	Підборіддя	Кінн
der	Ki|osk, Kios|ke	Кіоск	Кі|оск

Ein kleiner Einkaufsladen mit verschiedenen Dingen.

Невеликий магазин з різними речами.

Айн кляйна Айнкауфсладен міт фершіденен Дінґен.

die	Kir|che, Kir|chen	Церква	Кір|хе
die	Kir|sche, Kir|schen	Вишня	Кір|ше
das	Kis|sen, Kis|sen	Подушка	Кіс|сен
	kit|zeln	лоскотати	кіт|цельн
das	Kitz, Kit|ze	Дитя оленя	Кітц
das	Kla|vier, Kla|vie|re	фортепіано	Кла|віа
der	Kla|vier|spie|ler, Kla|vier|spie|ler	Піаніст	Клавіа|шпі|ла

Grundschulwörterbuch Deutsch-Ukrainisch
ISBN 9783962134808 interkulturaverlag.de

Eine Person, die Klavier spielt.

Людина, яка грає на піаніно.

Айне перзон, ді Клавіа шпільт.

der	Klang, Klän|ge	звук	Кланґ
	klar	ясно	клар
	klas|se	класний	клас|се
die	Klas|se, Klas|sen	Клас	Клас|се
die	Klas|sen|ar|beit, Klas|sen|ar|bei|ten	Класна робота	Клас|сен|ар|байт
die	Klas|sen|leh|re|rin, Klas|sen|leh|re|rin|nen	Класна керівниця	Клас|сен|лє|ре|рін
der	Klas|sen|leh|rer, Klas|sen|leh|rer	Класний керівник	Клас|сен|лє|ра
	klat|schen	плескати	клат|чен
	Klat|schen, das	Плескання	Клат|чен, дас
der	Klau|en|ham|mer, Klau|en|häm|mer	Молоток-цвяходер	Клау|ен|хам|ма

Ein Hammer, mit dem Nägel eingeschlagen und entfernt werden.

Молоток, який використовується для забивання та висмикування цвяхів.

Айн Хамма, міт дем Неґель айнґешлаґен унд ентфернт верден.

der	Kle|be|band|ab|rol|ler, Kle|be|band|ab|rol|ler	Диспенсер для клейкої стрічки	Клє|бе|банд|аб|роль|ла
der	Kle|be|stift, Kle|be|stif|te	Клей-олівець	Клє|бе|штіфт
	kle|ben	клеїти	клє|бен
der	Kle|ber, Kle|ber	Клей	Клє|ба
der	Kleb|stoff, Kleb|stof|fe	Клей	Клєб|штофф
die	Klei|der|grö|ße, Klei|der|grö|ßen	Розмір сукні	Кляй|да|ґрьо|ссе
der	Klei|der|schrank, Klei|der|schrän|ke	Гардероб	Кляй|да|шранк
der	Klei|der|stän|der, Klei|der|stän|der	Вішалка для одягу	Кляй|да|штен|да
die	Klei|dung, Klei|dun|gen	Одяг	Кляй|дунґ
das	Klei|dungs|zu|be|hör, Klei|dungs|zu|be|hö|re	Аксесуари до одягу	Кляй|дунґс|цу|бе|хьоа
	klei|ner als	менший за	кляй|на альс
das	Kleid, Klei|der	Плаття	Кляйд

interkulturaverlag.de ISBN 9783962134808

	klein	маленький	кляйн
	klein – klei|ner – am kleins|ten	маленький — менший — найменший	кляйн — кляй|на — ам кляйн|стен
die	Klet|ter|burg, Klet|ter|bur|gen	Ігровий комлекс "за́мок для лазіння, взбирання"	Клєт|та|бурґ
das	Klet|ter|ge|rüst, Klet|ter|ge|rüs|te	Ігрова конструкція для лазіння, взбирання	Клєт|та|ґе|рюст
das	Klet|tern	лазити, взбиратись	Клєт|тан
	klet|tern	лазити, взбиратись	клєт|тан
die	Kli|ma|an|la|ge, Kli|ma|an|la|gen	Кондиціонер	Клі|ма|ан|ла|ґе

Ein Gerät, das die Luft im Raum kalt macht.

Прилад, який охолоджує повітря в приміщенні.

Айн Ґерет, дас ді Луфт ім Раум кальт махт.

die	Klin|ge, Klin|gen	Лезо	Клін|ґе
die	Klin|gel, Klin|geln	Дзвоник	Клін|ґель
der	Klin|gel|ton, Klin|gel|tö|ne	Сигнал дзвінка	Клін|ґе|тон
	klin|geln	дзвонити	клін|ґельн
	klin|gen	звучати	клін|ґен
die	Klip|pe, Klip|pen	Скеля	Кліп|пе
das	Klo, Klos	Туалет	Кльо
das	Klo|pa|pier, Klo|pa|pie|re	Туалетний папір	Кльо|па|пір
	klop|fen	бити	кльоп|фен
der	Klotz, Klöt|ze	Колода	Кльотц
der	Klub, Klubs	Клуб	Клюб
	klug	розумний	клуґ
die	Kne|te	Пластилін	Кне|те
	kne|ten	ліпити	кне|тен
	kni|en	стати на коліна	кні|єн
das	Knie, Knie	Коліно	Кні
der	Knö|chel, Knö|chel	Щиколотка	Кньо|хель

Grundschulwörterbuch Deutsch-Ukrainisch
ISBN 9783962134808 interkulturaverlag.de

K

Der Knochen zwischen dem Fuß und dem Ende des Beines.

Кістка між стопою і кінцем гомілки.

Дер Кньохен цвішен дем Фусс унд дем Енде дес Байнес.

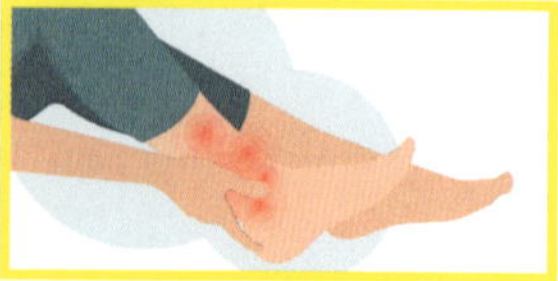

der	Kno|chen, Kno|chen	Кістка	Кно|хен
der	Knob|lauch	Часник	Кноб|лаух
die	Knol|le, Knol|len	Бульба (пагін)	Кноль|лє
der	Knopf, Knöp|fe	Кнопка	Кнопф
die	Knos|pe, Knos|pen	Бутон	Кнос|пе
	ko|chen	готувати	ко|хен
die	Kö|chin, Kö|chin|nen	Куховарка	Кьо|хін
der	Köder	Принада	Кьо|да

Ein Leckerbissen, mit dem man Tiere und Fische fangen kann.

Ласощі, на які можна ловити тварин і риб.

Айн Лєкабіссен, міт дем ман Тіре унд Фіше фанґен канн.

die	Ko|kos|nuss, Ko|kos|nüs|se	Кокосовий горіх	Ко|кос|нусс
die	Ko|kos|pal|me, Ko|kos|pal|men	Кокосова пальма	Ко|кос|паль|ме
der	Ko|li|bri, Ko|li|bris	Колібрі	Ко|лі|брі
	ko|misch	смішно (в негативному плані)	ко|міш
die	Kö|ni|gin, Kö|ni|gin|nen	Королева	Кьо|ні|ґін
der	Kö|nig, Kö|ni|ge	Король	Кьо|ніх
der	Kö|nig, Kö|ni|ge	Король	Кьо|ніх
das	Kö|nig|reich, Kö|nig|rei|che	Королівство	Кьо|ніґ|райх
die	Ko|pie, Ko|pien	Копія	Ко|пі
	ko|pie|ren	копіювати	ко|пі|рен

Die Vervielfachung von etwas, wie zum Beispiel von einem Blatt Papier.

Мультиплікація чогось, наприклад аркуша паперу.

Ді Ферфільфахунґ фон етвас, ві цум Байшпіль фон айнем Блатт Папір.

die	Ko|ral|le, Ko|ral|len	Корал	Ко|раль|лє

interkulturaverlag.de ISBN 9783962134808

der	Ko|ran	Коран	Ко|ран
der	Koa|la, Koa|las	Коала	Ко|аля
der	Koch, Kö|che	Шеф-кухар	Кох
das	Koch|buch, Koch|bü|cher	Кулінарна книга	Кох|бух
	koch|en	готувати	ко|хен
das	Koch|re|zept, Koch|re|zep|te	Рецепт приготування	Кох|ре|цепт
das	Koch|sieb, Koch|sie|be	Друшляк	Кох|зіб
der	Koch|topf, Koch|töp|fe	Каструля	Кох|топф
der	Kof|fer, Kof|fer	Валіза	Коф|фа
die	Koh|le, Koh|len	Вугілля	Ко|лє

Ein schwarzer Stein, der beim Verbrennen Öfen und Heizungen warm macht.

Чорний камінь, який при горінні зігріває печі та обігрівачі.

Айн шварца Штайн, дер байм фербреннен Уьофен унд Хайцунґен варм махт.

der	Kohl, Koh|le	Капуста	Коль
	kom|men	приходити	ком|мен
die	Kom|mo|de, Kom|mo|den	Комод	Ком|мо|де
der	Kom|pass, Kom|pas|se	Компас	Ком|пасс
der	Kom|post, Kom|pos|te	Компост (добрива)	Ком|пост
	kön|nen	могти	кьон|нен
die	Kon|ser|ve, Kon|ser|ven	Консерва	Кон|сер|ве

Essen in einer Dose, das länger haltbar ist.

Їжа в банці, яка має довший термін зберігання.

Ессен ін айна Дозе, дас лєнґа хальтбар іст.

der	Kon|ti|nent, Kon|ti|nen|te	Континент	Кон|ті|нент
	Kon|to er|öff|nen	Відкрити рахунок	Кон|то ер|уьофф|нен
das	Kon|to, Kon|tos/Kon|ten	Рахунок в банку	Кон|то
	kon|trol|lie|ren	контролювати	кон|троль|лі|рен
der	Kon|troll|turm, Kon|troll|tür|me	Диспетчерська вишка	Кон|троль|турм

Grundschulwörterbuch Deutsch-Ukrainisch
ISBN 9783962134808 interkulturaverlag.de

die	Kon|zen|tra|tion	Концентрація	Кон|цен|тра|цьйон
das	Kon|zert, Kon|zer|te	Концерт	Кон|церт
die	Kon|zert|hal|le, Kon|zert|hal|le	Концертний зал	Кон|церт|халь|лє

Ein riesiger Raum für Musikvorführungen.

Величезний зал для музичних виступів.

Айн різіґа Раум фюр Музікфорфюрунґен.

der	Kopf, Köp|fe	Голова	Копф
der	Kopf|hö|rer, Kopf|hö|rer	Навушники	Копф|хьо|ра
das	Kopf|kis|sen, Kopf|kis|sen	Подушка	Копф|кіс|сен
der	Kopf|schmerz, Kopf|schmer|zen	Головний біль	Копф|шмерц
das	Kopf|tuch, Kopf|tü|cher	Хустка	Копф|тух
der	Kor|ken|zie|her, Kor|ken|zie|her	Штопор	Кор|кен|ці|я

Damit kann man Flaschen öffnen, in denen ein Stöpsel steckt.

Ви можете використовувати його для відкриття пляшок із пробкою.

Даміт канн ман Фляшен уьоффнен, ін денен айн Штьопсель штект.

der	Kör|per, Kör|per	Тіло	Кьор|па
	kor|ri|gie|ren	виправляти	кор|рі|ґі|рен
der	Korb, Kör|be	Кошик	Корб
das	Korn, Kör|ner	Зерно	Корн
	kos|ten	коштувати	кос|тен
das	Kos|tüm, Kos|tü|me	Костюм	Кос|тюм
der	Krä|cker, Krä|cker	Крекер	Кре|кеа
der	Kra|gen, Kra|gen	Комір	Кра|ґен

Teil von einem Hemd oder einer Jacke, der sich um den Hals legt.

Частина сорочки або піджака, яка охоплює шию.

Тайль фон айнем Хемд ода айна Яке, дер зіх ум ден Хальс леґт.

die	Kra|ke, Kra|ken	Восьминіг	Кра|ке
die	Kra|wat|te, Kra|wat|ten	Краватка	Кра|ват|те

ISBN 9783962134808

die	Krab|be, Krab|ben	Краб	Краб|бе
der	Krach	Шум	Крах
	kräf|tig	Потужний	креф|тіх
die	Kraft, Kräf|te	Сила, потужність	Крафт
der	Kran, Kra|ne	Підйомний кран	Кран

Ein riesiges Fahrzeug, das schwere Sachen hochheben kann.

Величезний транспортний засіб, який може піднімати важкі речі.

Айн різіґес фарцойґ, дас швере захен хоххебен канн.

das	Kran|ken|haus, Kran|ken|häu|ser	Лікарня	Кран|кен|хаус
der	Kran|ken|pfle|ger, Kran|ken|pfle|ger	Санітар	Кран|кен|пфлє|ґа
die	Kran|ken|schwes|ter, Kran|ken|schwes|tern	Медсестра	Кран|кен|швес|та
die	Kran|ken|tra|ge, Kran|ken|tra|gen	Носилки	Кран|кен|тра|ґе
der	Kran|ken|wa|gen, Kran|ken|wa|gen	Швидка допомога	Кран|кен|ва|ґен
	krank	хворий	кранк
	krank sein	бути хворим	кранк зайн
die	Krank|heit, Krank|hei|ten	Хвороба	Кранк|хайт
	krat|zen	Дряпати, царапати	крат|цен
	krat|zig	колючий	крат|ціх
die	Kräu|ter	Трави	Крой|та
der	Krebs, Kreb|se	Рак	Кребс
die	Krei|de, Krei|den	Крейда	Край|де
der	Krei|sel, Krei|sel	Дзиґа	Край|зель
der	Kreis, Krei|se	Коло	Крайс
der	Kreis|ver|kehr	Круговий рух	Крайс|фер|кєа

Ein Kreis auf der Straße, Autos fahren rein und raus.

Коло на дорозі, коли машини заїжджають і виїжджають.

Айн Крайс айф дер Штрассе, Аутос фарен райн унд раус.

die	Kreu|zung, Kreu|zun|gen	Перехрестя	Крой|цунґ
das	Kreuz, Kreu|ze	Хрестик	Кройц

Grundschulwörterbuch Deutsch-Ukrainisch
ISBN 9783962134808 interkulturaverlag.de

das	Kreuz|fahrt|schiff, Kreuz|fahrt|schif|fe	Круїзний корабель	Кройц|фарт|шіфф
das	Kri|cket	Крикет	Крі|кет
der/ der	Kri|cket|ball und -Schlä|ger	Крикетний м'яч і біта	Крі|кет|баль унд Шлє|ґа
	krie|chen	повзати	крі|хен
der	Kris|tall, Kris|tal|le	Кристал	Кріс|таль

Ein schöner, wertvoller Stein aus Glas.

Гарний, цінний камінь зі скла.

Айн шьона, вертфольла Штайн аус Ґлас.

das	Kro|ko|dil, Kro|ko|di|le	Крокодил	Кро|ко|діль
die	Kro|ne, Kro|nen	Корона	Кро|не
die	Krü|cken	Милиці	Крю|кен
der	Krug, Krü|ge	Глечик	Круґ
die	Kü|che, Kü|chen	Кухня	Кю|хе
der	Ku|chen, Ku|chen	Пиріг	Ку|хен
der	Kü|chen|tisch, Kü|chen|ti|sche	Кухонний стіл	Кю|хен|тіш
der	Ku|ckuck, Ku|cku|cke	зозуля	Ку|кук

Ein Vogel mit spitzem Schnabel, der an Bäumen klopft.

Птах із загостреним дзьобом, який стукає по деревах.

Айн Фоґель міт шпітцем Шнабель, дер ан Боймен кльопфт.

der	Ku|gel|schrei|ber, Ku|gel|schrei|ber	Кулькова ручка	Ку|ґель|шрай|ба
das	Kü|ken, Kü|ken	Пташеня	Кю|кен
der	Ku|li, Ku|lis	Кулькова ручка, перо	Кю|лі
	ku|scheln	обійматися	ку|шельн
die	Kuh	Корова	Ку
die	Kuh, Kü|he	Корова	Ку
die	küh|len|de Cre|me, küh|len|de Cre|mes	Охолоджуючий крем	кю|лєн|де Кре|ме
	kühl	прохолодний, свіжий	кюль
der/ der	Kühl|schrank, Kühl|schrän|ke	Холодильник	Кюль|шранк

der	Kum|mer	Горе, смуток	Кум|ма
der/ der	Kun|de, Kun|den	Клієнт	Кун|де

Ein Mensch, der in einem Laden einkauft, ist ein Kunde.

Людина, яка робить покупки в магазині, є клієнтом.

Айн Менш, дер ін айнем Ладен айнкауфт, іст айн Кунде.

die	Kunst, Küns|te	Мистецтво	Кунст
die	Künst|le|rin, Künst|le|rin|nen	Митчиня	Кюнст|лє|рін
der	Künst|ler, Künst|ler	Митець	Кюнст|ла
	künst|lich	штучно	кюнст|ліх
der	Kunst|stoff, Kunst|stof|fe	Пластик	Кунст|штофф
der	Kür|bis, Kür|bis|se	Гарбуз	Кюр|біс
die	Kur|ve, Kur|ven	Крива, вигин	Кур|ве
die	Kur|ze Ho|se, Kur|ze Ho|sen	Шорти	Кур|це Хо|зе
	kurz	короткий	курц
	kurz - lang	короткий - довгий	курц - ланґ
	küs|sen	цілувати	кюс|сен
die	Küs|te, Küs|ten	Узбережжя	Кюс|те

Der Übergang von Meer zu Land.

Перехід з моря на сушу.

Дер Уьоберґанґ фон Меа цу Ланд.

der	Kuss, Küs|se	Поцілунок	Кусс
das	La|bor, La|bors/La|bo|re	Лабораторія	Ла|боа
das	La|by|rinth, La|by|rin|the	Лабіринт	Ла|бі|ринт
das	Lä|cheln	Посмішка	Лє|хельн
	lä|cheln	усміхатись	лє|хельн
	la|chen	сміятись	ла|хен
	la|den	завантажувати	ла|ден
der	La|den, Lä|den	Крамниця, магазин	Ла|ден
der	La|den|be|sit|zer, La|den|be|sit|zer	Крамар, власник магазину	Ла|ден|бе|зіт|ца

Grundschulwörterbuch Deutsch-Ukrainisch
ISBN 9783962134808 interkulturaverlag.de

das	La|ger|feu|er, La|ger|feu|er	Багаття	Ла|ґер|фой|я
das	La|ken, La|ken	Аркуш	Ла|кен
das	La|ma, La|mas	Лама	Ла|ма
die	Lam|pe, Lam|pen	Лампа	Лам|пе
das	Lamm, Läm|mer	Ягня	Ламм

Das flauschige Baby von einem Schaf.

Пухнасте дитинча вівці.

Дас флаушіґе Бейбі фон айнем Шаф.

die	Lan|dung, Lan|dun|gen	Приземлення	Лан|дунґ
das	lan|ge Kleid, lan|ge Klei|der	Довга сукня	Лан|ґе Кляйд
die	Län|ge, Län|gen	Довжина	Лєн|ґе
das	Land, Län|der	Країна	Ланд
die	Land|kar|te, Land|kar|ten	Карта	Ланд|кар|те
die	Land|schaft, Landschaften	Пейзаж, ландшафт	Ланд|шафт
	lang	довгий	ланґ
	lang|wei|lig	нудний	ланґ|вай|ліх
der	Lap|top, Lap|tops	Ноутбук	Лап|топ
der	Lärm	Шум	Лєрм
	las|sen	дозволити	лас|сен
der	Last|wa|gen, Last|wa|gen	Вантажівка	Ласт|ва|ґен
die	Latz|ho|se, Latz|ho|sen	Комбінезон	Латц|хо|зе
	lau|fen	бігти	лау|фен
	Lau|fen, das	Біг	Лау|фен
der	Läu|fer, Läu|fer	Бігун	Льой|фер
die	Lau|ne, Lau|nen	Настрій	Лау|не
das	Laub	Листя	Лауб
der	Lauf|ler|ner, Lauf|ler|ner	Ходунки	Лауф|лєр|на
die	Laus, Läu|se	Воша	Лаус

Ein winziges Insekt, das gerne in Haaren und Fell wohnt.

Крихітна комаха, яка любить жити у волоссі та хутрі.

Айн вінціґес Інзект, дас ґерне ін Хаарен унд Фель вонт.

	laut	згідно	лаут
der	Laut, Lau|te	звук	Лаут
die	Laut|stär|ke, Laut|stär|ken	Гучність	Лаут|штер|ке
	le|ben	жити	лє|бен
das	Le|ben, Le|ben	Життя	Лє|бен
das	Le|bens|mit|tel, Le|bens|mit|tel	Продукти харчування	Лє|бенс|міт|тель
der	Le|bens|mit|tel|händ|ler, Le|bens|mit|tel|händ|ler	Бакалійник, торговець продуктів харчування	Лє|бенс|міт|тель|хенд|ла

Eine Person, die Essen und Trinken verkauft.

Людина, яка продає їжу та напої.

Айне Перзон, ді Ессен унд Трінкен феркауфт.

die	Le|ber, Le|bern	Печінка	Лє|ба
	le|cker	смачно	лє|ка
das	Le|der	Шкіра (матеріал)	Лє|да
	le|gen	класти	лє|ґен
	le|sen	читати	лє|зен
	Le|sen, das	читання	Лє|зен
	leer	порожній	леа
die	Leh|re|rin, Leh|re|rin|nen	Вчителька	Лє|ре|рін
der	Leh|rer, Leh|rer	Вчитель	Лє|ра
das	Lehr|buch, Lehr|bü|cher	Підручник	Лєр|бух
der	Lehr|plan, Lehr|plä|ne	Навчальний план	Лєр|план

Die Lernprogramm für die Lehrer.

Навчальна програма для вчителів.

Ді Лєрнпроґрамм фюр ді Лєра.

	lei|hen	позичати	ляй|єн
die	Lei|ne, Lei|nen	Мотузка	Ляй|не

Grundschulwörterbuch Deutsch-Ukrainisch
ISBN 9783962134808 interkulturaverlag.de

	lei|se	тихо	ляй|зе
die	Lei|ter, Lei|tern	Директор	Ляй|та
	leicht	легкий	ляйхт
die	Leicht|ath|le|tik	Легка атлетика	Ляйхт|ат|лє|тік
das	Leid	Біль, страждання	Ляйд

Wenn man sich sehr schlecht fühlt, spürt man Leid.

Коли вам дуже погано, ви відчуваєте страждання.

Венн ман зіх зер шлєхт фюльт, шпюрт ман Ляйд.

	leid|tun	ранити	ляйд тун
die	Leitung, Lei|tun|gen	Управління	Ляй|тунґ
das	Lenk|rad, Lenk|rä|der	Кермо	Лєнк|рад
der	Leo|pard, Leo|par|den	Леопард	Лєо|пард
	ler|nen	вчитися	лєр|нен
	letz|ter/letz|te/letz|tes	останній/остання/ останнє	лєтц|тер/лєтц|те/ лєтц|тес
die	Leu|te	Люди	Льой|те
der	Leucht|turm, Leucht|tür|me	Маяк	Льойхт|турм

Ein hoher, leuchtender Turm, der Schiffen den Weg zeigt.

Висока сяюча вежа, яка вказує шлях кораблям.

Айн хоха, льойхтенда Турм, дер Шіффен ден Веґ цайґт.

die	Li|bel|le, Li|bel|len	Бабка (комаха)	Лі|бель|лє
	li|la	фіолетовий	лі|ля
die	Li|lie, Li|lien	Лілія	Лі|лiє
die	Li|mo|na|de, Li|mo|na|den	Лимонад	Лі|мо|на|де
das	Li|ne|al, Li|nea|le	Лінійка	Лі|не|аль
die	Li|nie, Li|ni|en	Лінія	Лі|ніє
der	Li|ter, Li|ter	Літр	Лі|та
das	Licht, Lich|ter	Світло	Ліхт
die	Lie|be	Любов, кохання	Лі|бе
	lie|ben	любити, кохати	лі|бен

interkulturaverlag.de ISBN 9783962134808

	Lie|ber Tom, ...	Любий Томе, ...	Лі|ба Том, ...
die	Lie|fe|rung, Lie|fe|run|gen	Доставка	Лі|фе|рунґ

Pakete, die gekaufte Dinge beinhalten und versendet werden.

Пакунки, що містять придбані речі та підлягають відправленню.

Пакете, ді ґекауфте Дінґе беінхальтен унд ферзендет верден.

der	Lie|fer|jun|ge, Lie|fer|jun|gen	Кур'єр	Лі|фер|юн|ґе
der	Lie|fer|wa|gen, Lie|fer|wä|gen	Вантажівка доставки	Лі|фа|ва|ґен
	lie|fern	доставляти	лі|ферн
die	Lie|ge, Lie|gen	Лежак	Лі|ґе
der	Lie|ge|stuhl, Lie|ge|stüh|le	Шезлонг	Лі|ґе|штуль
	lie|gen	лежати	лі|ґен
	lieb	дорогий (серцю), любимий	ліб
der	Lieb|ling, Lieb|lin|ge	Коханий	Ліб|лінґ
	Lieb|lings-	улюблений	Ліб|лінґс-
das	Lied, Lie|der	Пісня	Лід
die	Lin|sen	Лінзи	Лін|зен
	links	ліворуч	лінкс
die	Lip|pe, Lip|pen	Губа	Ліппе
der	Lip|pen|stift, Lip|pen|stif|te	Губна помада	Ліп|пен|штіфт
	lo|ben	хвалити	льо|бен
der	Lo|cher, Lo|cher	Перфоратор	Льо|ха
die	Lo|cke, Lo|cken	Завиток	Льо|ке

Eine gekräuselte Haarsträhne ist eine Locke.

Накручене пасмо волосся - це завиток.

Айне ґекройзельте Хааржтрене іст айне Льоке.

die	Lo|gik, Lo|gi|ken	Логіка	Льо|ґік
die	Lo|ko|mo|ti|ve (Lok), Lo|ko|mo|ti|ven (Loks)	Локомотив	Льо|ко|мо|ті|ве
der	Lo|tus, Lo|tu|se	Лотос	Льо|тус

Grundschulwörterbuch Deutsch-Ukrainisch
ISBN 9783962134808 interkulturaverlag.de

der	Lö|we, Lö|wen	Лев	Льо|ве
das	Loch, Lö|cher	Отвір	Льох
der	Löf|fel, Löf|fel	Ложка	Льоф|фель
	lo|gisch	логічний	льо|ґіш
der	Lol|li|pop, Lol|li|pops	Льодяник	Льоль|лі|поп
die	Lös|ung, Lö|sun|gen	Рішення	Льо|зунґ
	lü|gen	брехати	лю|ґен
die	Lu|ke, Lu|ken	Люк	Лу|ке

Eine kleine Öffnung, durch die man rein- und rausgehen kann.

Невеликий отвір, через який можна заходити і виходити.

Айне кляйне Уьоффнунґ, дурх ді ман райн- унд раусґеєн канн.

die	Luft, Lüf|te	Повітря	Луфт
der	Luft|bal|lon, Luft|bal|lons	Повітряна куля	Луфт|баль|льон
das	Luft|kis|sen|boot, Luft|kis|sen|boo|te	Судно на повітряній подушці	Луфт|кіссен|боот
der	Luft|trans|port	Повітряний транспорт	Луфт|транс|порт
die	Lun|ge, Lun|ge	Легені	Лун|ґе
	lus|tig	смішно	лус|тіх
der	Lut|scher, Lut|scher	Льодяник	Лут|ча
die	Ly|ra, Ly|ren	Ліра	Лю|ра

Ein altes Streichinstrument aus Griechenland.

Старовинний струнний інструмент з Греції.

Айн альтес Штрайхінструмент аус ґріхенланд.

	ma|chen	робити	ма|хен
der	Ma|gen, Mä|gen	Живіт	Ма|ґен
die	Ma|gie	Магія	Ма|ґі
der	Ma|gnet, Ma|gne|ten	Магніт	Ма|ґнет
	mä|hen	косити	ме|єн
	ma|len	малювати	ма|лєн
	Ma|len, das	Малювання	Ма|лєн

der	Ma|ler, Ma|ler	Художник, маляр	Ма|ла
die	Ma|ma, Ma|mas	Мама	Ма|ма
der	Ma|ri|en|kä|fer, Ma|ri|en|kä|fer	Сонечка (Божа корівка)	Ма|рі|ен|кє|фа
die	Ma|rio|net|te, Ma|rio|net|ten	Лялька, маріонетка	Ма|ріо|нет|те

Eine Puppe mit Fäden, an denen man sie bewegen kann.

Лялька з ниточками, за допомогою яких її можна рухати.

Айне Пуппе міт Феден, ан денен ман зі бевеґен канн.

die	Ma|schi|ne, Ma|schi|nen	Механізм, машина (не авто)	Ма|ші|не
das	Ma|te|ri|al, Ma|te|ri|a|li|en	Матеріал	Ма|те|ріаль
die	Ma|the|ma|tik, Ma|the	Математика	Ма|те|ма|тік
die	Macht, Mäch|te	Потужність, могутність, сила, влада	Махт
das	Mäd|chen, Mäd|chen	Дівчинка	Мед|хен
	mag|ne|tisch	магнітний	маг|нє|тіш
	mah|len	подрібнювати	ма|лєн
die	Mäh|ne, Mäh|nen	Грива	Ме|не

Lange, volle Haare wie die eines Löwen.

Довге, густе волосся, як у лева.

Ланґе, фольлє Хааре ві ді айнес Львовен.

die	Mahl|zeit, Mahl|zei|ten	Час прийому їжі, час їсти	Маль|цайт
der	Mai, Maie	Травень	Май
der	Mais	Кукурудза	Майс
	mal	раз	маль
die	Man|del, Man|deln	Мигдаль	Ман|дель
das	Man|go-Ge|tränk, Man|go-Ge|tränke	Напій з манго	Ман|ґо-ґе|тренк
die	Man|go, Man|gos	Манго	Ман|ґо
der	Man|tel, Män|tel	Пальто	Ман|тель

Grundschulwörterbuch Deutsch-Ukrainisch
ISBN 9783962134808 interkulturaverlag.de

Eine lange Jacke für den Herbst und Winter.

Довга куртка на осінь та зиму.

Айне ланґе Яке фюр ден Хербст унд Вінта.

	manch|mal	іноді	манх|маль
der	Mann, Män|ner	Чоловік	Манн
	männlich adj.	чоловічий	менн|ліх
die	Map|pe, Map|pen	Папка	Мап|пе
das	Mäpp|chen, Mäpp|chen	Пенал	Мепп|хен
das	Mär|chen, Mär|chen	Казка	Мер|хен
der	Mär|chen|prinz, Mär|chen|prin|zen	Чарівний принц	Мер|хен|прінц

Ein Prinz aus einer Märchen-Geschichte.

Принц з казки.

Айн Прінц аус айна Мерхен-Ґешіхте.

die	Mar|me|la|de, Mar|me|la|den	Варення	Мар|ме|ла|де
der	Mar|mor, Mar|mo|re	Мармур	Мар|моа
	mar|schie|ren	маршувати	мар|ші|рен
der	Markt, Märk|te	Ринок	Маркт
der	März, Mär|ze	Березень	Мерц
die	Mas|ke, Mas|ken	Маска	Мас|ке
der	Mast, Mäs|te	Щогла	Маст
das	Match, Mat|che/Mat|ches	Матч	Метч
der	Mau|rer, Mau|rer	Муляр	Мау|ра
das	Maul|tier, Maul|tie|re	Мул	Мауль|тіа
der	Maul|wurf, Maul|wür|fe	Кріт	Мауль|вурф
die	Maus, Mäu|se	Миша	Маус
der	Me|cha|ni|ker, Me|cha|ni|ker	Механік	Ме|ха|ні|ка
die	Me|dail|le, Me|dail|len	Медаль	Ме|дайль|лє

Eine Kette als Auszeichnung, wenn man gewonnen hat.

Ланцюжок в якості нагороди за виграш.

Айне Кетте альс Аусцайхнунґ, венн ман ґевоннен хат.

das	Me|di|ka|ment, Me|di|ka|men|te	Ліки	Ме|ді|ка|мент
das	me|di|zi|ni|sches Fach|buch, me|di|zi|ni|sche Fach|bü|cher	Медичний підручник	ме|ді|ці|ні|шес фах|бух
die	Me|di|zin, Me|di|zi|nen	Медицина	Ме|ді|цін
die	Me|lo|ne, Me|lo|nen	Диня	Ме|льо|не
die	Me|tall|sä|ge, Me|tall|sä|gen	Ножівка по металу	Ме|таль|зе|ґе

Ein Messer, mit dem man hartes Metall durchschneiden kann.

Ніж, який може розрізати твердий метал.

Айн Месса, міт дем ман хартес Металь дурхшнайден канн.

der	Me|ter, Me|ter	Метр	Ме|та
	Meck|len|burg-Vor|pom|mern	Мекленбург-Передня Померанія	Мек|лєн|буаґ-фор|пом|мерн
die	Mee|res|mu|schel, Mee|res|mu|scheln	Морська мушля	Мєа|рес|му|шель
das	Meer, Mee|re	Море	Мєа
die	Meer|jung|frau, Meer|jung|frau|en	Русалка	Мєа|юнґ|фрау
das	Meer|schwein|chen, Meer|schwein|chen	Морська свинка	Мєа|швайн|хен
	meh|re|re	декілька	ме|ре|ре
das	Mehl	Борошно	Мель
die	Mehr|heit, Mehr|hei|ten	Більшість	Мєр|хайт
die	Mei|le, Mei|len	Миля	Май|лє
	mei|nen	мати на увазі	май|нен
	mei|ner/mei|ne/meins	мій/моя/моє	май|на/май|не/майнс
die	Mei|nung, Mei|nun|gen	Думка	Май|нунґ
	mein Lieb|lings|stift	Моя улюблена ручка	Майн Ліб|лінґс|штіфт
	mein/mei|ne	мій/моя	майн/май|не
die	Meise, Mei|sen	Синиця	Май|зе
	Mek|ka	Мекка	Мек|ка
die	Men|ge, Men|gen	Кількість	Мен|ґе
die	Men|schen, Men|schen	Люди	Мен|шен
der	Mensch, Men|schen	Людина	Менш

Grundschulwörterbuch Deutsch-Ukrainisch
ISBN 9783962134808 interkulturaverlag.de

M

	mes|sen	міряти	мес|сен

Wenn man die Länge oder Höhe von etwas herausfinden will.

Коли ви хочете дізнатися довжину або висоту чогось.

Венн ман ді Ленґе ода Хьохе фон етвас хераусфінден віль.

das	Mes|ser, Mes|ser	Ніж	Мес|са
die	Metz|ge|rei, Metz|ge|rei|en	М'ясна лавка	Метц|ґе|рай
die	Metz|ge|rin, Metz|ge|rin|nen	Жінка-м'ясник	Метц|ґе|рін
der	Metz|ger, Metz|ger	М'ясник	Метц|ґа
die	Mi|kro|wel|le, Mi|kro|wel|len	Мікрохвильовка	Мі|кро|вель|лє
der	Mi|kro|wel|len|ofen, Mi|kro|wel|len|öfen	Мікрохвильова піч	Мі|кро|вель|лєн|офен
das	Mi|na|rett, Mi|na|ret|te/Mi|na|retts	Мінарет	Мі|на|ретт
das	Mi|ne|ral|was|ser	Мінеральна вода	Мі|не|раль|вас|са
die	Mi|nu|te, Mi|nu|ten	Хвилина	Мі|ну|те
	mi|schen	змішувати	мі|шен
der	Mi|xer, Mi|xer	Міксер	Мі|кса
	miau|en	нявкати, мявкати	м'яу|ен
	mich	мене	міх
	mie|ten	орендувати	мі|тен

Wenn man gegen Geld etwas ausleiht, zum Beispiel eine Wohnung.

Якщо ви позичаєте щось за гроші, наприклад квартиру.

Венн ман ґеґен Ґельд етвас аусляйт, цум Байшпіль айне Вонунґ.

der	Mil|li|me|ter, Mil|li|me|ter	Міліметр	Мі|лі|ме|та
die	Mil|lion, Mil|lio|nen	Мільйон	Міль|йон
die	Milch	Молоко	Мільх
die	Milch|kan|ne, Milch|kan|nen	Банка для молока	Мільх|кан|не
der	Milch|mann, Milch|män|ner	Молочник	Мільх|манн
der	Milch|shake, Milch|shakes	Молочний коктейль	Мільх|шейк
die	Min|ze	М'ята	Мін|це

interkulturaverlag.de ISBN 9783962134808

die	Mini-Ei|sen|bahn, Mini-Ei|sen|bah|nen	Міні-фігура "Поїзд"	Міні-Ай|зен|бан
	mir	мені	міа
	mit	з, із	міт
	mit|ar|bei|ten	співпрацювати	міт|ар|бай|тен
	mit|füh|len	співчувати	міт|фю|лєн

Wenn man Schmerz und Glück anderer Menschen mitempfinden kann.

Коли ти можеш співпереживати болю та щастю інших людей.

Венн ман Шмерц унд Ґлюк андера Меншен мітемпфінден канн.

das	Mit|ge|fühl	Співчуття	Міт|ґе|фюль
	mit|neh|men	Брати з собою	міт|не|мен
die	Mit|schü|le|rin, Mit|schü|le|rin|nen	Однокласниця	Міт|шю|лє|рін
der	Mit|schü|ler, Mit|schü|ler	Однокласник	Міт|шю|ля
der	Mit|tag, Mit|ta|ge	Полудень	Міт|таґ
das	Mit|tag|es|sen, Mit|tag|es|sen	Обід	Міт|таґ|єс|сен
die	Mit|te, Mit|ten	Середина	Міт|те
die	Mit|ter|nacht, Mit|ter|näch|te	Опівночі	Міт|та|нахт
der	Mitt|woch, Mitt|wo|che	Середа	Мітт|вох
das	Mö|bel, Mö|bel	Меблі	Мьо|бель

Die Gegenstände in einem Haus.

Предмети в будинку.

Ді Ґеґенштенде ін айнем Хаус.

das	Mo|bil|te|le|fon, Mo|bil|te|le|fo|ne	Мобільний телефон	Мо|біль|те|лє|фон
die	Mo|de, Mo|den	Моде	Мо|да
die	Mo|dell|ei|sen|bahn, Mo|dell|ei|sen|bah|nen	Модель залізниці	Мо|дель|ай|зен|бан
	mo|dern	сучасний	мо|дерн
	mö|gen	подобатись	мьо|ґен
der	Mo|ment, Mo|men|te	Момент	Мо|мент
der	Mo|nat, Mo|na|te	Місяць	Мо|нат

Grundschulwörterbuch Deutsch-Ukrainisch
ISBN 9783962134808 interkulturaverlag.de

die	Mo|schee, Mo|sche|en	Мечеть	Мо|ше

Ein islamisches Gotteshaus zum Beten.

Ісламський храм для молитви.

Айн ісламішес ґоттесхаус цум Бетен.

der	Mo|tor, Mo|to|ren	Двигун, мотор	Мо|тоа
das	Mo|tor|boot, Mo|tor|boo|te	Моторний човен	Мо|тоа|боот
das	Mo|tor|rad, Mo|tor|rä|der	Мотоцикл	Мо|тоа|рад
die	Mö|we, Mö|wen	Чайка	Мьо|ве
	möch|te	хотів би/хотіла б	мьох|те
	mög|lich	можливо	мьоґ|ліх
die	Möh|re, Möh|ren	Морква	Мьо|ре
der	Mohn	Мак	Мон

Eine essbare Pflanze mit roten Blüten.

Їстівна рослина з червоними квітками.

Айне ессбаре Пфланце міт ротен Блютен.

der	Mon|tag, Mon|ta|ge	Понеділок	Мон|таґ
	mon|tie|ren	монтувати, збирати	мон|ті|рен
das	Mon|tier|ei|sen, Mon|tier|ei|sen	Шинний металевий ключ	Мон|тіа|ай|зен
der	Mond, Mon|de	Місяць	Монд
das	Mons|ter, Mons|ter	Монстр	Монс|та
	mor|gen	завтра, ранок	мор|ген
der	Mor|gen, Mor|gen	Ранок	Мор|ґен
die	Mor|gen|däm|me|rung, Mor|gen|däm|me|run|gen	Світанок	Мор|ґен|дем|ме|рунґ

Die Zeit, wenn früh morgens die Sonne aufgeht.

Час, коли сонце сходить рано вранці.

Ді Цайт, венн фрю морґенс ді зонне ауфґейт.

	mor|gens	Вранці	мор|ґенс
die	Mot|te, Mot|ten	Міль	Мот|те
das	Moun|tain|bike, Moun|tain|bikes	Гірський велосипед	Маун|тен|байк

interkulturaverlag.de ISBN 9783962134808

der	MP-3Play|er, MP-3Play|er	МР-3плеєр	МР-3пле|єр
die	Mü|cke, Mü|cken	Комар	Мю|ке
	mü|de	втомлений	мю|де
die	Mü|he, Mü|hen	зусилля	Мю|є
die	Mu|schel, Mu|scheln	Мушля, оболонка	Му|шель
das	Mu|se|um, Mu|se|en	Музей	Му|зе|ум

Hier kann man sich Kunst und Ausstellungen angucken.

Тут можна побачити мистецтво та виставки.

Хір канн ман зіх Кунст унд Аусштельлунґен анґукен.

der	Mu|si|ker, Mu|si|ker	Музикант	Му|зі|ка
die	Mu|sik	Музика	Му|зік
das	Mu|sik|in|stru|ment, Mu|sik|in|stru|men|te	Музичний інструмент	Му|зік|ін|стру|мент
	mu|tig	хоробрий	му|тіх
der	Muf|fin, Muf|fins	Маффін, кекс	Маф|фін
der	Mul|lah, Mul|lahs	Мулла	Муль|ла
	mul|ti|pli|zie|ren	множити	муль|ті|плі|ці|рен

Wenn man mathematisch Zahlen miteinander mal rechnet.

Коли ви обчислюєте математичні числа один з одним.

Венн ман математіш Цалєн мітайнанда маль рехнет.

der	Müll	Сміття	Мюль
der	Müll|ei|mer, Müll|ei|mer	Сміттєвий бак	Мюль|ай|ма
die	Müll|ton|ne, Müll|ton|nen	Смітник	Мюль|тон|не
der	Müll|wa|gen, Müll|wa|gen	Сміттєвоз	Мюль|ва|ґен
die	Mün|ze, Mün|zen	Монета	Мюн|це
der	Mund, Mün|der	Рот	Мунд
das	Mur|mel|tier, Mur|mel|tie|re	Бабак	Мур|мель|тіа
der	Mus|kel, Mus|keln	М'яз	Мус|кель

Grundschulwörterbuch Deutsch-Ukrainisch
ISBN 9783962134808 interkulturaverlag.de

Gewebe überall im Körper, das jede Bewegung möglich macht.

Тканини по всьому тілу, які роблять можливим будь-який рух.

Ґевебе уьбераль ім Кьорпа, дас єде Бевеґунґ мьоґліх махт.

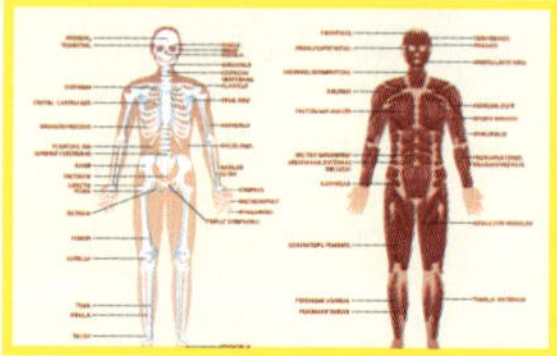

	müs|sen	бути повинним	мюс|сен
die	Mut|ter, Müt|ter	Мати	Мют|та
die	Müt|ze, Müt|zen	Кашкет	Мют|це
der	Na|cken, Na|cken	Шия	На|кен
die	Na|del, Na|deln	Голка	На|дель
die	Na|del|zan|ge, Na|del|zan|gen	Плоскогубці	На|дель|цан|ге
der	Na|gel, Nä|gel	Цвях	На|ґель

Kleiner, spitzer und länglicher Metallstab zum Befestigen von Dingen.

Невеликий загострений і подовжений металевий стрижень для кріплення речей.

Кляйна, шпітца унд ленґліха Метальштаб цум Бефестіґен фон Дінґен.

die	Na|gel|fei|le, Na|gel|fei|len	Пилка для нігтів	На|ґель|фай|лє
der	Na|gel|lack, Na|gel|la|cke	Лак для нігтів	На|ґель|лак
	na|he	поблизу	не|є
	na|hen	наближатися	на|єн
der	Na|me, Na|men	Ім'я	На|ме
die	Na|se, Na|sen	Ніс	На|зе
die	Na|tio|na|li|tät, Na|tio|na|li|tä|ten	Національність	На|ціо|на|лі|тет

Die Zugehörigkeit zu einem Land oder einer Menschengruppe.

Приналежність до країни чи групи людей.

Ді Цуґехьоріґкайт цу айнем Ланд ода айна Меншенґруппе.

die	Na|tur	Природа	На|туа
	na|tür|lich	природно	на|тюа|ліх
der	Na|tur|schutz	Природний заповідник	На|туа|шуту
das	Na|tur|schutz|ge|biet, Na|tur|schutz|ge|bie|te	Заповідник	На|туа|шуту|ге|біт

interkulturaverlag.de ISBN 9783962134808

	nach	після	нах
	nach der Pau|se	після перерви	нах дер Пау|зе
	nach oben	вгору	нах обен
	nach oben fah|ren	прокрутити вперед	нах обен фа|рен
	nach oben lau|fen	бігти нагору	нах обен лау|фен
	nach Pa|ris fah|ren	їхати до Парижу	нах Па|ріс фа|рен
	nach un|ten	вниз	нах ун|тен
	nach un|ten fah|ren	їхати вниз	нах ун|тен фа|рен
	nach un|ten lau|fen	спуститися	нах ун|тен лау|фен
die	Nach|ba|rin, Nach|ba|rin|nen	Сусідка	Нах|ба|рін
das	Nach|bar|land, Nach|bar|län|der	Сусідня країна	Нах|бар|ланд

Länder, die nebeneinander liegen, sind Nachbarländer.

Країни, які знаходяться поруч, є сусідами.

Лєнда, ді небенайнанда ліґен, зінд Нахбарлєнда.

der	Nach|bar	сусід	Нах|бар
	nach|dem	після цього	нах|дем
die	Nach|fra|ge, Nach|fra|gen	Попит	Нах|фра|ґе
der	Nach|mit|tag, Nach|mit|tage	Полудень	Нах|міт|таґ
	nach|mit|tags	після обіду	нах|міт|таґ
der	Nach|na|me, Nach|na|men	Прізвище	Нах|на|ме
der	Nach|rich|ten|spre|cher, Nach|rich|ten|spre|cher	Репортер новин	Нах|ріх|тен|шпре|ха

Eine Person im Fernsehen, die Nachrichten vorträgt.

Людина на телебаченні, яка представляє новини.

Айне Персон ім Фернзеєн, ді Нахрінтен фортреґт.

die	Nach|richt, Nach|rich|ten	Новина	Нах|ріхт
	nach|schla|gen, nach|schau|en	шукати	нах|шла|ґен
die	Nach|spei|se, Nach|spei|sen	Десерт	Нах|шпай|зе
der	Nach|tisch, Nach|ti|sche	Десерт	Нах|тіш
	näch|ster/näch|ste/näch|tes	наступний/наступна/ наступне	нехс|та/нехс|те/нехс|тес

Grundschulwörterbuch Deutsch-Ukrainisch
ISBN 9783962134808 interkulturaverlag.de

die	Nacht, Näch|te	Ніч	Нахт
das	Nacht|hemd, Nacht|hem|den	Нічна сорочка	Нахт|хемд
die	Nacht|lam|pe, Nacht|lam|pen	Нічник	Нахт|лам|пе
	nackt	голий	накт
	nah - weit	недалеко - далеко	на - вайт
die	Näh|ma|schi|ne, Näh|ma|schi|ne	Швейна машина	Не|ма|ші|не
der	Napf, Näp|fe	Чаша	Напф
die	Nar|zis|se, Nar|zis|sen	Нарцис	Нар|ціс|се

Eine schöne Blume mit sternförmiger Blüte.

Красива квітка із зіркоподібним нальотом.

Айне шьоне Блуме міт штернфьормiґа Блюте.

das	Nas|horn, Nas|hör|ner	Носоріг	Нас|хорн
der	Nas|horn|kä|fer, Nas|horn|kä|fer	Жук-носоріг	Нас|хорн|кє|фа
	nass	мокрий	насс
der	Ne|bel, Ne|bel	Туман	Нє|бель
	ne|ben	біля	не|бен
die	Ne|on|lam|pe, Ne|on|lam|pen	Неонова лампа	Не|он|лам|пе
	neb|lig	туманний	неб|ліх
	neh|men	брати	не|мен
	nein	ні	найн
	nen|nen	називати	нен|нен
	ner|vös	нервовий	нер|вьос
der	Nerv, Ner|ven	Нерв	Нерв

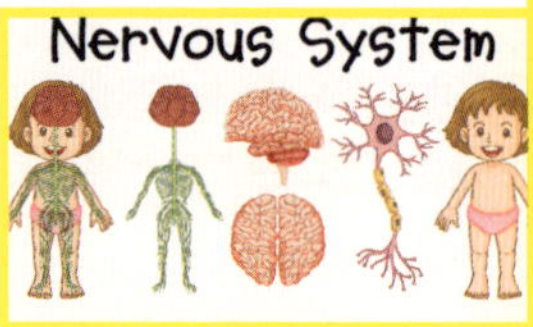

Nerven senden Signale von Körperteilen zum Gehirn und zurück.

Нерви посилають сигнали від частин тіла до мозку і назад.

Нервен зенден Зіґнале фон Кьорпертайлєн цум Ґехірн унд цурюк.

das	Nest, Ne|ster	Гніздо	Нест
	nett	милий	нетт
das	Netz, Net|ze	Мережа	Нетц

 ISBN 9783962134808

	neu - alt	новий - старий	ной - альт
	Neu|see|land	Нова Зеландія	Ной|зе|ланд
	neun	дев'ять	нойн
	neun|te	дев'ятий	нойн|те
der/ die/ das	Neun|te, Neun|ten	дев'ятий/дев'ята/ дев'яте	Нойн|те
	neun|zehn	дев'ятнадцять	нойн|цен
	neun|zig	дев'яносто	нойн|ціх
	nicht	ні	ніхт
	Nicht mö|gen	не подобається	ніхт мьо|ґен
	nichts	нічого	ніхтс
	nie	ніколи	ні
die	Nie|der|la|ge, Nie|der|la|gen	поразка	Ні|да|ла|ґе

Wenn man bei etwas verloren hat, zum Beispiel bei einem Spiel.

Коли ви щось програєте, наприклад гру.

Венн ман бай етвас ферльорен хат, цум Байшпіль бай айнем Шпіль.

die	Nie|der|lan|de	Нідерланди	Ні|да|лан|де
	nie|der|län|disch	голландська	ні|да|лєн|діш
	Nie|der|sach|sen	Нижня Саксонія	Ні|да|зак|сен
	nie|mals	у жодному разі	ні|мальс
	nie|mand	ніхто	ні|манд
die	Nie|re, Nie|ren	Нирка	Ні|ре
	nie|sen	чхати	ні|зен
	nied|rig	низький	нід|ріх
das	Nil|pferd, Nil|pfer|de	Бегемот	Ніль|пферд
	nir|gends	ніде	нір|ґендс
die	No|tiz, No|ti|zen	Примітка	Но|тіц
der	No|tiz|block, No|tiz|blö|cke	Блокнот	Но|тіц|блок
das	No|tiz|buch, No|tiz|bü|cher	Ноутбук	Но|тіц|бух

Grundschulwörterbuch Deutsch-Ukrainisch
ISBN 9783962134808 interkulturaverlag.de

der	No|vem|ber, No|vem|ber	Листопад	Но|вем|ба
	noch	ще	нох
	noch ei|ner/noch ei|ne/ noch eins	ще один/ще одна/ ще одне	нох ай|на/нох ай|не/нох айнс
der	Nor|den	Північ	Ноа|ден

Norden, Osten, Süden und Westen sind die vier Himmelsrichtungen.

Північ, Схід, Південь і Захід – чотири сторони світу.

Ноаден, Остен, Зюден унд Вестен зінд ді фіа Хіммельсріхтунґен.

	nor|ma|ler|wei|se	зазвичай	нор|ма|лєр|вай|зе
	nörd|lich	північний, на північ	ньорд|ліх
	Nord|rhein-West|fa|len	Північний Рейн-Вестфалія	Норд|райн-Вест|фа|лєн
der	Not|fall, Not|fäl|le	Надзвичайна ситуація	Нот|фаль
die	Nu|del, Nu|deln	Локшина	Ну|дель
das	Nu|del|holz, Nu|del|höl|zer	Скалка	Ну|дель|хольц
die	Null, Nul|len	Нуль	Нуль
die	Num|mer, Num|mern	Номер	Нум|ма
	nur	тільки	нур
die	Nuss, Nüs|se	Горіх	Нусс
	nütz|lich	корисний	нютц|ліх
	oben	вище	обен
	oben - unten	вверх – вниз	обен – унтен
	ober|halb	поверх, вище над	обер|хальб
der	Ober|schen|kel, Ober|schen|kel	Стегно	Обер|шен|кель
das	Obst	фрукти	Обст
der	Obst|gar|ten, Obst|gär|ten	фруктовий сад	Обст|ґар|тен
der	Obst|korb, Obst|kör|be	Кошик з фруктами	Обст|коаб
der	Obst|la|den, Obst|lä|den	фруктовий магазин	Обст|ля|ден
der	Obst|sa|lat, Obst|sa|la|te	фруктовий салат	Обст|за|лат
	oder	або	ода

	of|fen	відкритий, відкрито	оф|фен
die	öf|fent|li|che Schu|le, öf|fent|li|chen Schu|len	Державна школа	уьоф|фент|лі|хе Шу|лє
der	Ofen, Öfen	Піч	Офен
	öff|nen	відкривати	уьоф|фнен
	oft	часто	офт
	oh|ne	без	о|не
das	Ohr, Oh|ren	Вухо	Ор
die	Ohr|rin|ge	Сережки	Ор|рінґе
der	Ohr|ring, Ohr|rin|ge	Сережка	Ор|рінґ
der	Ohr|wurm, Ohr|wür|mer	Нав'язлива мелодія, пісня	Ор|вурм

Ein Lied, das einem nicht aus dem Kopf geht.

Пісня, яка не виходить з голови.

Айн Лід, дас айнем ніхт аус дем Копф ґейт.

der	Ok|to|ber, Ok|to|ber	Жовтень	Ок|то|ба
	okay, in Ord|nung	окей, добре	окей, ін Орд|нунґ
das	Öl, Öle	Масло	Уьоль
die	Öl|do|se, Öl|do|sen	Каністра	Уьольдо|зе
die	Oli|ve, Oli|ven	Олива	Олі|ве
die	Oma, Omas	Бабуся	Ома
das	Ome|lett, Ome|lette	Омлет	Оме|лєтт
der	On|kel, On|kel	Дядько	Он|кель
der	Opa, Opas	Дідусь	Опа
der	Ope|ra|ti|ons|raum, Ope|ra|ti|ons|räu|me	Операційна	Опе|ра|ці|онс|раум

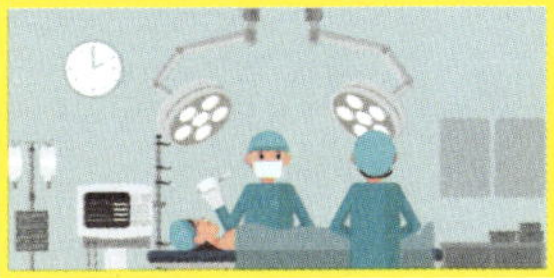

Ein Raum im Krankenhaus, in dem Menschen geheilt werden.

Кімната в лікарні, де лікуються люди.

Айн Раум ім Кранкенхаус, ін дем Меншен ґехайльт верден.

das	Or|ches|ter, Or|ches|ter	Оркестр	Ор|кес|та
die	Or|gel, Or|geln	Орга́н (муз. інструмент)	Ор|ґель

ISBN 9783962134808 interkulturaverlag.de

	oran|ge	помаранчевий	оран|же
die	Oran|ge, Oran|gen	Апельсин	Оран|же
der	Oran|gen|saft, Oran|gen|säf|te	Апельсиновий сік	Оран|жен|зафт
	ord|nen	порядкувати	орд|нен
die	Ord|nung	Порядок	Орд|нунґ
	or|ga|ni|sie|ren	організовувати	ор|га|ні|зі|рен
	Ord|ner, der	Підшивка, папка	Орд|на

Eine große Mappe, in der man Blätter einheften kann.

Велика папка, в яку можна підшивати аркуші.

Айне ґроссе Маппе, ін дер ман Блєтта айнхефтен канн.

der	Ort, Or|te	Місце, місцезнаходження	Орт
der	Os|ten	Схід	Ос|тен
das	Os|ter|ei, Os|ter|ei|er	Пасхальне яйце	Ос|тер|ай
der	Os|ter|ha|se, Os|ter|ha|sen	Великодній заєць	Ос|тер|ха|зе
	ös|ter|rei|chisch	австрійський	уьос|тер|рай|хіш
	Ös|ter|reich	Австрія	Уьос|тер|райх
	Os|tern	Великдень	Ос|терн
	öst|lich	східний	уьост|ліх
der	Oze|an, Oze|a|ne	Океан	Оце|ан

Die großen Meere zwischen den Kontinenten der Welt.

Великі моря між континентами світу.

Ді ґроссен Мееpe цвішен ден Контінентен дер Вельт.

	pa|cken	упаковувати	па|кен
das	Pa|ket, Pa|ke|te	Пакет	па|кет
der	Pa|last, Pa|läs|te	Палац	па|ласт
der	Pa|pa, Pa|pas	Батько	па|па
der	Pa|pa|gei, Pa|pa|gei|en	Папуга	па|па|ґай
das	Pa|pier, Pa|pie|re	Папір	па|піа
der	Pa|pier|korb, Pa|pier|kör|be	Кошик для паперу	па|піа|корб

das	Pa|pier|ta|schen|tuch, Pa|pier|ta|schen|tü|cher	паперова хустка	па|піа|та|шен|тух
die	Pa|pri|ka, Pa|pri|kas	паприка	па|прі|ка
die	Pa|ra|de, Pa|ra|den	парад	па|ра|де
das	Pa|ra|dies, Pa|ra|die|se	Рай	па|ра|діс

Ein perfekter Ort, zu dem viele religiöse Menschen wollen.

Ідеальне місце, куди хочуть потрапити багато релігійних людей.

Айн перфекта Орт, цу дем філє реліґіуьозе Меншен вольлєн.

der	Pa|tient, Pa|tien|ten	пацієнт	па|цієнт
das	Paar, Paa|re	пара	паар
das	Päck|chen, Päck|chen	посилка	пєк|хен
die	Pal|me, Pal|men	пальма	паль|ме
der	Pan|da, Pan|das	панда	пан|да
der	Pan|da|bär, Pan|da|bä|ren	панда	пан|да|беа
der	Pan|tof|fel, Pan|tof|feln	Капці	пан|тоф|фель
das	Par|füm, Parfüms	Духи	пар|фюм

Eine gut duftende Flüssigkeit, mit der man sich besprüht.

Рідина з приємним запахом, якою можна себе побризкати.

Айне ґут дуфтенде Флюссіґкайт, міт дер ман зіх бешпрюйт.

	par|ken	паркуватись	паа|кен
die	Par|ty, Par|tys	Вечірка	паа|ті
der	Park, Parks	парк	паак
der	Park|platz, Park|plät|ze	Місце для паркування	паак|плату
die	Part|ne|rin, Part|ne|rin|nen	партнерка	паат|не|рін
der	Part|ner, Part|ner	партнер	паат|на
der	Pas|sa|gier, Pas|sa|gie|re	пасажир	пас|са|жіа

Jemand, der mit einem Flugzeug verreist.

Той, хто подорожує літаком.

Єманд, дер міт айнем Флуґцойґ феррайст.

ISBN 9783962134808 interkulturaverlag.de

	pas|sen (Kleidung)	підходити (одяг)	пас|сен (Кляйдунґ)
	pas|sie|ren	статися	пас|сі|рен
die	Pas|ta, Pas|tas	Паста	Пас|та
die	Pas|te|te, Pas|te|ten	Пиріг з начинкою паштет/паштет	Пас|тє|те
	Pasch|to	Пушту	Паш|то
der	Pass, Päs|se	Паспорт	Пасс
die	Pau|se, Pau|sen	Перерва	Пау|зе
der	PC, PCs	ПК	ПЦ
das	Pe|dal, Pe|da|le	Педаль	Пє|даль

Eine Ablage für die Füße, zum Beispiel beim Fahrrad.

Поличка для ніг, наприклад на велосипед.

Айне Аблаґе фюр ді Фюссе, цум Байшпіль байм Фаррад.

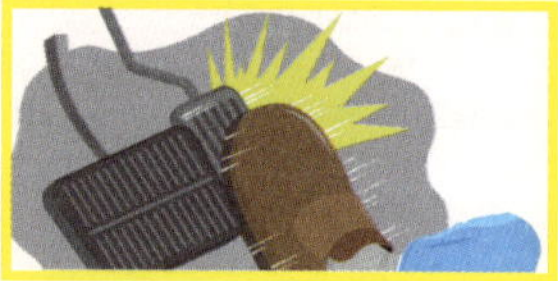

der	Pe|li|kan, Pe|li|ka|ne	Пелікан	Пе|лі|кан
die	Pe|ter|si|lie	Петрушка	Пе|та|зі|лє
die	Per|le, Per|len	Перлина	Пер|лє
der	Per|so|nen|zug, Per|so|nen|zü|ge	Пасажирський поїзд	Пер|зо|нен|цуґ
die	Per|son, Per|so|nen	Людина	Пер|зон
	Pe|ter Pan	Пітер Пен	Пі|тер Пен
der	Pfad, Pfa|de	Шлях	Пфад

Ein schmaler, oft natürlicher Weg.

Вузька, часто природна стежка.

Айн шмала, офт натюрліха Веґ.

die	Pfan|ne, Pfan|nen	Пательня	Пфан|не
der	Pfann|ku|chen, Pfann|ku|chen	Млинці	Пфанн|ку|хен
der	Pfau, Pfau|en	Павич	Пфау
der	Pfef|fer, Pfef|fer	Перець	Пфеф|фа
der	Pfef|fer|streuer, Pfefferstreuer	Перечниця	Пфеф|фер|штроя
die	Pfei|fe, Pfei|fen	Труба	Пфай|фе
	pfei|fen	свистіти	пфай|фен

der	Pfeil, Pfei|le	Стрілка	Пфайль

Ein längerer und spitzer Holzstab zum Aufspannen.

Довша загострена дерев'яна паличка для розтягування.

Айн лєнґера унд шпріtца Хольцштаб цум Ауфшпаннен.

	Pfer|de rei|ten	їздити на конях	пфер|де рай|тен
der	Pfer|de|schwanz, Pfer|de|schwän|ze	Кінський хвіст	пфер|де|шванц
das	Pferd, Pfer|de	Кінь	пферд
der	Pfir|sich, Pfir|si|che	персик	пфір|зіх
das	Pfla|ster, Pfla|ster	пластир	пфла|стер
die	Pflan|ze, Pflan|zen	Рослина	пфлан|це
	pflan|zen	саджати	пфлан|цен
die	Pflau|me, Pflau|men	Слива	пфлау|ме
	pflü|cken	збирати	пфлю|кен
die	Pfo|te, Pfo|ten	Лапа	пфо|те
der	Pfos|ten, Pfos|ten	Стовп	пфос|тен
das	Pfund, Pfun|de	фунт	пфунт
die	Pfüt|ze, Pfüt|zen	Калюжа	пфют|це
die	Phy|sik	фізика	фю|зік
die	Pi|lo|tin, Pi|lo|tin|nen	Жінка-пілот	пі|льо|тін

Eine weibliche Person, die ein Flugzeug fliegt und steuert.

Жінка, яка літає та керує літаком.

Айне вайбліхе Перзон, ді айн Флуґцойґ фліґт унд штоєрт.

der	Pi|lot, Pi|lo|ten	Пілот	пі|льот
der	Pi|rat, Pi|ra|ten	пірат	пі|рат
das	Pick|nick, Pick|ni|cke	пікнік	пік|нік
das	Pier|cing, Pier|cings	пірсинг	пір|сінґ
der	Pilz, Pil|ze	Гриб	пільц
der	Pin|gu|in, Pin|gu|i|ne	пінгвін	пін|ґу|ін
der	Pin|sel, Pin|sel	Кисть для малювання	пін|зель
die	Pin|zet|te, Pin|zet|ten	пінцет	пін|цет|те

Grundschulwörterbuch Deutsch-Ukrainisch
ISBN 9783962134808 interkulturaverlag.de

Eine kleine Zange, um Haare oder Stacheln aus der Haut zu zupfen.

Маленькі плоскогубці для вищипування волосся або шипів зі шкіри.

Айне кляйне Цанґе, ум Хааре ода Штахельн аус дер Хаут цу цупфен.

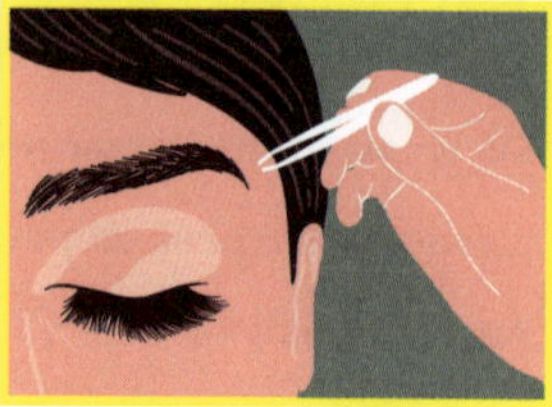

	pink	рожевий	пінк
die	Pis|ta|zie, Pis|ta|zien	фісташка	піс|та|цьє
die	Piz|za, Piz|zas/Piz|zen	піцца	піц|ца
das	Pla|kat, Pla|ka|te	плакат	пла|кат
der	Pla|net, Pla|ne|ten	планета	пла|нет
der	Plan, Plä|ne	план	план
der	Planet, Pla|ne|ten	планета	пла|нет

Großer Himmelskörper, der sich um die Sonne dreht.

Велике небесне тіло, що обертається навколо Сонця.

Ґросса Хіммельскьорпа, дер зіх ум ді Зонне дрейт.

das	Plas|tik	пластик	плас|тік
die	Plas|tik|tü|te, Plas|tik|tü|ten	пластиковий пакет	плас|тік|тю|те
die	Platt|form, Platt|for|men	платформа	платт|форм
der	Platz, Plät|ze	місце	плаТц
das	Plätz|chen, Plätz|chen	печиво	плєтц|хен
	plau|dern	базікати	плау|дан
	plötz|lich	раптово	пльотц|ліх
das	Plüsch|tier, Plüsch|tie|re	м'яка іграшка	плюш|тіа
der	Po|kal, Po|ka|le	чашка	по|каль
	Po|len	Польща	по|лєн

Ein Land in Europa, das neben Deutschland liegt.

Країна в Європі, що межує з Німеччиною.

Айн Ланд ін Ойропа, дас небен Дойтчланд лiґт.

die	Po|li|tik	політика	по|лі|тік
die	Po|li|zei	поліція	по|лі|цай

ISBN 9783962134808

das	Po|li|zei|au|to, Po|li|zei|au|tos	Поліцейська машина	по|лі|цай|ауто
das	Po|li|zei|re|vier, Po|li|zei|re|vie|re	Поліцейська дільниця	по|лі|цай|ре|віа
die	Po|li|zis|tin, Po|li|zis|tin|nen	Поліцейська	по|лі|ціс|тін
der	Po|li|zist, Po|li|zis|ten	Поліцейський	по|лі|ціст
das	Po|ny, Po|nys	поні	по|ні
der	Po|po, Po|pos	попа	по|по
das	Po|rto	поштовий збір	пор|то

Der Preis, um Post versenden zu können.

Ціна, щоб мати можливість відправити пошту.

Дер прайс, ум пост ферзенден цу кьоннен.

die	Po|sau|ne, Po|sau|nen	Тромбон	по|зау|не
	pol|nisch	польський	поль|ніш
die	Pom|mes fri|tes	Картопля фрі	пом|м фрі|т
das	Pop|corn	попкорн	поп|коан
	Por|tu|gal	Португалія	поа|ту|галь
	por|tu|gie|sisch	португальський	поа|ту|гі|зіш
das	Porte|mon|naie, Porte|mon|naies	Гаманець, портмоне	поа|те|мо|не
das	Pos|ter, Pos|ter	плакат	пос|та
die	Post	пошта	пост

Briefe und Pakete, die verschickt werden.

Листи та посилки, які відправляються.

Бріфе унд пакете, ді фершікт верден.

das	Post|amt, Post|äm|ter	поштовий відділок	пост|амт
die	Post|kar|te, Post|kar|ten	листівка	пост|ка|те
die	Post|leit|zahl, Post|leit|zah|len	поштовий індекс	пост|ляйт|цаль
der	Post|stem|pel, Post|stem|pel	поштовий штемпель	пост|штем|пель
die	Prä|si|den|tin, Prä|si|den|tin|nen	Жінка-президент	пре|зі|ден|тін
der	Prä|si|dent, Prä|si|den|ten	президент	пре|зі|дент
der	Preis, Prei|se	Ціна	прайс
der	Press|luft|boh|rer, Press|luft|boh|rer	пневматичний бур	пресс|луфт|бо|ра

Grundschulwörterbuch Deutsch-Ukrainisch
ISBN 9783962134808 interkulturaverlag.de

die	Pri|se, Pri|sen	Щіпка	Прі|зе

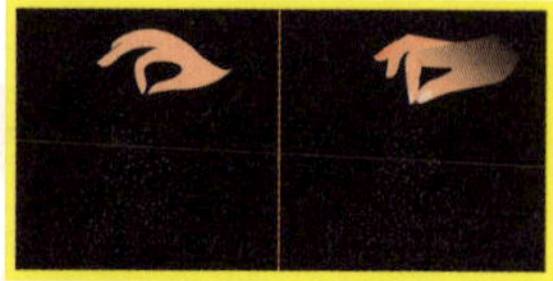

Eine ganz kleine Menge einer Zutat, wie zum Beispiel Salz.

Дуже мала кількість інгредієнта, наприклад солі.

Айне ґанц кляйне Менґе айна Цутат, ві цум Байшпіль зальц.

die	Pri|vat|schu|le, Pri|vat|schu|len	Приватна школа	Прі|ват|шу|лє
die	Prin|zes|sin, Prin|zes|sin|nen	Принцеса	Прін|цес|сін
der	Prinz, Prin|zen	Принц	Прінц
	pro|bie|ren	пробувати	про|бі|рен
das	Pro|blem, Pro|ble|me	Проблема	Про|блєм
der	Pro|fit, Pro|fi|te	Прибуток	Про|фіт
das	Pro|gramm, Pro|gram|me	Програма	Про|ґрамм
das	Pro|jekt, Pro|jek|te	Проєкт	Про|єкт

Etwas, das man sich vornimmt, zu erledigen.

Щось, що ви задумали зробити.

Етвас, дас ман зіх форніммт, цу ерлєдіґен.

der	Pro|pel|ler, Pro|pel|ler	Пропелер	Про|пель|ла
der	Prophet, Pro|phe|ten	Пророк	Про|фет
der	Pros|pekt, Pros|pek|te	Брошура	Прос|пект
die	Prü|fung, Prü|fun|gen	Тест	Прю|фунґ
die	Pu|ber|tät	Статева зрілість	Пу|ба|тєт
der	Pu|ma, Pu|mas	Пума	Пу|ма
das	Pub|li|kum, Pub|li|ka	Аудиторія	Пу|блі|кум
der	Pud|ding, Pud|dings/Pud|din|ge	Пудинг	Пуд|дінґ
der	Pul|lo|ver, Pul|lo|ver	Пуловер	Пуль|льо|ва
das	Pult, Pul|te	Пюпітр	Пульт
die	Pum|pe, Pum|pen	Насос	Пум|пе

Gerät zum Absaugen von Flüssigkeiten.

Пристрій для відсмоктування рідин.

Ґерет цум Абзауґен фон Флюссіхкайтен.

der	Punkt, Punk|te	Крапка, точка, пункт	Пункт

	pünkt|lich	пунктуальний	пюнкт|ліх
die	Pup|pe, Pup|pen	Лялька, Маріонетка	пуп|пе
das	Pup|pen|haus, Pup|pen|häu|ser	Ляльковий будиночок	пуп|пен|хаус
	pus|ten	дути	пус|тен
	put|zen	чистити	пут|цен
das	Puz|zle, Puz|zles	Пазл	Пуз|зль
	qua|dra|tisch	квадратний	ква|дра|тіш

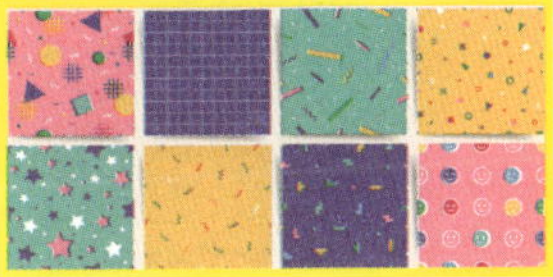

Ein gleichmäßiges Viereck mit gleichlangen Seiten.

Правильний чотирикутник зі сторонами однакової довжини.

Айн ґляйхмессіґес Фірек міт ґляйхланґен зайтен.

das	Qua|drat, Qua|dra|te	Квадрат	Ква|драт
das	Qua|ken	Квакання	Ква|кен
die	Qual|le, Qual|len	Медуза	Квaль|лє
die	Quas|te, Quas|ten	Китиця (прикраса)	Квас|те
die	Quel|le, Quel|len	Джерело	Квель|лє
die	Quit|te, Quit|ten	Айва	Квіт|те
das	Quiz, Quiz	Вікторина	Квіз

Ein Frage- und Antwortspiel.

Гра «Питання-відповідь».

Айн Фраґе- унд Антвортшпіль.

der	Ra|batt, Ra|bat|te	Знижка	Ра|батт
der	Ra|dier|gum|mi, Ra|dier|gum|mis	Гумка	Ра|діа|ґум|мі
das	Ra|dio, Ra|dios	Радіо	Ра|діо
der	Ra|dio|mo|de|ra|tor, Ra|dio|mo|de|ra|to|ren	Радіоведучий	Ра|діо|мо|де|ра|тоа
die	Ra|ke|te, Ra|ke|ten	Ракета	Ра|ке|те
der	Ra|ma|dan	Рамадан	Ра|ма|дан
der	Ra|sen, Ra|sen	Газон	Ра|зен
der	Ra|sen|mä|her, Ra|sen|mä|her	Косарка	Ра|зен|мея
	ra|sie|ren	голитися	ра|зі|рен
der	Ra|sie|rer, Ra|sie|rer	Бритва	Ра|зі|ра

ISBN 9783962134808 interkulturaverlag.de

der	Ra|sier|ap|pa|rat, Ra|sier|ap|pa|ra|te	Бритва	Ра|зіа|ап|па|рат
die	Ra|sier|creme, Ra|sier|creme	Крем для гоління	Ра|зіа|крем

Ein Gel, das vor der Rasur auf die Haut kommt.

Гель, який наноситься на шкіру перед голінням.

Айн Ґель, дас фор дер Разур ауф ді Хаут коммт.

der	Ra|sier|pin|sel, Ra|sier|pin|sel	Щітка для гоління	Ра|зір|пін|зель
	ra|ten	вгадувати, рекомендувати	ра|тен
	Rad fah|ren	кататися на велосипеді	Рад фа|рен
	Rad schla|gen	робити колесо	Рад шля|ґен
das	Rad, Rä|der	Колесо	Рад
der	Rah|men, Rah|men	Рамка	Ра|мен
der	Ran|zen, Ran|zen	Портфель	Ран|цен
die	Ranch, Ranchs/Ran|ches	Ранчо	Ренч
der	Rand, Rän|der	Край	Ранд
die	Ras|sel, Ras|seln	Брязкальце	Рас|сель
das	Rat|haus, Rat|häu|ser	Міська ратуша	Рат|хаус
der	Rat|schlag, Rat|schlä|ge	Порада	Рат|шлаґ
das	Rät|sel, Rät|sel	Загадка	Рет|зель
die	Rat|te, Rat|ten	Щур	Рат|те
die	Rau|pe, Rau|pen	Гусениця	Рау|пе
der	Raub|vo|gel, Raub|vö|gel	Хижий птах	Рауб|фо|ґель
der	Rauch	Дим	Раух
der	Raum, Räu|me	Простір	Раум
die	Raum|fäh|re, Raum|fäh|ren	Космічний човен	Раум|фе|ре
das	Raum|fahr|zeug, Raum|fahr|zeu|ge	Космічний корабель	Раум|фар|цойґ

Eine Rakete, die in den Weltraum fliegt.

Ракета в космосі.

Айне Ракете, ді ін ден Вельтраум фліґт.

das	Räum|fahr|zeug, Räum|fahr|zeu|ge	Прибиральна машина	Ройм|фа|цойґ

das	Raum|schiff, Raum|schif|fe	Космічний корабель	Раум|шифф
die	Re|chen|ta|fel, Re|chen|ta|feln	Калькулятор	Ре|хен|та|фель
	re|cy|celn	переробляти	ре|сай|кельн
das	Re|gal, Re|ga|le	Полиця	Ре|ґаль
die	Re|gel, Re|geln	Правило	Ре|ґель
der	Re|gen	Дощ	Ре|ґен
der	Re|gen|bo|gen, Re|gen|bö|gen	Веселка	Ре|ґен|бо|ґен
der	Re|gen|hut, Re|gen|hü|te	Шляпа від дощу	Ре|ґен|хут
der	Re|gen|man|tel, Re|gen|män|tel	Дощовик	Ре|ґен|ман|тель
der	Re|gen|schau|er, Re|gen|schau|er	Короткочасний дощ	Ре|ґен|шау|а
der	Re|gen|schirm, Re|gen|schir|me	Парасолька	Ре|ґен|шірм
der	Re|gen|wurm, Re|gen|wür|mer	Дощовий черв'як	Ре|ґен|вурм
die	Re|gen|zeit, Re|gen|zei|ten	Сезон дощів	Ре|ґен|цайт

Eine lange Zeit mit viel Regen.

Тривалий час із сильним дощем.

Айне ланґе Цайт міт філь Реґен.

die	Re|gie	Режисер	Ре|ґі
die	Re|li|gion, Re|li|gio|nen	Релігія	Ре|лі|ґіон
	re|pa|rie|ren	ремонтувати	ре|па|рі|рен
das	Re|stau|rant, Re|stau|rants	Ресторан	Рес|то|ран
das	Re|zept, Re|zep|te	Рецепт	Ре|цепт
	rech|nen	розрахувати, рахувати	рех|нен
die	Rech|nung, Rech|nun|gen	Рахунок	Рех|нунґ
das	Recht|eck, Recht|ecke	Прямокутник	Рехт|ек

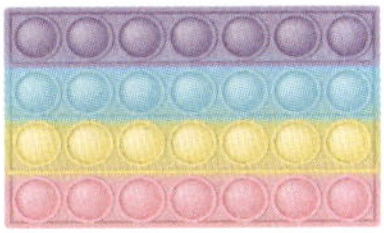

Ein Viereck mit breiteren Kanten.

Квадрат із широкими краями.

Айн Фір-ек міт брайтерен Кантен.

	rechts	направо	рехтс
	reg|nen	дощити	реґ|нен

Grundschulwörterbuch Deutsch-Ukrainisch
ISBN 9783962134808 interkulturaverlag.de

R

	reg|ne|risch	дощовий	реґ|не|ріш
das	Reh, Re|he	Олень	Ри
der	Rei|fen, Rei|fen	Шина	Рай|фен
die	Rei|he, Rei|hen	Рядок	Рай|є
	rei|ni|gen	чистити	рай|ні|ґен
die	Rei|ni|gungs|kraft, Rei|ni|gungs|kräf|te	Прибиральниця/ прибиральник	Рай|ні|ґунґс|крафт

Eine Person, die Dinge reinigt und dadurch Geld verdient.

Людина, яка виконує прибирання і заробляє на цьому гроші.

Айне Перзон, ді Дінґе райніґт унд дадурх ґельд фердінт.

die	Rei|se, Rei|sen	Подорож	Рай|зе
der	Rei|se|füh|rer, Rei|se|füh|rer	Гід, Путівник	Рай|зе|фюр|ра
der	Rei|se|pass, Rei|se|päs|se	Паспорт	Рай|зе|пасс
	rei|sen	подорожувати	рай|зен
der	Rei|sen|de, Rei|sen|den	Мандрівник	Рай|зен|де
	rei|ßen	виривати	рай|ссен
	rei|ten	їздити верхи	рай|тен
	reich	багатий	райх

Wenn man sehr viel Geld und Besitz hat.

Коли у вас багато грошей і майна.

Венн ман зер філь ґельд унд Безітц хат.

	reich - arm	багатий - бідний	райх - арм
	reif	зрілий, стиглий	райф
der	Reim, Rei|me	Рима	Райм
	rein	чистий	райн
der	Reis	Рис	Райс
der	Reiß|ver|schluss, Reiß|ver|schlüs|se	застібка	Райсс|фер|шлусс
	ren|nen	бігти	рен|нен
das	Ren|nen, Ren|nen	Біг	Рен|нен
die	Ren|te, Ren|ten	Пенсія	Рен|те

 ISBN 9783962134808

das	Ren|tier, Ren|tie|re	Північний олень	Рен|тіа
das	Renn|au|to, Renn|au|tos	Перегоновий автомобіль	Ренн|ауто
die	Renn|maus, Renn|mäu|se	Піщанка (миш)	Ренн|маус
die	Rent|ne|rin, Rent|ne|rin|nen	Пенсіонерка	Рент|не|рін

Eine ältere Frau, die nicht mehr arbeiten geht.

Літня жінка, яка вже не ходить на роботу.

Айне ельтере Фрау, ді ніхт мер арбайтен ґейт.

der	Rent|ner, Rent|ner	Пенсіонер	Рент|нер
der	Res|pekt	Повага	Рес|пект
das	Res|tau|rant, Res|tau|rants	Ресторан	Рес|то|ран
der	Rest, Res|te	Решта	Рест
	ret|ten	рятувати	рет|тен
der	Ret|tich, Ret|ti|che	Редька	Рет|тіх
der	Ret|tungs|schwim|mer, Ret|tungs|schwim|mer	Рятувальник	Рет|тунґс|швім|ма

Jemand, der ertrinkende Menschen aus dem Wasser rettet.

Той, хто рятує з води потопаючих.

Єманд, дер ертрінкенде Меншен аус дем Васса реттет.

	Rhein|land-Pfalz	Рейнланд-Пфальц	Райн|ланд-Пфальц
die	Rich|te|rin, Rich|te|rin|nen	Жінка-суддя	Ріх|те|рін
der	Rich|ter, Rich|ter	Суддя	Ріх|та
	rich|tig	правильно	ріх|тіх
die	Rich|tung, Rich|tun|gen	Напрямок	Ріх|тунґ
	rie|chen	пахнути	рі|хен
der	Rie|se, Rie|sen	Велетень	Рі|зе

Ein Fabelwesen, das aussieht wie ein sehr großer Mensch.

Міфічна істота, схожа на дуже велику людину.

Айн Фабельвезен, дас аусзійт ві айн зер ґросса Менш.

das	Rie|sen|rad, Rie|sen|rä|der	Колесо огляду	Рі|зен|рад
die	Rik|scha, Rik|schas	Рікша	Рік|ша

Grundschulwörterbuch Deutsch-Ukrainisch
ISBN 9783962134808 interkulturaverlag.de

die	Rin|de, Rin|den	Кора	Рін|де
das	Rind|fleisch	Яловичина	Рінд|фляйш
der	Ring, Rin|ge	Кільце	Рінґ
das	Ring|wer|fen	Кидання кільця	Рінґ|вер|фен
der	Riss, Ris|se	Тріщина	Рісс
der	Rit|ter, Rit|ter	Лицар	Рі|та

Ein Soldat mit Schwert und Schild aus dem Mittelalter.

Середньовічний солдат з мечем і щитом.

Айн зольдат міт Шверт унд Шільд аус дем Міттельальта.

der	Ro|bo|ter, Ro|bo|ter	Робот	Ро|бо|та
der	Ro|chen, Ro|chen	Скат	Ро|хен
	ro|sa	рожевий	ро|за
die	Ro|se, Ro|sen	Троянда	Ро|зе
der	Ro|sen|kranz, Ro|sen|krän|ze	Чотки	Ро|зен|кранц
die	Ro|si|ne, Ro|si|nen	Родзинки	Ро|зі|не
die	ro|te Lin|sen|sup|pe, ro|te Lin|sen|sup|pen	Суп з червоної сочевиці	ро|те лін|зен|зуп|пе
die	Rob|be, Rob|ben	Тюлень	Роб|бе
der	Rock, Rö|cke	Спідниця	Рок
das	Rohr, Roh|re	Труба	Роа
die	Rol|le, Rol|len	Роль	Роль|лє
	rol|len	катати, котитись	роль|лєн
der	Rol|ler, Rol|ler	Скутер	Роль|ля
der	Rol|ler|skate, Rol|ler|skates	Ролики	Роль|ля|скейт
der	Roll|kof|fer, Roll|kof|fer	Валіза на коліщатках	Роль|коф|фа
der	Roll|schuh, Roll|schu|he	Ролики	Роль|шу
der	Roll|stuhl, Roll|stüh|le	Інвалідний візок	Роль|штуль

Ein Stuhl mit Rädern für Menschen, die nicht laufen können.

Крісло з колесами для людей, які не можуть ходити.

Айн Штуль міт Редерн фюр Меншен, ді ніхт лауфен кьоннен.

die	Roll|trep|pe, Roll|trep|pen	Ескалатор	Роль|треп|пе
	rönt|gen	робити рентген	рьонт|ґен
das	Rönt|gen	Рентген	Рьонт|ґен
das	Rönt|gen|ge|rät, Rönt|gen|ge|rä|te	Рентгенівський апарат	Рьонт|ґен|ґе|рет
der	Rönt|gen|raum, Rönt|gen|räu|me	Рентгенівський кабінет	Рьонт|ґен|раум
	rös|ten	підсмажити	рьос|тен
	rot	червоний	рот
der	Rot|kar|di|nal, Rot|kar|di|nä|le	Червоний кардинал	Рот|кар|ді|наль

Ein roter Vogel mit hochstehender Frisur.

Червоний птах зі стоячою зачіскою.

Айн рота Фоґель міт хохштеєнда Фрізуа.

das	Rot|kehl|chen, Rot|kehl|chen	Вільшанка (птах)	Рот|кель|хен
die	Rou|te, Rou|ten	Маршрут	Ру|те
die	Rou|ti|ne, Rou|ti|nen	Рутина	Ру|ті|не
die	Rü|be, Rü|ben	Ріпа	Рю|бе
der	Rü|cken, Rü|cken	Спина	Рю|кен
das	Ru|der, Ru|der	Кермо	Ру|да
das	Ru|der|boot, Ru|der|boo|te	Весловий човен	Ру|да|боот
	ru|fen	кликати	ру|фен
	ru|hig	спокійний	ру|іх
	Ru|mä|ni|en	Румунія	Ру|ме|ні|ен

Ein Land in Osteuropa mit vielen Burgen und Legenden.

Країна у Східній Європі з багатьма замками та легендами.

Айн Ланд ін Остойропа міт філєн Буаґен унд Леґенден.

	ru|mä|nisch	румунська	ру|ме|ніш
der	Ruck|sack, Ruck|sä|cke	Рюкзак	Рук|зак
der	Rück|sitz, Rück|sit|ze	заднє сидіння	Рюк|зітц
	rück|wärts	назад	рюк|вертс
das	Rug|by	Регбі	Раґ|бі

Grundschulwörterbuch Deutsch-Ukrainisch
ISBN 9783962134808 interkulturaverlag.de

der	Rug|by|ball, Rug|by|bäl|le	М'яч для регбі	Раґ|бі|баль
	rüh|ren	перемішувати	рю|рен
	ruhig	спокійно	руіх
die	Rum|ba|ku|gel, Rum|ba|ku|geln	Маракаси для румби	Рум|ба|ку|ґель
die	Run|de, Run|den	Раунд, коло	Рун|де
	rund	круглий	рунд
die	Rund|fahrt, Rund|fahr|ten	Тур	Рунд|фарт
der	Rüs|sel, Rüs|sel	Хобот	Рюс|сель
der	Rüs|sel|kä|fer, Rüs|sel|kä|fer	Довгоносик (Жук)	Рюс|сель|кє|фа
	Rus|sisch	Російська	Рус|сіш

Die Sprache der Menschen aus Russland.

Мова народу Росії.

Ді Шпрахе дер Меншен аус Руссланд.

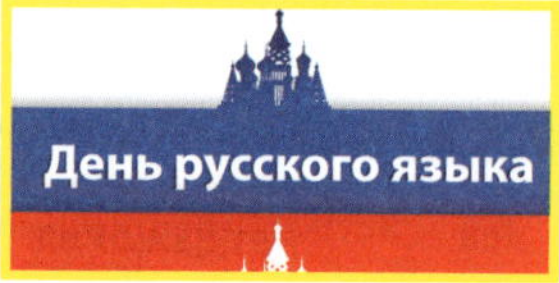

	rus|sisch	російська	рус|сіш
die	Rüs|tung, Rüs|tun|gen	Озброєння	Рюс|тунґ
die	Rush|hour, Rush|hours	Година пік	Рашь|ауер
	Russ|land	Росія	Русс|ланд
die	Rut|sche, Rut|schen	Гірка	Рут|че
	rut|schen	ковзати, сповзати	рут|чен
	Rut|schen, das	Ковзання	Рут|чен
das	Rutsch|au|to, Rutsch|au|tos	Дитяча машинка для катання	Рутч|ау|то
die	Sa|che, Sa|chen	Справа, річ	За|хе
	sä|en	сіяти	зе|ен

Körner auf den Boden streuen, um Pflanzen wachsen zu lassen.

Розсипати зерна по землі, щоб виростити рослини.

Кьорна ауф ден Боден штроєн, ум Пфланцен ваксен цу лассен.

die	Sä|ge, Sä|gen	Пила	Зе|ґе
	sa|gen	казати, говорити	за|ґен
der	Sa|lat, Sa|la|te	Салат	За|лат

der	Sa|men, Sa|men	Насіння	за|мен
der	Sa|tel|lit, Sa|tel|li|ten	Супутник	са|тель|літ
das	Sa|xo|phon, Sa|xo|pho|ne	Саксофон	са|ксо|фон
	Saar|land	Сáар	заар|ланд
	Sach|sen	Саксóнія	зак|сен

Eines der Bundesländer von Deutschland; ist bekannt für seine Quarkkeulchen.

Одна з федеральних земель Німеччини; відома своїми кварковими кулями.

Айнес дер Бундеслєнда фон Дойтчланд; іст беканнт фюр зайне Кваркகольчен.

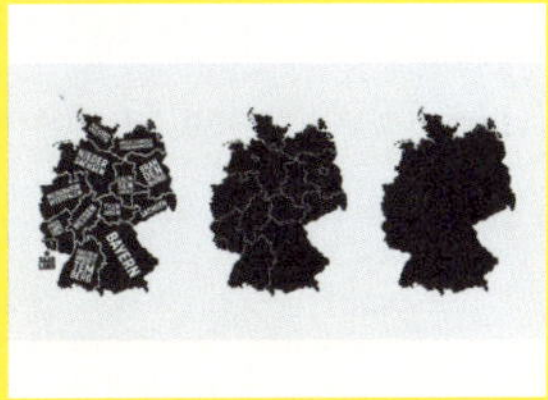

	Sach|sen-An|halt	Саксонія-Анхальт	зак|сен-Ан|хальт
der	Sack, Sä|cke	Сумка	зак
das	Sack|hüp|fen	Стрибки в мішку	зак|хюп|фен
der	Saf|ran	Шафран	заф|ран
der	Saft, Säf|te	Сік	зафт
	sah	бачив/бачила	за
die	Sah|ne	Крем, вершки	за|не
	sal|zig	солоний	зальц|іх
das	Salz, Sal|ze	Сіль	зальц
der	Salz|streu|er, Salz|streu|er	Сільничка	зальц|штро|я

Ein kleiner, löchriger Behälter für Salz.

Маленька дірява ємність для солі.

Айн кляйна, льохріґа Бехельта фюр зальц.

	sam|meln	збирати	зам|мельн
der	Sams|tag, Sams|ta|ge	Субота	замс|таґ
die	San|da|le, San|da|len	Босоніжка, сандаль	зан|да|лє
die	San|da|len	Босоніжки, сандалі	зан|да|лєн
der	Sän|ger, Sän|ger	Співак	зен|ґа
der	Sand, San|de	Пісок	занд
die	Sand|burg, Sand|bur|gen	Замок із піску	занд|буаґ

Grundschulwörterbuch Deutsch-Ukrainisch
ISBN 9783962134808 interkulturaverlag.de

der	Sand|kas|ten, Sand|kas|ten/ Sand|käs|ten	Пісочниця	занд|кас|тен
die	Sand|kunst	Ліплення фігур з піску	занд|кунст

Burgen und Formen aus Sand nennt man Sandkunst.

Замки та фігури з піску називають пісочним мистецтвом.

Бурґен унд Формен аус Занд неннт ман Зандкунст.

der	Sand|strand, Sand|strän|de	Піщаний пляж	занд|штранд
das	Sand|wich, Sand|wi|ches	Сендвіч	Сенд|віч
	sanft	м'який	занфт
der	Sat|tel, Sät|tel	Сідло	зат|тель
	sau|ber	чистий	зау|ба
	sau|ber - dre|ckig	чистий - брудний	зау|ба - дре|кіх
	säu|bern	чистити	зой|берн
	sau|er	злий	зау|а
das	Säu|ge|tier, Säu|ge|tie|re	Ссавець	зой|ґе|тіа

Tiere, die ihre Kinder mit Muttermilch säugen.

Тварини, які вигодовують дітей молоком матері.

Тіре, ді іре Кінда міт Муттермільх зойґен.

	sau|sen	свистіти	зау|зен
der	Säug|ling, Säug|lin|ge	Немовля	зойґ|лінґ
die	Scha|blo|ne, Scha|blo|nen	Шаблон	ша|бльо|не
der	Schä|del, Schä|del	Череп	ше|дель
die	Schä|fe|rin, Schä|fe|rin|nen	Пастушка	ше|фе|рін
der	Schä|fer, Schä|fer	Пастух	ше|фа
die	Scha|le, Scha|len	Шкірка	ша|лє
	schä|len	чистити	ше|лєн

Das Entfernen der obersten Schicht, zum Beispiel von Kartoffeln.

Зняття верхнього шару, наприклад з картоплі.

Дас Ентфернен дер оберстен Шіхт, цум Байшпіль фон Картоффельн.

das	Schach, Schachs	Шахи	шах

interkulturaverlag.de ISBN 9783962134808

das	Schach|spiel, Schach|spie|le	Гра в шахи	Шах|шпіль
die	Schach|tel, Schach|teln	Коробка	Шах|тель
das	Schaf, Scha|fe	Вівця	Шаф
die	Schaff|ne|rin, Schaff|ne|rin|nen	Кондукторша	Шафф|не|рін
der	Schaff|ner, Schaff|ner	Кондуктор	Шафф|на
der	Schal, Schals	Шарф	Шаль
der	Schal|ter, Schal|ter	Перемикач	Шаль|та
	scharf	пряний, гострий	шарф
der	Schat|ten, Schat|ten	Тінь	Шат|тен
	schät|zen	цінувати	шет|цен
der	Schatz, Schät|ze	Скарб	Шатц
	schau|en	дивитися	шау|ен
	Schau|en, das	Погляд	Шау|ен
	schau|er|lich	жахливий	шау|ер|ліх
die	Schau|fel, Schau|feln	Лопата	Шау|фель
das	Schau|fens|ter, Schau|fens|ter	Вітрина магазину	Шау|фенс|та
die	Schau|kel, Schau|keln	Гойдалка	Шау|кель
das	Schau|kel|pferd, Schau|kel|pfer|de	Кінь-гойдалка	Шау|кель|пферд

Ein Pferd aus Holz zum Schaukeln.

Дерев'яний кінь, на якому можна гойдатися.

Айн Пферд аус Хольц цум Шаукельн.

der	Schau|kel|stuhl, Schau|kel|stüh|le	Крісло-гойдалка	Шау|кель|штуль
	schau|keln	гойдатися	шау|кельн
der	Schau|spie|ler, Schau|spie|ler	Актор	Шау|шпі|ла
der	Schaum, Schäu|me	Піна	Шаум
die	Sche|re, Sche|ren	Ножиці	Ше|ре
die	Schei|be, Schei|ben	Диск	Шай|бе
die	Schei|dung, Schei|dun|gen	Розлучення	Шай|дунґ

Grundschulwörterbuch Deutsch-Ukrainisch
ISBN 9783962134808 interkulturaverlag.de

Wenn ein Paar sich trennt und die Ehe wieder aufgelöst wird.

Коли пара розлучається і шлюб розривається.

Венн айн Паар зіх треннт унд ді Еє віда ауфґельост вірд.

	schei|nen	здаватися, світити	шай|нен
der	Schein, Schei|ne	Квитанція, свідоцтво	Шайн
die	Schel|len|trom|mel, Schel|len|trom|meln	Бубен	Шель|лєн|тром|мель
	schen|ken	подарувати	шен|кен
der	Scherz, Scher|ze	Жарт	Шерц
die	Scheu|ne, Scheu|nen	Сарай	Шой|не
	schi|cken	відправити	ші|кен
die	Schie|nen	Рейки	Ші|нен

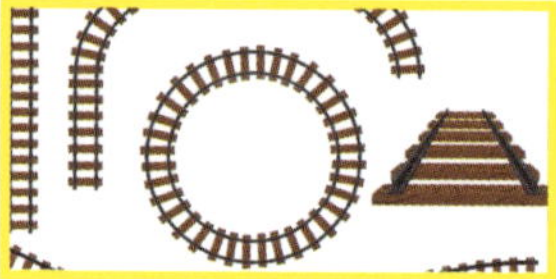

Lange Metallbauten, an denen Züge entlangfahren.

Довгі металеві конструкції, на яких їдуть потяги.

Ланґе Метальбаутен, ан денен Цюґе ентланґфарен.

	schie|ßen	стріляти	ші|ссен
der	Schieds|rich|ter, Schieds|rich|ter	Арбітр	Шідс|ріх|та
das	Schiff, Schif|fe	Корабель	Шіфф
die	Schiff|schau|kel, Schiff|schau|keln	Гойдалка-корабель	Шіфф|шау|кель
das	Schiffs|wrack, Schiffs|wracks	Уламки затонулого корабля	Шіффс|врак
das	Schild, Schil|der	Знак, табличка	Шільд
die	Schild|krö|te, Schild|krö|ten	Черепаха	Шільд|крьо|те
das	Schilf, Schil|fe	Очерет	Шільф

Eine Pflanze mit langen Stilen, die am Wasser wächst.

Рослина з довгими стеблами, що росте біля води.

Айне Пфланце міт ланґен Штілєн, ді ам Вассер векст.

der	Schim|pan|se, Schim|pan|sen	Шимпанзе	Шім|пан|зе
der	Schin|ken, Schin|ken	Шинка	Шін|кен
die	Schirm|lam|pe, Schirm|lam|pen	Лампа з абажуром	Шірм|лам|пе
die	Schirm|müt|ze, Schirm|müt|zen	Кашкет	Шірм|мют|це

interkulturaverlag.de ISBN 9783962134808

	schla|fen	спати	шла|фен
	schla|fen ge|hen	йти спати	шла|фен ґе|ен
	schla|fend	сонливий	шла|фенд
	schla|gen	бити	шла|ген
der	Schlaf|an|zug, Schlaf|an|zü|ge	Піжама	Шлаф|ан|цуг
der	Schlaf|sack, Schlaf|sä|cke	Спальний мішок	Шлаф|зак
das	Schlaf|zim|mer, Schlaf|zim|mer	Спальня	Шлаф|цім|ма
die	Schlan|ge, Schlan|gen	черга, змія	Шлан|ге
der	Schlauch, Schläu|che	Шланг	Шлаух
	schlecht	погано, поганий	шлехт
	schlecht-schlech|ter-am schlech|tes|ten	погано-гірше-найгірше	шлехт-шлех|та-ам шлех|тес|тен
die	Schlei|fe, Schlei|fen	Бант	Шляй|фе
das	Schlepp|boot, Schlepp|boo|te	Буксирне судно	Шлепп|боот

Ein Schiff, das schwere Schiffe aus dem Wasser ziehen kann.

Корабель, який здатний витягувати з води важкі кораблі.

Айн Шiфф, дас швере Шiффе аус дем Васса цiен канн.

	Schles|wig-Hol|stein	Шлéзвіг-Гольштéйн	Шлєз|віх-Холь|штайн
	schlie|ßen	закривати	шлі|ссен
die	Schlin|ge, Schlin|gen	Петля	Шлін|ге
der	Schlit|ten, Schlit|ten	Санки	Шліт|тен
der	Schlitt|schuh, Schlitt|schu|he	Ковзани	Шлітт|шу
das	Schlitt|schuh|lau|fen	Катання на ковзанах	Шлітт|шу|лау|фен
das	Schloss, Schlös|ser	Замок	Шльосс

Damit kann man Dinge verschließen, wie eine Tür oder Kiste.

Ви можете використовувати його, щоб замкнути речі, як-от двері чи коробку.

Даміт канн ман Дінґе фершліссен, ві айне Тюа ода Кісте.

	schlu|cken	ковтати	шлю|кен
der	Schlüs|sel, Schlüs|sel	Ключ	Шлюс|сель

Grundschulwörterbuch Deutsch-Ukrainisch
ISBN 9783962134808 interkulturaverlag.de

	schmal	вузький	шмаль
	schme|cken	пробувати на смак, смакувати	шме|кен
der	Schmerz, Schmer|zen	Біль	Шмерц
der	Schmet|ter|ling, Schmet|ter|lin|ge	Метелик	Шмет|тер|лінґ
die	Schmor|pfan|ne, Schmor|pfan|nen	Каструля з кришкою для тушкування, запіканка	Шмор|пфан|не
	schmü|cken	прикрашати	шмю|кен
der	Schmuck	Прикраса, ювелірні вироби	Шмук
	schmut|zig	брудний	шмут|ціх
der	Schna|bel, Schnä|bel	Дзьоб	Шна|бель

Vögel haben statt eines Mundes einen spitzen Schnabel.

У птахів замість рота - загострений дзьоб.

Фьоґель хабен штатт айнес Мундес айнен шпітцен Шнабель.

die	Schnal|le, Schnal|len	Пряжка	Шналь|ле
die	Schne|cke, Schne|cken	Равлик	Шне|ке
der	Schnee	Сніг	Шнее
der	Schnee|ball, Schnee|bäl|le	Сніжний ком	Шнее|баль
der	Schnee|be|sen, Schnee|be|sen	Віничок для збивання	Шнее|бе|зен
der	Schnee|fall, Schnee|fäl|le	Снігопад	Шнее|фаль

Schnee, der stark vom Himmel herabfällt.

Сніг, який сильно падає з неба.

Шнее, дер штарк фом Хіммель херабфельт.

der	Schnee|mann, Schnee|män|ner	Снігова людина	Шнее|манн
der	Schnee|sturm, Schnee|stür|me	Хуртовина	Шнее|штуам
das	Schnei|de|brett, Schnei|de|bret|ter	Дошка для нарізання	Шнай|де|бретт
das	Schnei|de|mes|ser, Schnei|de|mes|ser	Ніж для нарізки	Шнай|де|мес|са
	schnei|den	різати	шнай|ден
der	Schnei|der, Schnei|der	Кравець	Шнай|да

Eine Person, die Kleidung näht und ändert.

Людина, яка шиє та перешиває одяг.

Айне Перзон, ді Кляйдунґ нейт унд ендат.

	schnei|dern	шити	шнай|деан
	schnei|en	сніжити	шней|ен
	schnell	швидко	шнель
der	Schnell|koch|topf, Schnell|koch|töp|fe	Скороварка	Шнель|кох|топф
der	Schnor|chel, Schnor|chel	Трубка для підводного плавання	Шнор|хель

Ein kleines Rohr, um unter Wasser atmen zu können.

Маленька трубка для дихання під водою.

Айн кляйнес Рор, ум унта Васса атмен цу кьоннен.

	schnup|pern	нюхати	шнуп|пан
die	Schnur, Schnü|re	Мотузка, шнур	Шнуа
der	Schnür|sen|kel, Schnür|sen|kel	Шнурок для взуття	Шнюа|зен|кель
der	Schnurr|bart, Schnurr|bär|te	Вуса	Шнуа|бат
das	Schnurr|haar, Schnurr|haa|re	Вібриси	Шнуа|хаа
die	Scho|ko|la|de, Scho|ko|la|den	Шоколад	Шо|ко|ла|де
	schon	вже	шон
	schön	гарно, гарний, гарна, гарне	шуьон
der	Schorn|stein, Schorn|stei|ne	Димохід	Шон|штайн

Eine Öffnung im Haus, um den Rauch vom Kamin rauszulassen.

Отвір у будинку, через який виходить дим із труби.

Айне Уьоффнунґ ім Хаус, ум ден Раух фом Камін раусцулассен.

	schot|tisch	шотландський	шот|тіш
	Schott|land	Шотландія	Шотт|ланд
der	Schrank, Schrän|ke	Шафа	Шранк
die	Schrau|be, Schrau|ben	Гвинт, болт	Шрау|бе
die	Schrau|ben|mut|ter, Schrau|ben|mut|tern	Гайка	Шрау|бен|мут|та

Grundschulwörterbuch Deutsch-Ukrainisch
ISBN 9783962134808 interkulturaverlag.de

der	Schrau|ben|schlüs|sel, Schrau|ben|schlüs|sel	Гайковий ключ	шрау|бен|шлюс|сель
der	Schrau|ben|zie|her, Schrau|ben|zie|her	Викрутка	шрау|бен|ці|а
	schreck|lich	жахливо, жахливий, жахлива, жахливе	шрек|ліх
der	Schrei, Schrei|e	Крик	шрай
	schrei|ben	писати	шрай|бен
das	Schrei|ben, Schrei|ben	Лист, документ	шрай|бен
	schrei|en	кричати	шрай|єн
	schrei|en - still sein	кричати - мовчати	шрай|єн - штіль зайн
die	Schreib|ma|schi|ne, Schreib|ma|schi|nen	Друкарська машинка	шрайб|ма|ші|не
der	Schreib|tisch, Schreib|ti|sche	Письмовий стіл	шрайб|тіш
der	Schreib|tisch|but|ler, Schreib|tisch|but|ler	Настільна підставка для канцелярії	шрайб|тіш|бат|ла
die	Schritt, Schrit|te	Крок	шрітт
die	Schu|he	Взуття	шує
die	Schu|le, Schu|len	Школа	шу|лє
der	Schü|le|rin, Schü|le|rin|nen	Учениця	шю|лє|рін
der	Schü|ler, Schü|ler	Учень	шю|ля
die	Schub|kar|re, Schub|kar|ren	Візок, тачка	шуб|кар|ре
die	Schub|la|de, Schub|la|den	Шухляда	шуп|ля|де
	schub|sen	штовхати	шуб|сен
	schüch|tern	сором'язливий	шюх|теан
der	Schuh, Schu|he	Взуття	шу
die	Schuh|grö|ße, Schuh|grö|ßen	Розмір взуття	шу|грьо|ссе
die	Schul|fe|ri|en	Шкільні канікули	шуль|фе|рі|ен
das	Schul|heft, Schul|hef|te	Зошит	шуль|хефт
der	Schul|hof, Schul|hö|fe	Шкільне подвір'я	шуль|хоф
die	Schul|lei|te|rin, Schul|lei|te|rin|nen	Директорка	шуль|ляй|те|рін
der	Schul|lei|ter, Schul|lei|ter	Директор	шуль|ляй|та
die	Schul|pflicht, Schul|pflich|ten	Обов'язкова шкільна освіта	шуль|пфліхт

Die in Deutschland geltende Pflicht, in die Schule gehen zu müssen.

Зобов'язання в Німеччині ходити до школи.

Ді ін Дойтчланд ґельтенде Пфліхт, ін ді Шулє ґеен цу мюссен.

die	Schul|ta|sche, Schul|ta|schen	портфель, шкільна сумка	Шуль|таше
die	Schul|ter, Schul|tern	плече	Шуль|та
die	Schuld	Вина	Шульд
der	Schup|pen, Schup|pen	Луска	Шуп|пен
die	Schür|ze, Schür|zen	фартух	Шюр|це
die	Schüs|sel, Schüs|seln	Миска	Шюс|сель
	schüt|teln	трусити	шют|тельн
	schüt|ten	наливати	шют|тен
die	Schwal|be, Schwal|ben	Ластівка	Швальбе
der	Schwamm, Schwäm|me	Губка	Швамм
der	Schwan, Schwä|ne	Лебідь	Шван
die	Schwan|ger|schaft, Schwan|ger|schaf|ten	Вагітність	Шван|ґа|шафт
	schwän|zen	прогулювати	швен|цен
der	Schwanz, Schwän|ze	Хвіст	Шванц

Der Schweif vieler Tiere.

Хвіст багатьох тварин.

Дер Швайф філа Тіре.

der	schwar|ze Pan|ther, die schwar|zen Pan|ther	чорна пантера	швар|це пан|та
der	Schwarm, Schwär|me	Рій	Шварм
	schwarz	чорний	шварц
	schwe|ben - sin|ken	всплювати - тонути	шве|бен - зін|кен
das	Schwei|ne|fleisch	М'ясо свинини	Швай|не|фляйш
der	Schwei|ne|stall, Schwei|ne|ställe	Свинарник	Швай|не|сталь
	schwei|ze|risch	швейцарський	швай|це|ріш
das	Schwein, Schwei|ne	Свиня	Швайн

Grundschulwörterbuch Deutsch-Ukrainisch
ISBN 9783962134808 interkulturaverlag.de

der	Schweiß	піт	швайсс
die	Schweiß|ma|schi|ne, Schweiß|maschi|nen	зварювальний апарат	швайсс|ма|шіне

Ein Werkzeug, um Dinge durch Hitze aneinander zu befestigen.

Інструмент, який використовується для скріплення речей за допомогою тепла.

Айн Веркцойґ, ум Дінґе дурх Хітце анайнанда цу бефестіґен.

die	Schweiz	Швейцарія	Швайц
	schwer	важко (фізично)	швеа
	schwer - leicht	важко - легко	швеа - ляйхт
der	Schwert|fisch, Schwert|fi|sche	Риба-меч	Шверт|фіш
die	Schwes|ter, Schwes|tern	Сестра	Швес|та
die	Schwie|ger|mut|ter, Schwie|ger|müt|ter	Свекруха	Шві|ґа|мут|та
der	Schwie|ger|va|ter, Schwie|ger|vä|ter	Свекор	Шві|ґер|фа|та
	schwie|rig	важко (складно)	шві|ріх
	schwie|rig - ein|fach	важко (складно) - просто	шві|ріх - айн|фах
das	Schwim|men	Плавання	Швім|мен
	schwim|men	плавати	швім|мен
das	Schwimm|bad, Schwimm|bä|der	Басейн	Швімм|бад
	schwin|de|lig	запаморочливий	швін|де|ліх

Wenn sich alles dreht und einem übel wird.

Коли все обертається і людині стає погано.

Венн зіх альлєс дрейт унд айнем уьобель вірд.

	schwit|zen	пітніти	швіт|цен
die	Sci|ence-Fic|tion	Наукова фантастика	Саянц-Фікшн
das	Se|gel, Se|gel	Парус	зе|ґель
das	Se|geln	Ходіння під парусом, заняття парусним спортом	зе|ґельн
	se|geln	ходити під парусом, займатись парусним спортом	зе|ґельн

interkulturaverlag.de ISBN 9783962134808

	se|hen	бачити	зе|єн
die	Se|hens|wür|dig|keit, Se|hens|wür|dig|kei|ten	Визначне місце	зе|єнс|вюр|діх|кайт
die	Se|kre|tä|rin, Se|kre|tä|rin|nen	Секретарка	зе|кре|те|рін

Eine Person, die die Büroarbeit für eine Firma übernimmt.

Людина, яка виконує канцелярську роботу в компанії.

Айне Перзон, ді ді Бюроарбайт фюр айне Фірма уьобернімmt.

der	Se|kre|tär, Se|kre|tä|re	Секретар	зе|кре|та
die	Se|kun|de, Se|kun|den	Секунда	зе|кун|де
	sech|zehn	шістнадцять	зех|цейн
	sech|zig	шістдесят	зех|ціх
	sechs	шість	зекс
	sechs|te	шостий	зекс|те
der/ die/ das	Sechs|te, Sechs|ten	шостий/шоста/шосте	зекс|те
die	See, Se|en	Море	зее
der	See, Se|en	Озеро	зее
der	See|ha|fen, See|hä|fen	Морський порт	зее|ха|фен
der	See|hund, See|hun|de	Тюлень	зее|хунд

Eine Robbe, die gerne schwimmt und Fische isst.

Тюлень, який любить плавати і їсти рибу.

Айне Роббе, ді ґерне швіммт унд Фіше ісст.

der	See|igel, See|igel	Морський їжак	зее|іґель
die	See|le, See|len	Душа	зее|лє
das	See|pferd|chen, See|pferd|chen	Морський коник	зее|пфеад|хен
der	See|stern, See|ster|ne	Морська зірка	зее|штеан
der	See|tang, See|tan|ge	Морські водорості	зее|танґ
das	Se|gel|boot, Se|gel|boo|te	Вітрильне судно (парусне судно)	зе|ґель|боот
	sehr	дуже	зеа
die	Sei|fe, Sei|fen	Мило	зай|фе

Grundschulwörterbuch Deutsch-Ukrainisch
ISBN 9783962134808 interkulturaverlag.de

die	Sei|te, Sei|ten	Сторінка	зай|те
	seicht	неглибокий, дрібний	зайхт

Wenn das Wasser nicht sehr tief ist.

Коли вода не дуже є глибокою.

Венн дас Васса ніхт зер тіф іст.

	seid	є (ви - множина, звертання до групи людей)	зайд
	Seil, Sei|le	Мотузка	зайль
	seil|hüp|fen	скакати на скакалці	зайль|хюп|фен
das	Seil|sprin|gen	Скакання на скакалці	зайль|шпрін|ґен
	sein	бути	зайн
	sein/sei|ne	його/їх	зайн/зай|не
	seit	оскільки, з тих пір як	зайт
	selt|sam	дивно	зельт|зам

Wenn etwas ungewöhnlich, auffällig oder nicht normal ist.

Коли щось є незвичайним, кидається в очі або не є нормою.

Венн етвас унґевьонліх, ауффеліх ода ніхт нормаль іст.

	sen|den	відправляти	зен|ден
der	Senf	Гірчиця	зенф
der	Sep|tem|ber, Sep|tem|ber	Вересень	зеп|тем|ба
der	Ser|vice, Ser|vices	Обслуговування	сер|віс
	ser|vie|ren	обслуговувати, подавати, сервувати	сер|ві|рен
die	Ser|vi|et|te, Ser|vi|et|ten	Серветка	сер|ві|ет|те
der	Ses|sel, Ses|sel	Крісло	зес|сель
das	Sham|poo, Sham|poos	Шампунь	шам|пу
das	Shirt, Shirts	Сорочка	шьорт
die	Shorts	Шорти	шортс
die	Show, Shows	Шоу	шоу

Ein anderes Wort für "Aufführung" oder "Veranstaltung".

Інше слово для «перформансу» або «події».

Айн андерес Ворт фюр "Ауффюрунґ" ода "Феранштальтунґ".

	si|cher	безпечно, достовірно	зі|ха
die	Si|cher|heit, Si|cher|hei|ten	Безпека	зі|ха|хайт
der	Si|cher|heits|gurt, Si|cher|heits|gur|te	Пасок безпеки	зі|ха|хайтс|ґурт
die	Si|cher|heits|na|del, Si|cher|heits|na|deln	Англійська шпилька	зі|ха|хайтс|на|дель
das	Si|gnal, Si|gna|le	Сигнал	зі|ґналь
die	Si|tar, Si|tars	Ситара (музичний інструмент)	зі|та
	sich an|se|hen	роздивитись	зіх ан|зе|єн
	sich an|zie|hen	одягнутися	зіх ан|ці|єн
	sich aus|zie|hen	роздягнутись	зіх аус|ці|єн
	sich be|ei|len	поспішати	зіх бе|ай|лен
	sich be|mü|hen	намагатися	зіх бе|мю|єн

Wenn man sich anstrengt, um etwas Bestimmtes zu erreichen.

Коли ви докладаєте зусиль для досягнення чогось конкретного.

Венн ман зіх анштренґт, ум етвас Бештіммтес цу еррайхен.

	sich be|ru|hi|gen	заспокоювати себе	зіх бе|ру|ї|ґен
	sich ent|span|nen	відпочивати	зіх ент|шпан|нен
	sich er|in|nern an	згадувати про	зіх ер|ін|нерн ан
	sich freu|en	радіти	зіх фрой|єн
	sich ge|wöh|nen an	звикати	зіх ґе|вьо|нен ан
	sich hin|set|zen	сідати	зіх хін|зет|цен
	sich kon|zen|trie|ren	концентруватись	зіх кон|цен|трі|рен
	sich ra|sie|ren	голитися	зіх ра|зі|рен

Ein Zeichen mit einer bestimmten Bedeutung.

Символ із певним значенням.

Айн Цайхен міт айна бештіммтен Бедойтунґ.

Grundschulwörterbuch Deutsch-Ukrainisch
ISBN 9783962134808 interkulturaverlag.de

	sich Sor|gen ma|chen	турбуватися	зіх зор|ген ма|хен
	sich strei|ten	сперечатись, сваритись	зіх штрай|тен
	sich sty|len	прихорошуватись	зіх стай|лєн
	sich vor|stel|len	уявляти собі (mir vorstellen)/ представлятись (mich vorstellen)	зіх фор|штель|лєн
die	Sicht, Sich|ten	Вид, точка зору	зіхт
	sicht|bar	видимий	зіхт|ба
	sie/Sie	вона, її, вони, їх/Ви, Вас	зі
	Sie ist an der Rei|he	Настала її черга	зі іст ан дер Рай|є
	sie|ben	сім	зі|бен
die	Sie|ge|rin, Sie|ge|rin|nen	Переможниця	зі|ге|рін
der	Sie|ger, Sie|ger	Переможець	зі|га
das	Sieb, Sie|be	Сито	зіб
	sieb|te	сьоме	зіб|те
der/ die/ das	Sieb|te, Sieb|ten	Сьомий/сьома/сьоме	зіб|те
	sieb|zehn	сімнадцять	зіб|цейн
	sieb|zig	сімдесят	зіб|ціх
das	Sig|nal, Sig|na|le	Сигнал	зіг|наль

Die Fähigkeit etwas wahrzunehmen, wie zum Beispiel Sehen und Hören.

Здатність щось сприймати, наприклад, бачити і чути.

Ді Фехіґкайт етвас варцунемен, ві цум Байшпіль Зеєн унд Хьорен.

das	Sil|ber	Срібло	зіль|ба
	sil|bern	срібний	зіль|берн
der/ das	Sil|ves|ter	Передодень Нового року (31 грудня)	зіль|вес|та
	sin|gen	співати	зін|ген
	Sin|gen, das	Співи	зін|ген

interkulturaverlag.de ISBN 9783962134808

	sind	є (ми,вони, Ви)	зінд
der	Sinn, Sin|ne	Сенс, відчуття	зінн
	sit|zen	сидіти	зіт|цен
	sit|zen blei|ben	залишатися на ще один рік в школі	зіт|цен бляй|бен
der	Sitz, Sit|ze	Сидіння	зітц
der	Sitz|platz, Sitz|plät|ze	Місце для сидіння	зітц|платц
das	Skate|board, Skate|boards	Скейтборд	Скейт|борд
das	Ske|lett, Ske|let|te	Скелет	Ске|лєтт
der	Ski	Лижа	Ші

Ein Wintersport, bei dem man Bretter an den Füßen hat.

Зимовий вид спорту, де на ногах є дошки.

Айн Вінтершпорт, бай дем ман Бретта ан ден Фюссен хат.

der	Ski, Ski|er	Лижа	Ші
das	Ski|fah|ren	Кататись на лижах	Ші|фа|рен
der	Skor|pi|on, Skor|pi|o|ne	Скорпіон	Скор|пі|йон
der	Sma|ragd, Sma|rag|de	Смарагд	Сма|раґд
das	Smart|phone, Smart|phones	Смартфон	Смарт|фон
das	Snow|board, Snow|boards	Сноуборд	Сноу|борд
	so	тому	зо
	so ... wie	як ... от	зо ... ві
	so leicht wie ei|ne Fe|der	легкий як пір'їнка	зо ляйхт ві ай|не фе|да
	so still wie ei|ne Maus	тихий, як миша	зо штіль ві ай|не Маус
die	So|cke, So|cken	Шкарпетка	зо|ке
das	So|fa, So|fas	Диван	зо|фа
	so|gar	навіть	зо|ґа
die/ das	So|ja	Соя	зо|я

Eine Pflanze, die gerne als Fleischersatz verwendet wird.

Рослина, яку часто використовують як замінник м'яса.

Айне Пфланце, ді ґерне альс Фляйшерзатц фервендет вірд.

Grundschulwörterbuch Deutsch-Ukrainisch
ISBN 9783962134808 interkulturaverlag.de

die	So|ße, So|ßen	Соус	Зо|ссе
die	Soft|ware, Soft|wares	Програмне забезпечення	Софт|вер
die	Soh|le, Soh|len	Підошва	Зо|лє
der	Sohn, Söh|ne	Син	Зон
der	Sol|dat, Sol|da|ten	Солдат	Золь|дат
	sol|len	повинні	Золь|лєн
	solch	такий	Зольх
der	Som|mer, Som|mer	Літо	Зом|ма
die	Som|mer|zeit, Som|mer|zei|ten	Літній час	Зом|мер|цайт
	son|dern	але	Зон|дерн
die	Son|ne, Son|nen	Сонце	Зон|не
der	Son|nen|auf|gang, Son|nen|auf|gän|ge	Світанок, схід сонця	Зон|нен|ауф|ґанґ
die	Son|nen|blu|me, Son|nen|blu|men	Соняшник	Зон|нен|блю|ме
die	Son|nen|bril|le, Son|nen|bril|len	Сонцезахисні окуляри	Зон|нен|бріл|лє
die	Son|nen|cre|me, Son|nen|cre|mes	Сонцезахисний крем	Зон|нен|кре|ме
der	Son|nen|schein	Сонячне світло	Зон|нен|шайн
die	Son|nen|uhr, Son|nen|uh|ren	Сонячний годинник	Зон|нен|ур

Eine Uhr, die mit Sonnenlicht funktioniert und die Uhrzeit anzeigt.

Годинник, який працює від сонячного світла та показує час.

Айне Ур, ді міт Зонненліхт функціонірт унд ді Урцайт анцайґт.

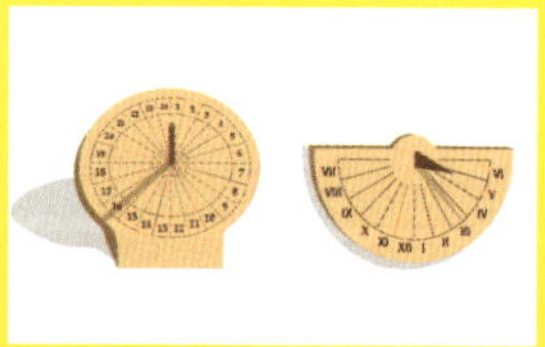

der	Son|nen|un|ter|gang, Son|nen|un|ter|gän|ge	Захід сонця	Зон|нен|ун|тер|ґанґ
	son|nig	сонячний	Зон|ніх
der	Sonn|abend, Sonn|aben|de	Субота	Зонн|абенд
der	Sonn|tag, Sonn|ta|ge	Неділя	Зонн|таґ
	sonst (noch)	ще	Зонст (нох)
	Sonst noch et|was?	Ще щось?	Зонст нох ет|вас?
die	Sor|te, Sor|ten	Ґатунок	Зор|те
	sor|tie|ren	сортувати	Зор|ті|рен

interkulturaverlag.de ISBN 9783962134808

	sorg|fäl|tig	сумлінний	зорґ|фель|тіх

Wenn man etwas langsam, ordentlich und genau macht.

Якщо ви робите щось повільно, акуратно і точно.

Венн ман етвас ланґзам, ордентліх унд ґенау махт.

das	Sou|ve|nir, Sou|ve|nirs	Сувенір	зу|ве|ніа
die	Spa|ghet|ti, Spa|ghet|tis	Спагеті	Шпа|ґет|ті
	Spa|ni|en	Іспанія	Шпа|ні|ен
	spa|nisch	іспанський	шпа|ніш
	Spa|nisch	Іспанська	Шпа|ніш
	spa|ren	заощаджувати	шпа|рен
der	Spa|ten, Spa|ten	Лопата	Шпа|тен
	spä|ter	пізніше	шпе|та
	spa|zie|ren ge|hen	йти гуляти	шпа|ці|рен ґє|єн
das	Space|shut|tle, Space|shut|tles	Космічний корабль	Спейс|шат|тл
	span|nend	захоплюючий	шпан|ненд
die	Span|nung, Span|nun|gen	Напруженість	Шпан|нунґ

Wenn man aufgeregt ist, was als nächstes passiert.

Коли ви в очікуванні того, що буде далі.

Вен ман ауфґереґт іст, вас альс нехстес пассіат.

das	Spar|kon|to, Spar|kon|tos/ Spar|kon|ten	Накопичувальний рахунок	Шпар|кон|то
das	Spar|schwein, Spar|schwei|ne	Скарбничка	Шпар|швайн
der	Spaß, Spä|ße	задоволення	Шпасс
die	Spei|se|kar|te, Spei|se|kar|ten	Меню	Шпай|зе|кар|те

Eine Karte im Restaurant, auf der alle Speisen und Getränke stehen.

Меню в ресторані, в якому вказані всі страви та напої.

Айне Карте ім Ресторан, ауф дер альлє Шпайзен унд Ґетренке штеєн.

der	Spatz, Spat|zen	Горобець	Шпатц
der	Speck	Сало	Шпек

Grundschulwörterbuch Deutsch-Ukrainisch
ISBN 9783962134808 interkulturaverlag.de

	Speer|wurf	Метання списа	Шпеер|вурф
der	Spei|cher, Spei|cher	Сховище	Шпай|ха
die	Spei|se|kar|te, Spei|se|kar|ten	Меню	Шпай|зе|кар|те
	spi|cken	списувати	шпі|кен
der	Spi|nat	Шпинат	Шпі|нат
der	Spie|gel, Spie|gel	Дзеркало	Шпі|ґель
die	Spie|le|rin, Spie|le|rin|nen	Гравчиня	Шпі|лє|рін
	spie|len	грати	шпі|лєн
der	Spie|ler, Spie|ler	Гравець	Шпі|ля
das	Spiel, Spie|le	Гра	Шпіль
das	Spiel|feld, Spiel|fel|der	Поле для гри	Шпіль|фельд
das	Spiel|haus, Spiel|häu|ser	Ігровий будинок	Шпіль|хаус

Ein kleines Häuschen mit Puppen zum Spielen.

Маленький будиночок з ляльками, з котрими можна грати.

Айн кляйнес Хойсхєн міт Пуппен цум Шпілєн.

der	Spiel|platz, Spiel|plät|ze	Майданчик для ігор	Шпіль|плац
der	Spiel|stand, Spiel|stän|de	Рахунок зустрічі	Шпіль|штанд
die	Spiel|stei|ne	Крем'яхи	Шпіль|штай|не
die	Spiel|wa|ren	Іграшки	Шпіль|ва|рен
die	Spiel|zeug-Schild|krö|te, Spiel|zeug-Schild|krö|ten	Іграшкова черепаха	Шпіль|цойґ-Шільд|крьо|те
das	Spiel|zeug, Spiel|zeu|ge	Іграшка	Шпіль|цойґ
das	Spiel|zeug|au|to, Spiel|zeug|au|tos	Іграшковий автомобіль	Шпіль|цойґ|ау|то
das	Spiel|zeug|boot, Spiel|zeug|boo|te	Іграшковий кораблик	Шпіль|цойґ|боот
die	Spiel|zeug|en|te, Spiel|zeug|en|ten	Іграшкова качка	Шпіль|цойґ|ен|те
die	Spiel|zeug|kis|te, Spiel|zeug|kis|ten	Коробка для іграшок	Шпіль|цойґ|кіс|те
das	Spiel|zim|mer, Spiel|zim|mer	Ігрова зала	Шпіль|цім|ма
die	Spin|ne, Spin|nen	Павук	Шпін|не
das	Spin|nen|netz, Spin|nen|net|ze	Павутиння	Шпін|нен|нец

interkulturaverlag.de ISBN 9783962134808

Spinnen weben es, um darin zu leben und Beute zu fangen.

Павуки плетуть його, щоб жити в ньому і ловити здобич.

Шпіннен вебен ес, ум дарін цу лебен унд Бойте цу фанґен.

der	Spind, Spin|de	Шафка	Шпінд
die	Spit|ze, Spit|zen	Вершина	Шпіт|це
	spit|zen	точити	шпіт|цен
	spitz	гострий	шпітц
der	Sport(un|ter|richt)	фізкультурні заняття	Шпоат(ун|тер|ріхт)
die	Sport|ho|se, Sport|ho|sen	Спортивні штани	Шпоат|хо|зе
der	Sport|wa|gen, Sport|wa|gen	Спортивний автомобіль	Шпоат|ва|ґен

Ein Auto, das schneller als andere Autos ist.

Автомобіль, який швидше інших машин.

Айн Ауто, дас шнельлер альс андере Аутос іст.

die	Spra|che, Spra|chen	Мова	Шпра|хе
die	Spre|che|rin, Spre|che|rin|nen	Речниця	Шпре|хе|рін
das	Spre|chen	Говоріння	Шпре|хен
	spre|chen	розмовляти	шпре|хен
der	Spre|cher, Spre|cher	Речник	Шпре|ха
das	Sprin|gen	Стрибання	Шпрін|ґен
	sprin|gen	стрибати	шпрін|ґен
der	Sprink|ler, Sprink|ler	Розбризкувач	Шпрінк|ля

Ein Gerät, das den Rasen oder den Garten nass macht.

Пристрій, який робить газон або сад вологим.

Айн Ґерет, дас ден Разен ода ден Ґартен насс махт.

der	Spring|brun|nen, Spring|brun|nen	Фонтан	Шпрінґ|брун|нен
das	Spring|seil, Spring|sei|le	Скакалка	Шпрінґ|зайль
die	Sprit|ze, Sprit|zen	Шприц	Шпріт|це
	sprü|hen	Розприскувати	шпрю|ен

Grundschulwörterbuch Deutsch-Ukrainisch
ISBN 9783962134808 interkulturaverlag.de

S

	spül|len	мити	шпю|лєн
das (die)	Spül|be|cken (Spü|le), Spül|be|cken (Spü|len)	Кухонна раковина	Шпюль|бе|кен (Шпю|лє)
der	Sta|chel, Sta|cheln	Жало	Шта|хель
das	Sta|chel|schwein, Sta|chel|schwei|ne	Дикобраз	Шта|хель|швайн

Ein Nagetier, das mit Stacheln am Körper seine Feinde abwehrt.

Гризун, який використовує шипи на своєму тілі, щоб відлякувати ворогів.

Айн Наґельтіа, дас міт Штахельн ам Кьорпа зайне файнде абверт.

das	Sta|di|on, Sta|di|ons	Стадіон	Шта|ді|он
die	Sta|ti|on, Sta|ti|o|nen	Зупинка	Шта|цьі|йон
die	Sta|tue, Sta|tu|en	Статуя	Шта|туе
die	Staats|bür|ger|schaft, Staats|bür|ger|schaf|ten	Громадянство	Штаатс|бюа|ґєа|шафт
die	Stab|heu|schre|cke, Stab|heu|schre|cken	Коник-палочник"	Штаб|хой|шре|ке
die	Stadt, Städ|te	Місто	Штат

Ein Ort mit besonders vielen Menschen und Gebäuden.

Місце з особливо великою кількістю людей та будівель.

Айн Орт міт безондерс філєн Меншен унд ґебойден.

der	Stall, Stäl|le	Стайня	Шталь
	stamp|fen	тупати	штамп|фен
die	Strand|mat|te, die	Пляжний килимок	Штранд|мат|те
der	Star, Stars	Зірка	Штар
	stark	сильний	штарк
die	Start|bahn, Start|bah|nen	Злітна смуга	Штат|бан
der	Stau, Staus	Затор	Штау
der	Stau|damm, Stau|däm|me	Дамба	Штау|дамм
der	Staub	Пил	Штауб
der	Staub|sau|ger, Staub|sau|ger	Пилосос	Штауб|зау|ґа
	ste|cken	устромляти	ште|кен
	ste|hen	стояти	ште|єн

ISBN 9783962134808

das	Ste|thos|kop, Ste|thos|ko|pe	Стетоскоп	Ште|тос|коп

Damit kann der Arzt deinen Herzschlag hören.

Із цим лікар може почути твоє серцебиття.

Даміт кан дер Арцт дайнен Херцшлаґ хьорен.

die	Ste|war|dess, Ste|war|des|sen	Бортпровідниця	Стю|ар|десс
der	Ste|ward, Ste|wards	Бортпровідник	Стю|арт
	steh|len	красти	ште|лєн
	stei|gen	підніматися	штай|ген
der	Stein, Stei|ne	Камінь	Штайн
	stel|len	ставити	штель|лєн
	stem|peln	ставити печатку	штем|пельн
der	Sten|gel, Sten|gel	Стебло	Штен|гель

Der grüne Stiel von einer Blume.

Зелене стебло квітки.

Дер ґрюне Штіль фон айнер Блуме.

die	Step|pe, Step|pen	Степ	Штеп|пе
	ster|ben	помирати	штеа|бен
der	Stern, Ster|ne	Зірка	Штерн
das	Stern|zei|chen, Stern|zei|chen	Знак зодіаку	Штерн|цай|хєн
der	Sti|cker, Sti|cker	Наліпка	Сті|ка
der	Stie|fel, Stie|fel	Чобіт	Шті|фель
das	Stief|müt|ter|chen, Stief|müt|ter|chen	Братки	Штіф|мют|тер|хен
der	Stier, Stie|re	Бик	Штіа
der	Stift, Stif|te	Олівець	Штіфт
	still	тихий	штіль
die	Stim|me, Stim|men	Голос	Штім|ме
das	Stink|tier, Stink|tie|re	Скунс	Штінк|тіа
die	Stirn, Stir|nen	Чоло	Штірн
der	Stö|ckel|schuh, Stö|ckel|schu|he	Взуття на високих підборах	Штьо|кель|шуу

Grundschulwörterbuch Deutsch-Ukrainisch
ISBN 9783962134808 interkulturaverlag.de

Ein Schuh mit hohem Absatz, der Klackgeräusche beim Gehen macht.

Взуття на високих підборах, яке видає брязкітливі звуки під час ходьби.

Айн Шуу міт хохем Абзатц, дер Клакґеройше байм Ґеен махт.

	sto|ßen	наштовхнутися	што|ссен
das	Stock|werk, Stock|wer|ke	поверх	Шток|верк
der	Stoff, Stof|fe	Тканина	Штофф
	stolz sein	пишатися	штольц зайн
der	Storch, Stör|che	Лелека	Шторх
der	Stoß|zahn, Stoß|zäh|ne	Ікло	Штосс|цан
die	Stra|ße, Stra|ßen	Вулиця	Штра|ссе
die	Stra|ßen|bahn, Stra|ßen|bah|nen	Трамвай	Штра|ссен|бан

Ein Zug, der durch die Stadt fährt und Menschen transportiert.

Потяг, який їде по місту і перевозить людей.

Айн Цуґ, дер дурх ді Штат ферт унд Меншен транспортіат.

die	Stra|ßen|la|ter|ne, Stra|ßen|la|ter|nen	Вуличний ліхтар	Штра|ссен|ля|тер|не
der	Stra|ßen|ver|kehr	Дорожній рух	Штра|ссен|фер|ка
die	Strand|küs|te	Пляжне узбережжя	Штранд|кюс|те
das	Strand-Spiel|zeug-Set, Strand-Spiel|zeug-Sets	Набір пляжних іграшок	Штранд-Шпіль|цойґ-Сет
der	Strand, Strän|de	Пляж	Штранд
der	Strauch, Sträu|che	Кущ	Штраух
der	Strauß, Strau|ße	Букет	Штраусс
die	Stre|cke, Stre|cken	Відстань	Штре|ке
	stre|cken	простягати	штре|кен
	strei|chen	блукати	штрай|хен
der	Strei|fen, Strei|fen	Смужка	Штрай|фен
	strei|ten	сперечатися	штрай|тен
das	Streich|holz, Streich|höl|zer	Сірник	Штрайх|хольц

ISBN 9783962134808

Ein kleines Stöckchen, mit dem man Feuer machen kann.

Невелика паличка, за допомогою якої можна розвести вогонь.

Айн кляйнес Штьокхен, міт дем ман фоя махен канн.

der	Streit, Strei|te	Суперечка	Штрайт
	streng	суворий	штренг
der	Stress	Стрес	Штресс
der	Strich, Stri|che	Риска	Штріх
der	Strumpf, Strümp|fe	Панчоха	Штрумпф
die	Strumpf|ho|se, Strumpf|ho|sen	Колготки	Штрумпф|хо|зе
die	Stu|ben|flie|ge, Stu|ben|flie|gen	Кімнатна муха	Шту|бен|флі|ґе
der	Stu|dent, Stu|den|ten	Студент	Шту|дент

Ein älterer Schüler, der sich intensiv mit einem Thema beschäftigt.

Учень старшого віку, який інтенсивно займається вивченням певної теми.

Айн ельтера Шюля, дер зіх інтенсів міт айнем Тема бешефтіґт.

	stu|die|ren	вчитися	шту|ді|рен
die	Stu|fe, Stu|fen	Сходинка	Шту|фе
das	Stück, Stü|cke	Штука	Штюк
der	Stuhl, Stüh|le	Стілець	Штуль
	stumpf - scharf	тупий - гострий	штумпф - шарф
die	Stun|de, Stun|den	Година	Штун|де
der	Stun|den|plan, Stun|den|plä|ne	Розклад занять	Штун|ден|план
	stur	впертий	штуа

Sich trotz Argumente nicht umstimmen lassen.

Не дозволяти себе переконати, незважаючи на аргументи.

Зіх троц Арґументе ніхт умштіммен лассен.

	stür|misch	бурхливий	штюа|міш
der	Sturm, Stür|me	Гроза	Штуам
der	Sturz|helm, Sturz|hel|me	Захисний шолом	Штуац|хельм

Grundschulwörterbuch Deutsch-Ukrainisch
ISBN 9783962134808 interkulturaverlag.de

S

	su|chen	шукати	зу|хен
der	Sü|den	Південь	зю|ден
	su|per	чудово	зу|па
der	Su|per|markt, Su|per|märk|te	Супермаркет	зу|па|маакт
die	Sü|ßig|keit, Sü|ßig|kei|ten	Солодощі	зю|ссіг|кайт
	sub|tra|hie|ren	віднімати	зуб|тра|хі|рен

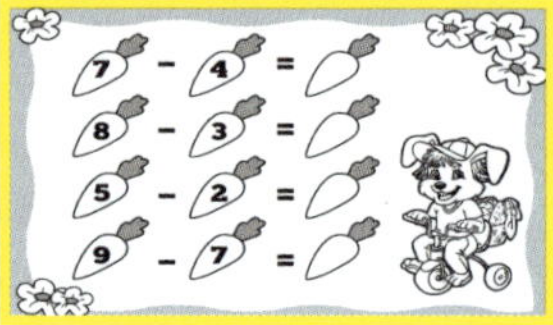

Wenn man mathematisch etwas von etwas anderem abzieht.

Коли математичним шляхом щось віднімається від чогось іншого.

Вен ман математіш етвас фон етвас андерем абцийт.

	süd|lich	südlich	зюд|ліх
der	Süd|os|ten	Південний схід	зюд|ос|тен
der	Süd|wes|ten	Південний захід	зюд|вес|тен
die	Sum|me, Sum|men	Сума	зум|ме
der	Sumpf, Sümp|fe	Болото	зумпф
	Sup|pe ko|chen	готувати суп	зуп|пе ко|хен
die	Sup|pe, Sup|pen	Суп	зуп|пе
die	Sup|pen|kel|le, Sup|pen|kel|len	Ополоник	зуп|пен|кель|лє
der	Sup|pen|löf|fel, Sup|pen|löf|fel	Столова ложка	зуп|пен|льоф|фель
der	Sup|pen|tel|ler, Sup|pen|tel|ler	Супова тарілка	зуп|пен|тел|ля
	sur|fen	займатися серфінгом	сор|фен

Mit einem Brett auf dem Wasser fahren.

Кататися на дошці по воді.

Міт айнем Бретт ауф дем Васса фарен.

der	Sur|fer, Sur|fer	Серфер	Сор|фер
das	Surf|brett, Surf|bret|ter	Дошка для серфінгу	Сорф|бретт
	süß	солодкий	зюсс
die	Süß|kar|tof|fel, Süß|kar|tof|feln	Батат	зюсс|кар|тоф|фель
das	Sweat|shirt, Sweat|shirts	Світшот	Свет|шьорт
der	Syn|the|si|zer, Syn|the|si|zer	Синтезатор	Син|се|сай|за

interkulturaverlag.de ISBN 9783962134808

das	T-Shirt, T-Shirts	футболка	Ті-Шьорт
die	Ta|blet|te, Ta|blet|ten	Таблетка	Та|блєт|те

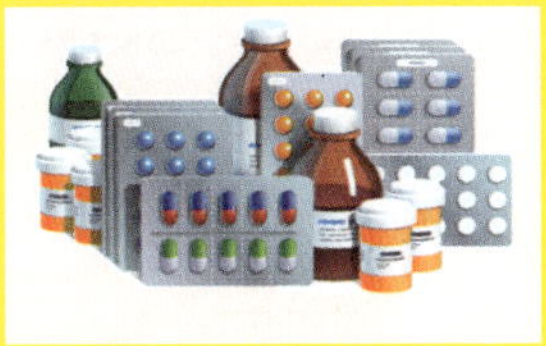

Ein kleines Kügelchen zum Schlucken, das bei Krankheiten hilft.

Маленька кулька, яку можна проковтнути і яка допомагає при хворобі.

Айн кляйнес Кюґельхєн цум Шлукен, дас бай Кранкхайтен хільфт.

das	Ta|blett, Ta|bletts/Ta|blet|te	Піднос	Та|блєтт
der	Ta|cker, Ta|cker	Степлер	Та|ка
die	Ta|fel, Ta|feln	Дошка	Та|фель
das	Ta|ge|buch, Ta|ge|bü|cher	Щоденник	Та|ґе|бух
das	Ta|lent, Ta|len|te	Талант	Та|лєнт
die	Ta|pe|te, Ta|pe|ten	Шпалери	Та|пе|те
die	Ta|sche, Ta|schen	Сумка	Та|ше
das	Ta|schen|buch, Ta|schen|bü|cher	Книжка кишенькового формату	Та|шен|бух
das	Ta|schen|geld, Ta|schen|gel|der	Кишенькові гроші	Та|шен|ґельд
die	Ta|schen|lam|pe, Ta|schen|lam|pen	Кишеньковий ліхтарик	Та|шен|лам|пе
der	Ta|schen|rech|ner, Ta|schen|rech|ner	Мікрокалькулятор	Та|шен|рех|на

Kleines elektronisches Gerät, das rechnen kann.

Невеликий електронний пристрій, який може робити розрахунки.

Кляйнес елєктронішес Ґерет, дас рехнен канн.

das	Ta|schen|tuch, Ta|schen|tü|cher	Носова хустинка	Та|шен|тух
die	Tä|tig|keit, Tä|tig|kei|ten	Діяльність	Те|тіх|кайт
die	Tä|to|wie|rung, Tä|to|wie|run|gen	Татуювання	Те|ту|ві|рунґ
das	Ta|xi, Ta|xis	Таксі	Та|ксі
die	Tab|la, Tab|las	Табла	Таб|ля
der	Tag, Ta|ge	День	Таґ
	täg|lich	щодня	теґ|ліх
das	Ta|ge|buch, Ta|ge|bü|cher	Щоденник	Та|ґе|бух

ISBN 9783962134808 interkulturaverlag.de

Ein Buch, in das man jeden Tag reinschreibt, was so passiert.

Книга, у яку записується те, що відбувається щодня.

Айн Бух, ін дас ман єден Таґ райншрайбт, вас зо пассірт.

	tags|über	впродовж дня	таґс|уьоба
die	Tail|le, Tail|len	Талія	Тайль|лє
das	Tal|kum	Тальк	Таль|кум
die	Talk|show, Talk|shows	Ток-шоу	Ток|шоу
das	Tam|bou|rins	Бубен	Там|бу|ра
der	Tan|ker, Tan|ker	Танкер	Тан|ка
die	Tan|ne, Tan|nen	Ялинка	Тан|не
der	Tan|nen|baum, Tan|nen|bäu|me	Різдвяна ялинка	Тан|нен|баум

Ein dunkelgrüner, spitzer Baum mit vielen Nadeln.

Темно-зелене, колюче дерево з численними голками.

Айн дункельґрюне, шпітца Баум міт філєн Надельн.

die	Tan|te, Tan|ten	Тітка	Тан|те
	tan|zen	танцювати	тан|цен
die	Tank|stel|le, Tank|stel|len	заправка	Танк|стель|лє
	tap|fer	сміливий	тап|фа
die	Tas|se, Tas|sen	Чашка	Тас|се
die	Tas|ta|tur, Tas|ta|tu|ren	Клавіатура	Тас|та|туа
die	Tat|sa|che, Tat|sa|chen	факт	Тат|за|хе
das	Tat|too, Tat|toos	Татуювання	Тат|ту
der	Tau	Трос	Тау

Ein dickes, festes Seil, mit dem Schiffe gezogen werden.

Товста, міцна мотузка, за допомогою якої тягнуть кораблі.

Айн дікес, фестес Зайль, міт дем Шіффе ґецоґен веаден.

die	Tau|be, Tau|ben	Голуб	Тау|бе
	tau|chen	пірнати	тау|хен
der	Tau|cher, Tau|cher	Водолаз, нирець	Тау|ха

interkulturaverlag.de ISBN 9783962134808

die	Tau|cher|flos|sen	Ласти для дайвінгу	Тау|ха|фльос|сен
	tau|send	тисяча	тау|зенд
der	Tau|send|füß|ler, Tau|send|füß|ler	Багатоніжка	Тау|зенд|фюс|ля
das	Tau|zie|hen	Перетягування каната	Тау|ці|єн
	te|le|fo|nie|ren	розмовляти по телефону	те|лє|фо|ні|рен
das	Te|le|fon, Te|le|fo|ne	Телефон	Тє|лє|фон
das	Te|le|fon|buch, Te|le|fon|bü|cher	Телефонний довідник	Тє|лє|фон|бух
die	Te|le|fon|num|mer, Te|le|fon|num|mern	Номер телефону	Тє|лє|фон|нум|ма
das	Team, Teams	Команда	Тім
die	Tech|nik	Техніка	Тех|нік
der	Ted|dy, Ted|dys	Ведмедик	Тед|ді
der	Ted|dy|bär, Ted|dy|bä|ren	Плюшевий ведмедик	Тед|ді|беа
	Tee ko|chen	заварювати чай	Тє ко|хен
der	Tee, Tees	Чай	Тє
die	Tee|kan|ne, Tee|kan|nen	Чайник	Тє|кан|не
der	Teen|ager, Teen|ager	Тінейджер	Тін|ейджер

Eine Person die ungefähr zwischen 13 und 19 Jahre alt ist.

Людина, якій приблизно від 13 до 19 років.

Айне Перзон ді унґефа цвішен драйцейн унд нойнцейн Яре альт іст.

	tei|len	ділити	тай|лєн
der	Teich, Tei|che	Ставок	Тайх
der	Teig, Teige	Тісто	Тайґ
der	Teil, Tei|le	Частина	Тайль
der	Tel|ler, Tel|ler	Тарілка	Тель|ля
die	Tem|pe|ra|tur, Tem|pe|ra|tu|ren	Температура	Тем|пе|ра|туа
das	Ten|nis	Теніс	Тен|ніс

Grundschulwörterbuch Deutsch-Ukrainisch
ISBN 9783962134808 interkulturaverlag.de

Sportart, bei der ein Ball über ein Netz geschlagen wird.

Вид спорту, в якому м'яч перелітає через сітку.

Шпоатаат, бай дер айн Баль уьоба айн Нетц ґешлаґен вірд.

der	Ten|nis|spie|ler, Ten|nis|spie|ler	Тенісист	Тен|ніс|шпі|ля
der	Ten|nis|schlä|ger, Ten|nis|schlä|ger	Тенісна ракетка	Тен|ніс|шле|ґа
der	Tep|pich, Tep|pi|che	Килим	Теп|піх
die	Ter|mi|te, Ter|mi|te	Терміти	Тер|мі|те
der	Ter|min, Ter|mi|ne	Призначений час	Те|min
der	Test, Tests	Тест	Тест
	teu|er	дорогий	то|я
der	Teu|fel, Teu|fel	Біс	Той|фель
	teuer - billig	дорогий - дешевий	тоя - більліх

Wenn etwas viel (teuer) oder wenig (billig) Geld kostet.

Коли щось коштує багато (дорого) або мало (дешево) грошей.

Вен етвас філь (тоя) ода веніх (більліх) ґельд костет.

der	Text, Tex|te	Текст	Текст
das	Text|mar|ker, Text|mar|ker	Маркер	Текст|мар|ка
das	The|ma, The|men	Тема	Те|ма
das	Thea|ter, Thea|ter	Театр	Те|а|та
das	Ther|mo|me|ter, Ther|mo|me|ter	Термометр	Тер|мо|ме|та
das	Ther|mo|me|ter, Ther|mo|me|ter	Термометр	Тер|мо|ме|та
die	Ther|mos|kan|ne, Ther|mos|kan|nen	Термос	Тер|мос|кан|не
der	Thron, Thro|ne	Трон	Трон
	Thü|rin|gen	Тюрінгія	Тю|рін|ген
das	Ti|cket, Ti|ckets	Квиток	Ті|кет

Stück Papier, das man für bestimmte Veranstaltungen braucht.

Аркуш паперу, необхідний для певних подій.

Штюк папір, дас ман фюр бештіммте Феранштальтунґен браухт.

der	Ti|ger, Ti|ger	Тигр	Ті|ґа

interkulturaverlag.de ISBN 9783962134808

der	Ti|tel, Ti|tel	Заголовок	Ті|тель
	tief	глибокий	тіф
das	Tier, Tie|re	Тварина	Тіа
die	Tier|ärz|tin, Tier|ärz|tin|nen	Ветеринарка	Тіа|еец|тін
der	Tier|arzt, Tier|ärz|te	Ветеринар	Тіа|аацт

Ein Arzt für Tiere.

Лікар для тварин.

Айн Аацт фюа Тіре.

die	Tier|pfle|ger|in, Tier|pfle|ger|in|nen	Доглядачка у зоопарку	Тіа|пфле|ґеа|ін
die	Tin|te, Tin|ten	Чорнило	Тін|те
das	Tin|ten|fass, Tin|ten|fäs|ser	Чорнильниця	Тін|тен|фасс
der	Tin|ten|fisch, Tin|ten|fi|sche	Каракатиця	Тін|тен|фіш
	tip|pen	набирати текст	тіп|пен
der	Tipp, Tipps	Порада	Тіпп
der	Tipp|feh|ler, Tipp|feh|ler	Помилка	Тіпп|фе|ля
der	Tisch, Ti|sche	Стіл	Тіш
die	Tisch|de|cke, Tisch|de|cken	Скатертина	Тіш|де|ке
die	Tisch|lam|pe, Tisch|lam|pen	Настільна лампа	Тіш|лам|пе
der	Tisch|ler, Tisch|ler	Столяр	Тіш|ля

Eine Person, die Gegenstände aus Holz baut.

Людина, яка виготовляє предмети з дерева.

Айне Перзон, ді ґеґенштенде аус Хольц баут.

das	Tisch|ten|nis	Настільний теніс	Тіш|тен|ніс
der	Tisch|un|ter|set|zer, Tisch|un|ter|set|zer	Настільний коврик	Тіш|ун|тер|зет|ца
die	To|ma|te, To|ma|ten	Помідор	То|ма|те
	tö|ten	вбивати	тьо|тен
der	Toas|ter, Toas|ter	Тостер	Тос|та
die	Toch|ter, Töch|ter	Донька	Тох|та

Grundschulwörterbuch Deutsch-Ukrainisch
ISBN 9783962134808 interkulturaverlag.de

der	Tod, To|de	Смерть	Тод
die	Toi|let|ten	Туалет	Той|лєт|тен
die	Toi|let|ten|bür|ste, Toi|let|ten|bür|sten	Щітка для чищення унітазу	Той|лєт|тен|бюа|сте

Eine Bürste, mit der die Toilette von innen geputzt wird.

Щітка для очищення внутрішньої поверхні унітазу.

Айне Бюасте, міт дер ді Тойлєтте фон іннен ґепутцт вірд.

das	Toi|let|ten|pa|pier, Toi|let|ten|pa|pie|re	Туалетний папір	Той|лєт|тен|па|піа
	toll	круто	толль
der	Ton, Tö|ne	звук, тон	Тон
der	Topf, Töp|fe	Горщик	Топф
das	Töpf|chen, Töpf|chen	Горщичок	Тьопф|хєн
das	Tor, To|re	Гол, брама	Тор
der	Tor|na|do, Tor|na|dos	Торнадо	Тор|на|до

Ein heftiger Wirbelsturm, der alles mit sich reißt.

Сильний вихор, який все з собою забирає.

Айн хефтіґер Вірбельштурм, дер альлєс міт зіх райсст.

die	Tor|te, Tor|ten	Торт	Тор|те
der	Tor|wart, Tor|war|te	Воротар	Тор|ват
	tot	мертвий	тот
die	Tou|ris|tin, Tou|ris|tin|nen	Туристка	Ту|ріс|тін
der	Tou|rist, Tou|ris|ten	Турист	Ту|ріст
die	Tour, Tou|ren	Поїздка	Туа
	tra|gen	носити	тра|ґєн
der	Trä|ger, Trä|ger	Носій	Тре|ґа

Ein Gegenstand, der etwas trägt.

Предмет, який щось несе.

Айн Ґеґенштанд, дер етвас треґт.

die	Trä|ne, Trä|nen	Сльоза	Тре|не
die	Trai|ne|rin, Trai|ne|rin|nen	Тренерка	Трей|не|рін

interkulturaverlag.de ISBN 9783962134808

der	Trai|ner, Trai|ner	Тренер	Трей|на
	trai|nie|ren	тренуватися	тре|ні|рен
das	Trai|ning, Trai|nings	Тренування	Тре|нін
der	Trai|nings|an|zug, Trai|nings|an|zü|ge	Спортивний костюм	Тре|нінґс|ан|цуґ
der	Trak|tor, Trak|tor|en	Трактор	Трак|тоа

Ein robustes Auto, das schwere Dinge ziehen kann.

Потужна машина, яка може тягнути важкі речі.

Айн робустес Ауто, дас швере Дінґе цієн канн.

das	Tram|po|lin, Tram|po|li|ne	Батут	Трам|по|лін
	trans|por|tie|ren	перевозити	транс|пор|ті|рен
der	Trans|port, Trans|por|te	Перевезення, транспорт	Транс|порт
die	Trau|be, Trau|ben	Виноград	Трау|бе
die	Trau|er	Журба	Трау|е
	träu|men	мріяти	трой|мен
	trau|rig	сумний	трау|ріх
	trau|rig - glück|lich	сумний - щасливий	трау|ріх - ґлюк|ліх
die	Trau|ung, Trau|un|gen	Шлюб	Тра|унґ
der	Trau|zeu|ge, Trau|zeu|gen	Свідок акту одруження	Трау|цой|ґе
der	Traum, Träu|me	Мрія	Траум
der	Tre|sor, Tre|so|re	Сейф	Тре|зоа

Ein sicherer Kasten, um wertvolle Dinge darin zu verschließen.

Надійна скриня для зберігання цінних речей.

Айн зіхера Кастен, ум вертфольле Дінґе дарін цу фершліссен.

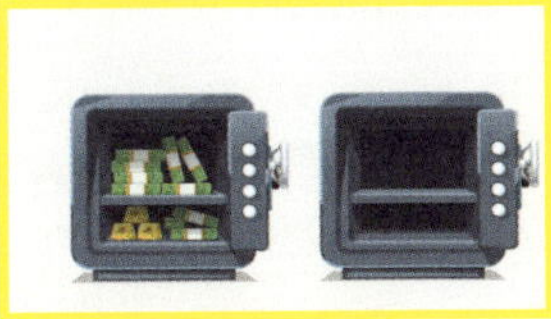

	tre|ten	наступати	тре|тен
	tref|fen	влучати, зустрічати	треф|фен
das	Tref|fen, Tref|fen	зустріч, матч	Треф|фен
der	Trench|coat, Trench|coats	Макінтош	Тренч|коат
die	Trep|pe, Trep|pen	Сходи	Треп|пе

Grundschulwörterbuch Deutsch-Ukrainisch
ISBN 9783962134808 interkulturaverlag.de

die	Trep|pen|stu|fe, Trep|pen|stu|fe	Сходинка	Треп|пен|шту|фе
die	Tri|an|gel, Tri|an|geln	Трикутник	Трі|ан|ґель
der	Trich|ter, Trich|ter	Лійка	Тріх|та
der	Trick, Tricks	Трюк, хитрість	Трік
	trin|ken	пити	трін|кен
die	Trink|scho|ko|la|de, Trink|scho|ko|la|den	Шоколад у порошку	Трінк|шо|ко|ля|де
der	Tritt|stein, Tritt|stei|ne	Камінь для переходу через ставок	Трітт|штайн

Runde, kleine Steine auf einem Teich zum rübergehen.

Круглі невеликі камені на ставку, щоб перейти на інший берег.

Рунде, кляйне Штайне ауф айнем Тайх цум рюбаґеєн.

	tro|cken	сухий	тро|кен
die	Tro|cken|frucht, Tro|cken|früch|te	Сухофрукт	Тро|кен|фрухт
die	Trom|mel, Trom|meln	Барабан	Тром|мель
die	Trom|pe|te, Trom|pe|ten	Труба	Тром|пє|тє
der	Trop|fen, Trop|fen	Крапля	Троп|фен
die	Tru|he, Tru|hen	Скриня	Тру|е
der	Trut|hahn, Trut|häh|ne	Індик	Трут|хан
	Tsche|chi|en	Чехія	Че|хі|єн
	tsche|chisch	чеський	че|хіш

Etwas, das aus Tschechien kommt, zum Beispiel Knödelspezialitäten.

Те, що походить з Чехії, наприклад, кнедлики.

Етвас, дас аус Чехієн коммт, цум Байшпіль Кньодельшпеціалітетен.

	tschüss	до побачення!	чюс
die	Tu|be, Tu|ben	Тюбик	Ту|бе
der	Tu|kan, Tu|ka|ne	Тукан	Ту|кан
die	Tü|te, Tü|ten	Пакет	Тю|те
das	Tuch, Tü|cher	Хустка	Тух

die	Tul|pe, Tul|pen	Тюльпан	Туль|пе
der	Tüm|pel, Tüm|pel	Невеликий ставок	Тюм|пель

Ein kleiner Teich mit stillstehendem Wasser.

Невеликий ставок зі стоячою водою.

Айн кляйна Тайх міт штильштеєндем Васса.

	tun	робити	тун
der	Tun|nel, Tun|nel	Тунель	Тун|нель
die	Tür, Tü|ren	Двері	Тюа
die	Tür|kei	Туреччина	Тюа|кай
	tür|kis	бірюзовий	тюа|кіс
	tür|kisch	турецький	тюа|кіш
die	Tür|klin|gel, Tür|klin|geln	Дзвінок у двері	Тюа|клін|ґель
das	Tur|nen	Фізкультура	Туанен
das	Tür|schloss, Tür|schlös|ser	Дверний замок	Тюа|шльосс
der	Turm, Tür|me	Вежа	Туам
die	Turn|hal|le, Turn|hal|len	Спортзал	Турн|халь|лє
die	Turn|schu|he	Спортивне взуття	Турн|шу|е
der	Typ, Ty|pen	Типаж	Тюп

Eine bestimmte Art, wie ein Mensch aussieht.

Певна зовнішність людини.

Айне бештіммте Арт, ві айн Менш аусзіт.

die	U-Bahn-Hal|te|stel|le, U-Bahn-Hal|te|stel|len	Станція метро	У-Бан-Халь|те|стель|лє
die	U-Bahn, U-Bah|nen	Метро	У-Бан
das	U-Boot, U-Boo|te	Підводний човен	У-Боот
	üben	займатися, практикувати	уьобен
	über	більш ніж, над, через	уьоба
	über - un|ter	над - під	уьоба - ун|та
	über den Bäu|men	над деревами	уьоба ден Бой|мен
	über den Fluss (ge|hen)	через річку (йти)	уьоба ден Флусс (ґєєн)

Grundschulwörterbuch Deutsch-Ukrainisch
ISBN 9783962134808 interkulturaverlag.de

	über die Li|nie (ge|hen)	через лінію (переступити)	уьоба ді Лі|ніє (ґє|єн)
	über|all	всюди	уьоба|аль
der	Über|blick, Über|bli|cke	Огляд	Уьоба|блік
	über|ge|ben	передавати	уьоба|ґє|бен
	über|le|gen	обдумувати	уьоба|лє|ґен
	über|mor|gen	післязавтра	уьоба|мор|ґен
	über|prü|fen	перевіряти	уьоба|прю|фен
	über|que|ren	перетнути	уьоба|кве|рен
die	Über|ra|schung, Über|ra|schun|gen	Несподіванка	Уьоба|ра|шунґ
	über|set|zen	перекладати, переправляти	уьоба|зет|цен
	über|sprin|gen	перестрибувати, пропускати (сторінку)	уьоба|шпрін|ґен
die	Über|wei|sung, Übe|rwei|sun|gen	переказ (грошей)	Уьоба|вай|зунґ

Wenn man jemandem aus der Bank Geld zusendet.

Коли ви з банку комусь відправляєте гроші.

Вен ман ємандем аус дер Банк Ґельд цузендет.

	über|zeu|gen	переконувати	уьоба|цой|ґен
die	Übung, Übun|gen	Вправа	Уьобунґ
das	Ufer, Ufer	Берег	Уфа
die	Uhr, Uh|ren	Годинник, година	Уа
	um	близько, навкруги, навколо	ум
	um 5 Uhr	о 5 годині	ум фюнф Уа
	um 9 Uhr he|rum (ge|gen 9 Uhr)	близько 9 години (біля 9 години)	ум нойн Уа хе|рум (ґе|ґєн нойн Уа)
	um den Park he|rum	навколо парку	ум ден Парк хе|рум
	um|ar|men	обіймати	ум|а|мен
der	Um|gang	Спілкування, поводження	Ум|ґанґ
der	Um|hang, Um|hän|ge	Накидка	Ум|ханґ
	um|schal|ten	перемикати	ум|шаль|тен

interkulturaverlag.de ISBN 9783962134808

der	Um|schlag, Um|schlä|ge	Обкладинка, конверт	Ум|шлаґ

Gefaltetes Papier, in das Briefe reinkommen.

Складений папір, в який вставляються листи.

Ґефальтетес папір, ін дас Бріфе райнкоммен.

die	Um|welt	Довкілля	Ум|вельт
der	Um|welt|schutz	Охорона довкілля	Ум|вельт|шутц
	um|zie|hen	переїжджати	ум|ці|єн
der	Un|fall, Un|fäl|le	Аварія, нещасний випадок	Ун|фаль
	un|ge|fähr	приблизно, десь	ун|ге|феа
das	Un|ge|heu|er, Un|ge|heu|er	Монстр	Ун|ґе|хо|я
	un|ge|kocht	некип'ячений	ун|ге|кохт
das	Un|kraut, Un|kräu|ter	Бур'ян	Ун|краут

Pflanzen, die ungewollt in einem Beet wachsen.

Рослини, які мимовільно ростуть на грядці.

Пфланцен, ді унґевольт ін айнем Беет ваксен.

	un|mög|lich	неможливий	ун|мьоґ|ліх
	un|or|dent|lich	неохайний	ун|ор|дент|ліх
die	Un|ord|nung	Безлад	Ун|орд|нунґ
	un|pas|send	недоречний	ун|пас|сенд
	un|ser/un|se|re	наш/наші	ун|зер/ун|зе|ре
	un|ten	унизу	ун|тен
	un|ter|bre|chen	перебивати	ун|тер|бре|хен
die	Un|ter|hal|tung, Un|ter|hal|tun|gen	Бесіда	Ун|тер|халь|тунґ
das	Un|ter|hemd, Un|ter|hem|den	Майка	Ун|тер|хемд
die	Un|ter|ho|se, Un|ter|ho|sen	Труси	Ун|тер|хо|зе
	un|ter|neh|men	організовувати, братися	ун|тер|не|мен
	un|ter|rich|ten	викладати, навчати	ун|тер|ріх|тен
die	Un|ter|richt|stun|de, Un|ter|richt|stun|de	заняття	Ун|тер|ріхт|штун|де

ISBN 9783962134808 interkulturaverlag.de

der	Un|ter|schied, Un|ter|schie|de	Різниця	Ун|тер|шід
	un|ter|schrei|ben	підписувати	ун|тер|шрай|бен
das	Un|ter|see|boot (U-Boot), Un|ter|see|boo|te (U-Boo|te)	Підводний човен	Ун|тер|зее|боот (У-Боот)

Ein Boot, das Unterwasser fährt.

Човен, який пливе під водою.

Айн Боот, дас Унтавасса ферт.

	un|ter|strei|chen	підкреслювати	ун|тер|штрай|хєн
	un|ter|su|chen	оглядати	ун|тер|зу|хен
die	Un|ter|su|chung, Un|ter|su|chun|gen	Дослідження	Ун|тер|зу|хунґ
die	Un|ter|tas|se, Un|ter|tas|sen	Блюдце	Ун|тер|тас|се
die	Un|ter|wä|sche	Нижня білизна	Ун|тер|ве|ше
das	Un|wet|ter, Un|wet|ter	Негода	Ун|вет|та

Starker Regen mit stürmendem Gewitter.

Сильний дощ із грозою.

Штака Реґен міт штюрмендем Ґевітта.

	und	та	унд
	unfair	нечесний	унфєа
	ungerecht	несправедливий	унґерехт
die	Uni|form, Uni|for|men	Уніформа	Уні|фоам
die	Uni|ver|si|tät, Uni|ver|si|tä|ten	Університет	Уні|веа|сі|тєт
das	Uni|ver|sum, Uni|ver|sen	Всесвіт	Уні|веа|зум
	uns	нами, нас, нам	унс
der	Ur|laub, Ur|lau|be	Відпустка, відпочинок	Уа|лауб
die	Ur|ne, Ur|nen	Урна	Уа|не

Ein Behälter für die Asche einer toten Person.

Ємність для праху померлої людини.

Айн Бехельта фюр ді Аше айна тотен Перзон.

der	Ur|wald, Ur|wäl|der	Пуща	Ур|вальд
der	Va|len|tins|tag, Va|len|tins|ta|ge	День святого Валентина	Ва|лєн|тінс|таґ

interkulturaverlag.de ISBN 9783962134808

die	Va|se, Va|sen	Ваза	Ва|зе
der	Va|ter, Vä|ter	Батько	фа|та
die	Ve|ran|da, Ve|ran|das	Веранда	Ве|ран|да
das	Veil|chen, Veil|chen	Фіалка	Вайль|хен
der	Ven|ti|la|tor, Ven|ti|la|to|ren	Вентилятор	Вен|ті|ля|тоа

Ein Gerät, das sich schnell dreht kühle Luft in den Raum bringt.

Пристрій, який швидко обертається для подачі холодного повітря до приміщення.

Айн ґерет, дас зіх шнель дрейт кюлє Луфт ін ден Раум брінґт.

	ver|ab|re|den	домовлятися	фер|аб|ре|ден
die	Ver|ab|re|dung, Ver|ab|re|dun|gen	Домовленість, побачення	фер|аб|ре|дунґ
die	Ver|ab|schie|dung, Ver|ab|schie|dun|gen	звільнення, прийняття (закону)	фер|аб|ші|дунґ
die	Ver|än|de|rung, Ver|än|de|run|gen	Переміна	фер|ен|де|рунґ
	ver|än|dern	змінити	фер|ен|дерн
	ver|ängst|licht	наляканий	фер|енґст|ліхт
	ver|är|gert	розсерджений	фер|еа|ґат
der	Ver|band, Ver|bän|de	Спілка, бинт	фер|банд
	ver|bes|sern	покращувати	фер|бес|серн
	ver|bin|den	зв'язувати, поєднувати	фер|бін|ден
die	Ver|bin|dung, Ver|bin|dun|gen	зв'язок, підключення	фер|бін|дунґ
das	Ver|bot, Ver|bo|te	заборона	фер|бот
das	Ver|bre|chen, Ver|bre|chen	злочин	фер|бре|хен

Wenn jemand gegen das Gesetz verstößt, ist das ein Verbrechen.

Якщо хтось порушує закон – це злочин.

Вен єманд ґеґен дас ґезетц ферштьосст, іст дас айн фербрехен.

	ver|bren|nen	спалювати	фер|брен|нен
	ver|brin|gen	проводити	фер|брін|ґен
der	Ver|dacht, Ver|dach|te/Ver|däch|te	Підозра	фер|дахт

Grundschulwörterbuch Deutsch-Ukrainisch
ISBN 9783962134808 interkulturaverlag.de

	ver|die|nen	заробляти, заслуговувати	фер|ді|нен
die	Ver|ei|nig|ten Staa|ten von Ame|ri|ka	Сполучені Штати Америки	фер|ай|ніх|тен Штаа|тен фон Аме|рі|ка
das	Ver|ei|nig|tes Kö|nig|reich (Großbritannien und Nordirland)	Об'єднане Королівство (Великобританія та Північна Ірландія)	фер|ай|ніх|тес Кьо|ніх|райх (Ґроссбрітанієн унд Нордірланд)
	ver|fau|len	гнити	фер|фау|лєн
die	Ver|fol|gungs|jagd, Ver|fol|gungs|jag|den	Гонитва	фер|фоль|ґунґс|яґд
	ver|ges|sen	забувати	фер|ґес|сен
	ver|glei|chen	порівнювати	фер|ґляй|хен
	ver|hal|ten	стримувати	фер|халь|тен
das	Ver|hal|ten, Ver|hal|ten	Поведінка	фер|халь|тен

Wie man ist und wie man sich benimmt.

Хто ви є і як ви себе поводите.

Ві ман іст унд ві ман зіх беніммт.

	ver|hei|ra|tet	одружений, заміжня	фер|хай|ра|тет
	ver|hin|dern	запобігати, завадити	фер|хін|дерн
	ver|kau|fen	продавати	фер|кау|фен
der	Ver|käu|fer, Ver|käu|fer	Продавець	фер|кой|фа
der	Ver|käu|fer|in, Ver|käu|fer|in|nen	Продавчиня	фер|кой|фер|ін
der	Ver|kauf, Ver|käu|fe	Продаж	фер|кауф
der	Ver|kehr	Рух, перевезення	фер|кєа

Die Bewegung von Fahrzeugen auf den Straßen.

Рух транспортних засобів по дорогам.

Ді Бевеґунґ фон Фарцойґен ауф ден Штрассен.

das	Ver|kehrs|schild, Ver|kehrs|schil|der	Дорожній знак	фер|керс|шільд
der	Ver|kehrs|stau, Ver|kehrs|staus	Дорожня пробка	фер|керс|штау
	ver|kehrt he|rum	догори ногами	фер|кєрт хе|рум
	Ver|klei|den, das	Переодягання	фер|кляй|ден, дас
	ver|knüp|fen	зв'язувати	вер|кнюп|фен

interkulturaverlag.de ISBN 9783962134808

	ver|lan|gen	вимагати	фер|лан|ґен
	ver|las|sen	залишати	фер|лас|сен
	ver|lei|hen	позичати, присуджувати (премію)	фер|ля|єн
	ver|let|zen	образити, поранити	фер|лєт|цен
	ver|lie|ben	закохуватися	фер|лі|бен
	ver|lie|ren - ge|win|nen	втрачати - здобувати	фер|лі|рен - ґе|він|нен
die	Ver|lo|bung, Ver|lo|bun|gen	заручини	фер|льо|бунґ

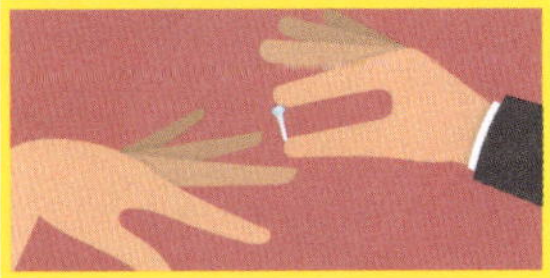

Das Versprechen zweier Menschen, einander zu heiraten.

Обіцянка двох людей одружитися один з одним.

Дас фершпрехен цвайя Меншен, айнанда цу хайратен.

der	Ver|lo|bungs|ring, Ver|lo|bungs|rin|ge	Обручка	фер|льо|бунґс|рінґ
der	Ver|lust, Ver|lus|te	Втрата	фер|луст
	ver|mie|ten	здавати в оренду	фер|мі|тен
	ver|mis|sen	сумувати	фер|міс|сен
das	Ver|mö|gen, Ver|mö|gen	Статок, здібності	фер|мьо|ґен
	ver|mu|ten	припускати, підозрювати	фер|му|тен
	ver|nünf|tig	розважливий, розумний	фер|нюнф|тіх
die	Ver|nunft	Розум, здоровий глузд	фер|нунфт

Ein anderes Wort für "Verstand".

Інше слово, що означає "розум, здоровий глузд".

Айн андерес Воат фюа "Ферштанд".

	ver|ra|ten	зраджувати, видавати	фер|ра|тен
	Ver|rück|ter, Ver|rück|ten	Божевільний	фер|рюк|та
	ver|rückt	божевільний	фер|рюкт
	ver|sam|meln	збирати, скликати	фер|зам|мельн
	ver|schie|ben	перенести на пізніше, відкладати	фер|ші|бен

Grundschulwörterbuch Deutsch-Ukrainisch
ISBN 9783962134808 interkulturaverlag.de

	ver|schie|den	різний	фер|ші|ден
	ver|schüt|ten	розсипати, проливати	фер|шют|тен
	ver|setzt wer|den	перейти (наприклад, до наступного класу)	фер|зетцт веа|ден
die	Ver|si|che|rung, Ver|si|che|run|gen	Страхування	фер|зі|хе|рунґ

Ein Vertrag, damit man in schwierigen Situationen und Notfällen Hilfe bekommt.

Договір для отримання допомоги у складних та надзвичайних ситуаціях.

Айн Фертраґ, даміт ман ін швіріґен зітуацьйонен унд Нотфельлєн Хільфе бекоммт.

die	Ver|söh|nung, Ver|söh|nun|gen	Примирення	фер|зьон|нунґ
	ver|spre|chen	обіцяти	фер|шпре|хен
das	Ver|spre|chen, Ver|spre|chen	Обіцянка	фер|шпре|хен
	ver|ste|cken	ховати	фер|ште|кен
	ver|ste|hen	розуміти	фер|ште|єн
das	Ver|steck|spiel, Ver|steck|spie|le	Гра у схованки	фер|штек|шпіль
	ver|su|chen	спробувати	фер|зу|хен
das	Ver|trau|en	Довіра	фер|трау|ен
	ver|trau|en	довіряти	фер|трау|ен
die	Ver|tre|tung, Ver|tre|tun|gen	Заміна	фер|тре|тунґ

Ersatz für eine andere Person, wenn diese krank oder im Urlaub ist.

Заміна іншої людини, якщо вона хвора або у відпустці.

Ерзатц фюр айне андере Перзон, венн дізе кранк ода ім Урлауб іст.

der	Ver|wand|te, Ver|wand|ten	Родич	фер|ванд|те
die	Ver|wand|te, Ver|wand|ten	Родичка	фер|ванд|те
	ver|zich|ten	відмовитися	фер|ціх|тен
	ver|zwei|felt	зневірений	фер|цвай|фельт
die	Ver|spä|tung, Ver|spä|tun|gen	Запізнення	фер|шпе|тунґ
das	Vi|deo, Vi|de|os	Відео	Ві|део
das	Vi|deo|spiel, Vi|deo|spie|le	Відеогра	Ві|део|шпіль

 ISBN 9783962134808

	vi|o|lett	фіолетовий	ві|о|лєтт
das	Vieh	Худоба	Віі
	viel	багато	філь
	viel/vie|le – mehr – am meis|ten	багато – більше – більше всього	філь/фі|лє – мер – ам майс|тен
	viel|leicht	можливо	філь|ляйхт
	vier	чотири	фіа
	vier Uhr	чотири години	фіа Уа
	vier|te	четвертий	фіа|те
der/ die/ das	Vier|te, Vier|ten	Четвертий	фіа|те
	Vier|tel nach 5	Чверть після п'ятої (17:15)	фіа|тель нах фюнф
	Vier|tel vor 6	Чверть до шостої (17:45)	фіа|тель фор зекс
das	Vier|tel, Vier|tel	Чверть, квартал	фіа|тель, фір|тель
die	Vier|tel|stun|de, Vier|tel|stun|den	Чверть години	фіа|тель|штун|де

Fünfzehn Minuten sind eine Viertelstunde.

П'ятнадцять хвилин – це чверть години.

Фюнфцейн мінутен зінд айне Фіательштунде.

	vier|zehn	чотирнадцять	фір|цейн
	vier|zig	сорок	фір|ціх
die	Vi|o|li|ne, Vi|o|li|nen	Скрипка	Ві|о|лі|не
der	Vo|gel, Vö|gel	Птах	фо|ґель
das	Vo|gel|nest, Vo|gel|nes|ter	Пташине гніздо	фо|ґель|нест
die	Vo|gel|scheu|che, Vo|gel|scheu|chen	Опудало	фо|ґель|шой|хе

Menschenähnliche Puppe auf einem Feld, die Vögel abschrecken soll.

Людиноподібна лялька у полі для відлякування птахів.

Меншенліхе Пуппе ауф айнем Фельд, ді Фьоґель абшрекен золь.

	Vo|ka|beln ler|nen	вчити лексику	Во|ка|бельн лєр|нен

Grundschulwörterbuch Deutsch-Ukrainisch
ISBN 9783962134808 interkulturaverlag.de

der	Vol|ley|ball, Vol|ley|bäl|le	Волейбол	Вол|лей|баль
das	Vol|ley|ball|spiel, Vol|ley|ball|spie|le	Гра у волейбол	Вол|лей|баль|шпіль
	voll	повний, дуже	фолль
	voll - leer	повний - пустий	фолль - леа
	von	від, з, про	фон
	von ... weg	далеко від ...	фон ... вег
	von den Au|tos weg	далеко від автомобілів	фон ден Ау|тос вег
	von Mün|chen nach Ber|lin	від Мюнхена до Берліна	фон Мюн|хен нах Беа|лін
	vor	від, до, перед, тому	фор
	vor der Tür	перед дверима	фор дер Тюа
	vor ei|ner Wo|che	тиждень тому	фор ай|на Во|хе
	vor Son|ntag	перед неділею	фор зон|таг
	vor|be|rei|ten	готувати (до чогось)	фор|бе|рай|тен
die	Vor|be|rei|tung, Vor|be|rei|tun|gen	Підготовка	фор|бе|рай|тунг
	vor|bei	повз, мимо	фор|бай
	vor|bei|ge|hen	проходити повз	фор|бай|ге|ен
die	Vor|freu|de, Vor|freu|den	Передчуття радості	фор|фрой|де
der	Vor|hang, Vor|hän|ge	Фіранка, штора	фор|ханг
der	Vor|mit|tag, Vor|mit|ta|ge	Дообідній час, перша половина дня	фор|міт|таг
	vor|mit|tags	у першій половині дня	фор|міт|тагс
der	Vor|na|me, Vor|na|men	Ім'я	фор|на|ме
	vor|ne	спереду	фор|не
	vor|schla|gen	пропонувати	фор|шля|ген
die	Vor|schu|le, Vor|schu|len	Підготовка дітей до вступу в школу	фор|шу|ле
	vor|sich|tig	обережний	фор|зіх|тіх
die	Vor|spei|se, Vor|spei|sen	Закуска	фор|шпай|зе
die	Vor|stel|lung, Vor|stel|lun|gen	Уявлення, знайомство	фор|штель|лунг

interkulturaverlag.de ISBN 9783962134808

die	Vor|wahl|num|mer, Vor|wahl|num|mern	Телефонний код	фор|валь|нум|ма

Der Anfang einer Telefonnummer, der in jeder Stadt anders ist.

Початок номеру телефону, який різний у кожному місті.

Дер Анфанґ айна Телєфоннумма, дер ін єда Штат андас іст.

	vor|wärts	уперед	фор|вертс
	vor|zie|hen	надавати перевагу	фор|ці|єн
der	Vul|kan, Vul|ka|ne	Вулкан	Вуль|кан
der	Wa|ckel|pud|ding	Пудинг-желе	Ва|кель|пуд|дінґ
der	Wa|gen, Wa|gen	Машина, автомобіль	Ва|ґен
der	Wa|gen|he|ber, Wa|gen|he|ber	Домкрат	Ва|ґен|хє|ба
die	Wa|re, Wa|ren	Виріб, товар	Ва|ре

Dinge, die man kaufen kann.

Речі, які можна придбати.

Дінґе, ді ман кауфен канн.

	wa|ren	були	ва|рен
	wa|rum	чому	ва|рум
die	Wä|sche, Wä|schen	Білизна, прання	Ве|ше
	wa|schen	прати, мити	ва|шен
die	Waa|ge, Waa|gen	Ваги	Ваа|ґе
	wach	бадьорий	вах
	wach sein	не спати	вах зайн
der	Wach|mann, Wach|män|ner	Сторож	Вах|манн

Kümmert sich um die Sicherheit an einem Ort.

Піклується про безпеку на місці.

Кюммерт зіх ум ді зіхахайт ан айнем Орт.

	wach|sen	рости	вак|сен
die	Wach|tel, Wach|teln	Перепілка	Вах|тель
das	Wachs, Wach|se	Віск	Вакс
das	Wachs|tum	Ріст, розвиток	Вакс|тум

Grundschulwörterbuch Deutsch-Ukrainisch
ISBN 9783962134808 interkulturaverlag.de

die	Waf|fel, Waf|feln	Вафля	Ваф|фель
	wäh|len	вибирати	вель|лєн
	wäh|rend	під час, протягом	ве|ренд
die	Wäh|rung, Wäh|run|gen	Валюта	Ве|рунґ
die	Wahl, Wahlen	Вибір	Валь
	wahr	правдивий, справжній	ваа
die	Wahr|heit, Wahr|hei|ten	Правда	Ваа|хайт
	wahr|neh|men	сприймати, дотримуватися	ваа|не|мен
	wahr|schein|lich	можливо	ваа|шайн|ліх
die	Wai|se, Wai|sen	Сирота	Вай|зе
der	Wal, Wa|le	Кит	Валь
die	Wal|nuss, Wal|nüs|se	Волоський горіх	Валь|нусс
das	Wal|ross, Wal|rös|ser	Морж	Валь|росс
der	Wald, Wäl|der	Ліс	Вальд
das	Wald|ge|biet, Wald|ge|bie|te	Лісова місцевість	Вальд|ґе|біт
der	Walk|man, Walk|mans	Плеєр	Уок|мен
der	Wan|de|rer, Wan|de|rer	Мандрівник	Ван|де|ра

Eine Person, die lange durch die Natur spaziert.

Людина, яка тривалий час гуляє на природі.

Айне Перзон, ді ланґе дурх ді Натуа шпаціат.

die	Wan|ge, Wan|gen	Щока	Ван|ґе
die	Wand, Wän|de	Стіна	Ванд
die	Wand|uhr, Wand|uh|ren	Настінний годинник	Ванд|ур
	wandern ge|hen	піти в похід	вандерн ґє|єн
	wann	коли	ванн
	war	був, була, було	вар
die	Wär|me	Тепло	Вер|ме
	war|nen	попередити	вар|нен
der	War|te|raum, War|te|räu|me	Приймальня, зал очікування	Вар|те|раум

interkulturaverlag.de ISBN 9783962134808

die	War|te|schlan|ge, War|te|schlan|gen	Черга	Вар|те|шлан|ґе

Eine Linie von Menschen, die nacheinander auf etwas warten.

Лінія із людей, які один за одним чогось чекають.

Айне Лініє фон Меншен, ді нахайнанда айф етвас вартен.

	war|ten	чекати	вар|тен
	warm	теплий	варм
	warst	ти був	варст
	wart	ви були	варт
	was	що	вас
das	Was|ser	Вода	Вас|са
der	Was|ser|fall, Was|ser|fäl|le	Водоспад	Вас|са|фаль

Aus großer Höhe herunterstürzendes Wasser eines Flusses.

Вода річки, яка падає з великої висоти.

Аус ґрьосса Хьоє херунташтюацендес Васса айнес Флуссес.

die	Was|ser|far|ben	Акварельна фарба	Вас|са|фар|бен
das	Was|ser|flug|zeug, Was|ser|flug|zeu|ge	Гідролітак	Вас|са|флуґ|цойґ
der	Was|ser|hahn, Was|ser|häh|ne	Водопровідний кран	Вас|са|хан
die	Was|ser|me|lo|ne, Was|ser|me|lo|nen	Кавун	Вас|са|ме|льо|не
die	Was|ser|rut|sche, Was|ser|rut|schen	Водна гірка	Вас|са|рут|че
der	Was|ser|ski|fah|rer, Was|ser|ski|fah|rer	Той, що катається на водних лижах	Вас|са|ші|фа|ра
das	Was|ser|tier, Was|ser|tie|re	Водна тварина	Вас|са|тіа
der	Was|ser|trans|port, Was|ser|trans|por|te	Водний транспорт	Вас|са|транс|поат

Blumen transportieren Wasser in ihren Blättern, um zu wachsen.

Для того, щоб рости, квіти транспортують воду у своїх листях.

Блумен транспортірен Васса ін ірен Блєттан, ум цу ваксен.

das	Wasch|be|cken, Wasch|be|cken	Умивальник	Ваш|бе|кен
die	Wasch|ma|schi|ne, Wasch|ma|schi|nen	Пральна машина	Ваш|ма|ші|не

Grundschulwörterbuch Deutsch-Ukrainisch
ISBN 9783962134808 interkulturaverlag.de

die	Wat|te	Вата	Ват|те
das	Wat|te|stäb|chen, Wat|te|stäb|chen	Ватна паличка	Ват|те|штеб|хен
der	WC-Rei|ni|ger, WC-Rei|ni|ger	засіб для чищення унітазу	Веце-Рай|ні|ґа
das	WC, WCs	Туалет	Веце
der	We|ber|vo|gel, We|ber|vö|gel	Ткачик (птах)	Ве|ба|фо|ґель
	we|cken	будити	ве|кен
der	We|cker, We|cker	Дзвінок, будильник	Ве|ка
	we|hen	дути, віяти	ве|єн
	we|ni|ge	мало, небагато	ве|ні|ґе
	we|nig	мало	ве|ніхь
	we|nig – we|ni|ger – am we|nigs|ten	Мало - менше - найменше	ве|ніхь – ве|ні|ґа – ам ве|ніхс|тен
die	Web|sei|te, Web|sei|ten	Сайт	Веб|зай|те
	wech|seln	міняти, переходити	век|сельн
	weg	геть	веґ
der	Weg, We|ge	Шлях, дорога	Веґ
	weg|lau|fen	тікати	веґ|лау|фен
	weg|wer|fen	викидати	веґ|вер|фен
	weh|tun	боліти, робити боляче	ве|тун
die	Wei|de, Wei|den	Пасовисько	Вай|де

Grüne Wiese mit vielen wilden Pflanzen, auf der Pferde gerne grasen.

Зелений луг з багатьма дикими рослинами, де люблять пастися коні.

Грюне Візе міт філен Пфланцен, ауф дер Пферде ґерне ґразен.

	wei|nen	плакати	вай|нен
die	Wei|se, Wei|sen	Спосіб, манера	Вай|зе
die	wei|ter|füh|ren|de Schu|le	Середня загальноосвітня школа	вай|та|фю|рен|де Шу|ле
	wei|ter|ge|ben	передавати	вай|та|ґе|бен

interkulturaverlag.de ISBN 9783962134808

	wei|ter|ma|chen	продовжувати	вай|та|ма|хен
der	Wei|zen, Wei|zen	пшениця	Вай|цен
	weiblich adj.	жіночий	вайбліх
	weich	ніжний, лагідний, м'який	вайх
	weich - hart	м'який - твердий	вайх - харт
	Weih|nach|ten	Різдво	Вай|нах|тен

Ein wichtiger Feiertag für Christen, an dem die Familie zusammen ist.

Важливе свято для християн, коли збирається уся сім'я.

Айн віхтіґа Фаятаґ фюр Крістен, ан дем ді Фаміліє цузаммен іст.

der	Weih|nachts|baum, Weih|nachts|bäu|me	Різдвяна ялинка	Вай|нахтс|баум
der	Weih|nachts|mann, Weih|nachts|män|ner	Дід Мороз	Вай|нахтс|манн
	weil	тому що	вайль
der	Wein, Wei|ne	Вино	Вайн
die	Wein|trau|be, Wein|trau|ben	Виноградне гроно	Вайн|трау|бе
	weiß	білий	вайсс
	weit	далеко	вайт
	weit – wei|ter – am wei|tes|ten	Далеко - далі - самий дальній	вайт - вай|та - ам вай|тес|тен
	wel|cher/wel|che/wel|ches	який	вель|ха/ вель|хе/ вель|хес
die	Wel|le, Wel|len	Хвиля	Вель|лє
der	Wel|len|sit|tich, Wel|len|sit|ti|che	Хвилястий папужка	Вель|лєн|зіт|тіх
der	Wel|pe, Wel|pen	Цуценя	Вель|пе

Das Baby einer Hündin ist ein Welpe.

Дитина самки собаки - це цуценя.

Дас Бейбі айна Хюндін іст айн Вельпе.

die	Welt, Wel|ten	Світ	Вельт
der	Welt|raum	Космос	Вельт|раум
	wenn	коли, як	венн

Grundschulwörterbuch Deutsch-Ukrainisch
ISBN 9783962134808 interkulturaverlag.de

	wer	хто	веа
der	Wer|bung, Wer|bun|gen	Реклама	Веа|бунґ
	wer|den	ставати	веа|ден
	wer|fen	кидати	веа|фен
die	Werk|statt, Werk|stät|ten	Майстерня, цех	Веак|штатт

Ein Raum, in dem verschiedene Dinge gebaut werden.

Кімната, де виготовляються різні речі.

Айн Раум, ін дем фершідене Дінґе ґебаут верден.

der	Werk|tag, Werk|ta|ge	Будень, робочий день	Веак|таґ
das	Werk|zeug, Werk|zeu|ge	Інструмент, знаряддя	Веак|цойґ
der	Werk|zeug|kas|ten, Werk|zeug|käs|ten	Ящик для інструментів	Веак|цойґ|кас|тен
die	Wes|pe, Wes|pen	Оса	Вес|пе
	wes|sen	чий	вес|сен
die	Wes|te, Wes|ten	Жилет, безрукавка	Вес|те
der	Wes|ten	Захід	Вес|тен
	west|lich	західний	вест|ліх
das	Wet|ter	Погода	Вет|та
der	Wett|be|werb, Wett|be|wer|be	Змагання, конкурс	Ветт|бе|веаб

Ein Spiel, in dem Menschen für einen Preis gegeneinander antreten.

Гра, в якій люди змагаються між собою за приз.

Айн Шпіль, ін дем Меншен фюр айнен Прайс ґеґенайнанда антретен.

der	Wi|kin|ger, Wi|kin|ger	Вікінг	Ві|кін|ґа
	wich|tig	важливий	віх|тіх
	wie	як, як і	ві
	Wie bit|te?	Перепрошую, що ви сказали?	Ві біт|те?
	Wie geht es dir?	Як ти поживаєш?	Ві ґейт ес діа?
	Wie vie|le ...?	Скільки ...?	Ві фі|лє ...?
	Wie viel ...?	Скільки ...?	Ві філь ...?

ISBN 9783962134808

	wie|der	знову	ві|да
	wie|der|er|ken|nen	впізнавати	ві|да|еа|кен|нен
	wie|der|ho|len	повторювати	ві|да|хо|лен
die	Wie|der|ho|lung, Wie|der|ho|lun|gen	Повторення	Ві|да|хо|лунґ
	wie|gen	зважувати	ві|ґен

Mit einer Waage das Gewicht einer Person oder einem Gegenstand feststellen.

Використання ваг для визначення ваги людини чи предмета.

Міт айна Вааґе дас ґевіхт айна Пеазон ода айнем ґеґенштанд фестштельлен.

die	Wie|se, Wie|sen	Луг	Ві|зе
	wild	дикий	вільд
die	Wild|kat|ze, Wild|kat|zen	Лісовий кіт	Вільд|кат|це
das	Wild|tier, Wild|tie|re	Дика тварина	Вільд|тіа
	will|kom|men	вітати	вілль|ком|мен
die	Wim|per, Wim|pern	Вія	Вім|па
die	Win|del, Win|deln	Підгузок	Він|дель
	win|dig	вітряний	він|діх
	win|ken	підморгувати	він|кен
der	Win|ter, Win|ter	Зима	Він|та
	win|ter|lich	зимовий	він|та|ліх
der	Win|ter|man|tel, Win|ter|män|tel	Зимове пальто	Він|та|ман|тель
die	Win|ter|zeit, Win|ter|zei|ten	Зимовий період	Він|та|цайт
	win|zig	крихітний	він|ціх
der	Wind, Win|de	Вітер	Вінд
die	Wind|müh|le, Wind|müh|len	Вітряний млин	Вінд|мю|лє

Ein Turm mit sich drehenden Flügeln, der durch Bewegung Strom erzeugt.

Вежа з обертовими крилами, які завдяки руху виробляють електроенергію.

Айн Турм міт зіх дреєнден Флюґельн, дер дурх Бевеґунґ Штром ерцойґт.

Grundschulwörterbuch Deutsch-Ukrainisch
ISBN 9783962134808 interkulturaverlag.de

der	Wind|sur|fer, Wind|sur|fer	Віндсерфер	Вінд|сор|фа
die	Wip|pe, Wip|pen	Гойдалка	Віп|пе
	wir	ми	вір
	wir sind, sie sind	Ми є, вони є	вір зинд, зі зинд
	wir wa|ren, sie wa|ren	Ми були, вони були	вір ва|рен, зі ва|рен
die	Wir|bel|säu|le, Wir|bel|säu|le	Хребет	Вір|бель|зой|лє
die	Wir|bel|trom|mel, Wir|bel|trom|meln	Циліндричний барабан	Вір|бель|тром|мель

Eine Trommel, auf der mit zwei Stöcken schnell getrommelt wird.

Барабан, на якому швидко барабанять за допомогою двох паличок.

Айне Троммель, ауф дер міт цвай Штьокен шнель ґетроммельт вірд.

	wirk|lich	справжній, справді	вірк|ліх
	wis|sen	знати	віс|сен
die	Wis|sen|schaft, Wis|sen|schaft	Наука	Віс|сен|шафт
die	Wis|sen|schaft|le|rin, Wis|sen|schaft|le|rin|nen	Вчена	Віс|сен|шафт|лє|рін
der	Wis|sen|schaft|ler, Wis|sen|schaft|ler	Вчений	Віс|сен|шафт|ля
	wis|sen|schaft|lich	науковий	віс|сен|шафт|ліх
die	Wit|we, Wit|wen	Удова	Віт|ве
der	Witz, Wit|ze	Жарт	Віт|ц
	wo	де	во
die	Wo|che, Wo|chen	Тиждень	Во|хе

Sieben Tage hintereinander. Ein Jahr hat meistens 52 Wochen.

Сім днів поспіль. Зазвичай в одному році 52 тижні.

Зібен Таґе хінтаайнанда. Айн Яр хат майстенс цвайундфюнфціх Вохен.

das	Wo|chen|en|de, Wo|chen|en|den	Вихідні	Во|хен|ен|де
	wö|chent|lich	щотижневий	вьо|хент|ліх
	woh|nen	жити	во|нен
die	Woh|nung, Woh|nun|gen	Житло	Вон|нунґ

 ISBN 9783962134808

das	Wohn|mo|bil, Wohn|mo|bi|le	Пересувний будинок	Вон|мо|біль
der	Wohn|ort, Wohn|or|te	Місце проживання	Вон|орт
der	Wohn|wa|gen, Wohn|wa|gen	Житловий фургон	Вон|ва|ґен

Eine kleine Hütte auf Rädern, mit der man überall wohnen kann.

Невелика хатина на колесах, в якій можна жити де завгодно.

Айне кляйне Хютте ауф Редерн, міт дер ман уьоберaль вонен канн.

das	Wohn|zim|mer, Wohn|zim|mer	Житлова кімната	Вон|цім|ма
die	Wok|pfan|ne, Wok|pfan|nen	Пательня WOK	Вок|пфан|не
die	Wol|ke, Wol|ken	Хмара	Воль|ке
der	Wol|ken|krat|zer, Wol|ken|krat|zer	Хмарочос	Воль|кен|крат|ца
	wol|kig	хмарний	воль|кіх
die	Wol|le, Wol|len	Вовна	Воль|лє
	wol|len	бажати	воль|лєн
der	Wolf, Wöl|fe	Вовк	Вольф
das	Wör|ter|buch, Wör|ter|bü|cher	Словник	Вьор|тер|бух
das	Wör|ter|re|gis|ter, Wör|ter|re|gis|ter	Список слів	Вьор|тер|ре|ґіс|та

Eine geschriebene Sammlung von vielen Wörtern.

Збірка з великою кількістю слів.

Айне ґешрібене заммлунґ фон філєн Вьортерн.

das	World Wide Web	Всесвітня мережа	Ворлд Уайд Веб
das	Wort, Wör|ter/Wor|te	Слово	Ворт
	wü|tend	шалений	вю|тенд
das	Wun|der, Wun|der	Диво	Вун|да
	wun|der|bar	чудовий	вун|да|ба
	Wun|der|schön	Напрочуд гарний	Вун|да|шьон
	wün|schen	бажати	вюн|шен
	wund	поранений	вунд

Grundschulwörterbuch Deutsch-Ukrainisch
ISBN 9783962134808 interkulturaverlag.de

W

Eine Verletzung oder Reizung der Haut.

Травма або подразнення шкіри.

Айне Ферлєтцунґ ода Райцунґ дер Хаут.

der	Wunsch, Wün|sche	Бажання	Вунш
das	Wür|fel-Puz|zle, Wür|fel-Puz|zles	Кубічна головоломка	Вюа|фель-Пуз|зль
der	Wür|fel, Wür|fel	Кубик	Вюа|фель
die	Wur|zel, Wur|zeln	Корінь	Вуа|цель
der	Wurm, Wür|mer	Хробак	Вуам
die	Wurst, Würs|te	Ковбаса	Вуаст
das	Würst|chen, Würst|chen	Ковбаска	Вюаст|хен
die	Wüs|te, Wüs|ten	Пустеля	Вюс|те

Eine heiße Landschaft aus Sand, Steinen und Kakteen.

Спекотна місцевість з піску, каменів та кактусів.

Айне хайссе Ландшафт аус Занд, Штайнен унд Кактеєн.

die	Wut	Гнів	Вут
	X	Невідома величина, ікс	Ікс
	Xa|vi|er	Хав'єр, Ксав'є	Ксе|ві|а
	Xan|t|hisch	Ксантичний (відтінок жовтого кольору)	Ксан|т|иш
	Xe|ni|um, Xe|ni|a	Подарунок гостю	Ксе|ні|ум
	Xe|non	Ксенон	Ксе|нон
die	Xe|ro|se	Ксероз	Ксе|ро|зе
	Xe|rox	Ксерокс	Ксе|рокс
	Xe|ro|sto|mie	Ксеростомія	Ксе|ро|сто|мі
	Xho|sa	Коса (одна із мов ПАР)	Ксо|са
	Xy|lem	Деревина	Ксю|лєм
die	Xy|lo|gra|phie	Гравіювання по дереву	Ксю|льо|ґра|фі

Das Schnitzen und anschließende Drucken von Zeichen in Holz.

Різьба і потім друк символів на дереві.

Дас Шнітцен унд аншліссенде Друкен фон Цайхен ін Хольц.

interkulturaverlag.de ISBN 9783962134808

das	Xy|lo|phon	Ксилофон	Ксю|ло|фон
die	Yacht, Yach|ten	Яхта	Яхт
das	Yak, Yaks	Як (бик)	Як
das	Yo|ga	Йога	Йо|га
	zah|len	платити	ца|лєн
	zäh|len	рахувати	це|лєн
die	Zahl, Zah|len	Кількість, число	Цаль
	zahm	свійський	цам
der	Zahn, Zäh|ne	Зуб	Цан
die	Zahn|ärz|tin, Zahn|ärz|tin|nen	Жінка-стоматолог	Цан|ерц|тін
der	Zahn|arzt, Zahn|ärz|te	Чоловік-стоматолог	Цан|ерцт
die	Zahn|bürs|te, Zahn|bürs|ten	Зубна щітка	Цан|бюрс|те
die	Zahn|cre|me, Zahn|cre|mes	Зубна паста	Цан|кре|ме
die	Zahn|pas|ta, Zahn|pas|tas	Зубна паста	Цан|пас|та
die	Zan|ge, Zan|gen	Плоскогубці	Цан|ґе

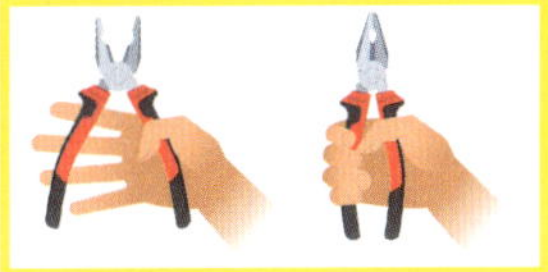

Ein Werkzeug, das Dinge greifen kann.

Інструмент, який може захоплювати об'єкти.

Айн Веркцойґ, дас Дінґе ґрайфен канн.

die	Zau|be|rei	Чари	Цау|бе|рай
der	Zau|be|rer, Zau|be|rer	Чарівник	Цау|бе|ра
die	Zau|ber|show, Zau|ber|shows	Магічне шоу	Цау|ба|шоу
der	Zau|ber|stab, Zau|ber|stä|be	Чарівна паличка	Цау|ба|штаб
der	Zaun, Zäu|ne	Паркан	Цаун
das	Ze|bra, Ze|bras	Зебра	Це|бра
der	Ze|bra|strei|fen, Ze|bra|strei|fen	Пішохідний перехід	Це|бра|штрай|фен

Hier kann man als Fußgänger die Straße überqueren.

Тут можна переходити дорогу як пішохід.

Хір канн ман альс Фуссґенґа ді Штрассе уьобакверен.

die	Ze|hen|spit|ze, Ze|hen|spit|zen	Кінчик пальця ноги	Це|єн|шпіт|це
der	Ze|ment	Цемент	Це|мент

ISBN 9783962134808 interkulturaverlag.de

der	Ze|nit, Ze|ni|te	Зеніт	Це|ніт
die	Ze|cke, Ze|cken	Кліщ	Це|ке
der	Zeh, Ze|hen	Палець на нозі	Цеє
	zehn	десять	цейн
der/ die/ das	Zehn|te, Zehn|ten	Десятий	Цейн|те
	zehn|te	десятий	цейн|те
das	Zei|chen, Zei|chen	Знак	Цай|хен
der/ die/ das	Zei|chen|block, Zei|chen|blö|cke	Блокнот для малювання	Цай|хен|блок
der	Zei|ge|fin|ger, Zei|ge|fin|ger	Вказівний палець	Цай|хен|фін|га
	zei|gen	показувати	цай|ґен
das	Zeich|nen	Малювання	Цайх|нен
die	Zeich|nung, Zeich|nun|gen	Малюнок	Цайх|нунґ
die	Zeit, Zei|ten	Час	Цайт
die	Zeit|schrift, Zeit|schrif|ten	Журнал	Цайт|шріфт
	zel|ten	жити в наметі	цель|тен
das	Zelt, Zel|te	Намет	Цельт
der	Zen|ti|me|ter, Zen|ti|me|ter	Сантиметр	Цен|ті|мє|та
das	Zen|trum, Zen|tren	Центр	Цен|трум

Der Mittelpunkt eines Zimmers oder einer Stadt.

Центр приміщення або міста.

Дер Міттельпункт айнес Ціммерс ода айна Штат.

	zer|klei|nern	подрібнювати	цер|кляй|нерн
	zer|knit|tert	зім'ятий	цер|кніт|терт
das	Zer|rei|ßen	Розрив	Цер|рай|ссен
	zer|schnei|den	розрізати	цер|шнай|ден
	zi|tie|ren	цитувати	ці|ті|рен

interkulturaverlag.de ISBN 9783962134808

Genaue Wiedergabe einer Textstelle mit Angabe des Autors.

Точне відтворення уривку тексту із зазначенням автора.

Ґенауе Відеґабе айна Текстштельлє міт Анґабе дес Ауторс.

die	Zi|tro|ne, Zi|tro|nen	Лимон	Ці|тро|не
der	Zick|zack, Zick|za|cke	Зиґзаґ	Цік|цак
die	Zie|ge, Zie|gen	Коза	Ці|ґе
der	Zie|gel, Zie|gel	Цегла	Ці|ґель
	zie|hen	тягти, витягати	ці|єн
	zie|hen - drü|cken	тягнути - тиснути	ці|єн - дрю|кен
	zie|len	цілитися	ці|лєн
das	Ziel, Zie|le	Ціль	Ціль

Etwas, das man unbedingt erreichen will.

Те, чого ви хочете досягти за будь-яку ціну.

Етвас, дас ман унбедінґт еррайхен вілль.

die	Zil|li|on, Zil|li|o|nen	Немислимо величезна кількість	Ціль|лі|он
das	Zim|mer, Zim|mer	Кімната	Цім|ма
der	Zimt	Кориця	Цімт
der	Zink	Цинк	Цінк
der	Zinn|sol|dat, Zinn|sol|da|ten	Олов'яний солдатик	Цінн|золь|дат
der	Zir|kel, Zir|kel	Циркуль	Цір|кель
der	Zir|kus, Zir|kus|se	Цирк	Цір|кус
die	Zo|ne, Zo|nen	Зона	Цо|не
der	Zoo, Zoos	Зоопарк	Цоо

Ein großer Park mit vielen besonderen Tieren.

Великий парк з багатьма особливими тваринами.

Айн ґросса Парк міт філєн безондерен Тірен.

die	Zoo|lo|gie	Зоологія	Цоо|льо|ґі
der	Zoo|phyt, Zoo|phy|ten	Зоофіт (тварина, яка зовні подібна до рослини)	Цоо|фют

ISBN 9783962134808 interkulturaverlag.de

der	Zopf, Zöp|fe	Коса	Цопф
	zor|nig	лютий	цо|ніх
	zu	занадто, в, для, на	цу
	zu Hau|se	вдома	цу Хау|зе
	zu viel	занадто	цу філь
	zu|be|rei|ten	готувати	цу|бе|рай|тен
der	Zu|cker	Цукор	Цу|ка
der	Zu|cker|wür|fel, Zu|cker|wür|fel	Цукровий кубик	Цу|ка|вюр|фель
	zu|erst	спочатку	цу|ерст
der	Zu|fall, Zu|fäl|le	Випадок, збіг обставин	Цу|фаль
	zu|frie|den	задоволений	цу|фрі|ден
	zu|frie|den sein	бути задоволеним	цу|фрі|ден зайн
das	Zu|hau|se	Оселя, будинок	Цу|хау|зе
die	Zu|hö|re|rin, Zu|hö|re|rin|nen	Слухачка	Цу|хьо|ре|рін
	zu|hö|ren	слухати	цу|хьо|рен
der	Zu|hö|rer, Zu|hö|rer	Слухач	Цу|хьо|ра
	zu|ju|beln	захоплено вітати (когось)	цу|ю|бельн
	zu|ma|chen	закривати	цу|ма|хен
	zu|rück	назад	цу|рюк
	zu|rück|ge|ben	віддавати	цу|рюк|ґе|бен
	zu|rück|kom|men	повертатися	цу|рюк|ком|мен
	zu|sa|gen	обіцяти, погоджуватися	цу|за|ґен
	zu|sam|men	разом	цу|зам|мен
	zu|sam|men|sto|ßen	зіштовхнутися, завести сварку	цу|зам|мен|што|ссен
der	Zu|satz, Zu|sät|ze	Доповнення	Цу|зац
	zu|schau|en	дивитися (на когось, на щось)	цу|шау|ен
	zu|stel|len	доставляти	цу|штель|лєн
die	Zuc|chi|ni,Zuc|chi|nis	Цукіні	Цук|кі|ні

	züch|ten	розводити	цюх|тен
der	Zug, Zü|ge	поїзд	Цуґ
die	Zun|ge, Zun|gen	язик	Цун|ґе
	zur Schu|le	до школи	цур Шу|лє
	zwan|zig	двадцять	цван|ціх
	zwei	двадцять	цвай
	zwei|mal	двічі	цвай|маль
das	zwei|sit|zi|ge So|fa, zwei|sit|zi|gen So|fas	Двомісний диван	цвай|зіт|ці|ґе зо|фа

Ein Sofa, auf dem zwei Menschen sitzen können.

Диван, на якому можуть сидіти двоє людей.

Айн зофа, ауф дем цвай Меншен зітцен кьоннен.

	zwei|te	другий	цвай|те
der/ die/ das	Zwei|te, Zwei|ten	Другий	Цвай|те
der	Zweig, Zwei|ge	Гілка, галузь	Цвайґ
	zwi|schen	між	цві|шен
die	Zwie|bel, Zwie|beln	Цибуля	Цві|бель
der	Zwil|ling, Zwil|lin|ge	Близнюк	Цві|лінґ
der	Zwin|ger, Zwin|ger	Клітка	Цвін|ґа

Grundschulwörterbuch Deutsch-Ukrainisch
ISBN 9783962134808 interkulturaverlag.de

Bildquellenverzeichnis
shutterstock.com

48 © Yuri Schmidt, 48 © IGORdeyka, 49 © Antonov Maxim, 49 © Zaie, 50 © GoodStudio, 50 © Creativa Images, 51 © Bas Aarts 52 © KajaNi, 52 © shama kanwal, 53 © MicroOne, 53 © NotionPic, 54 © KENG MERRY paper art, 54 © Mimi Art Smile, 54 © KittyVector, 55 © Ipajoel, 56 © intararit, 57 © Vectorium, 57 © AnyaPL, 57 © Olga1818, 58 © Vectorpocket, 58 © ,59 © Mr.Luck, 59 © Nazarkru, 60 © NTL studio, 60 © alaver, 61 © Macrovector, 61 © PlutusART, 62 © Pretty Vectors, 63 © Vectorium, 63 © robuart, 64 © sebastian ignacio coll, 64 © Tomacco, 65 © Ihnatovich Maryia, 66 © svyatoslavius, 66 © yulish, 67 © VitaminCo, 67 © Inspiring, 67 © Lyudmyla Kharlamova, 68 © Passion-pearl, 68 © Regular, 69 © naum, 69 © YUCALORA, 70 © Stterryk, 70 © Vectors Bang, 71 © Poi NATTHAYA, 71 © buchandbee, 72 © tezzstock, 72 ©, 73 © yusufdemirci, 73 © Rudie Strummer, 73 © Inkoly, 74 © haru_natsu_kobo, 74 © Tomacco, 75 © BNP Design Studio, 75 © Andrew Rybalko, 76 © Mi Sketch, 76 © Radzas2008, 76 © Tetyana Snezhyk, 77 © GoodStudio, 78 © Hennadii H, 78 © VooDoo1, 79 © Andrew Rybalko, 79 © Iconic Bestiary, 80 © IhorZigor, 81 © Zeynur Babayev, 81 © sayu, 81 © zzveillust, 82 © Paranyu, 82 © Dawn Hudson, 83 © eamesBot, 84 © Nadya_Art, 85 © HappyPictures, 85 © MZNF, 86 © Iconic Bestiary, 86 © yusufdemirci, 86 © makrushka, 87 © Black Jack, 87 © Macrovector, 88 © Olga1818, 88 © Tatiana Pankova, 89 © Val_Iva, 89 © cosmaa, 90 © Elena Istomina, 90 © Golden Sikorka, 91 © kateetc, 91 © M_Videous, 92 © Thepanyo, 92 © Macrovector, 92 © GoodStudio, 93 © rumka_vodki, 94 © Nicoleta Ionescu, 94 © Iconic Bestiary, 94 © Iconic Bestiary, 95 © yatate, 95 © klyaksun, 96 © solar22, 96 © supirloko89, 97 © Neliakott, 97 © Drawlab19, 98 © Maksym Drozd, 99 © Sudowoodo, 99 © Roaddesign, 100 © MicroOne, 100 © McLittle Stock, 101 © KingVector, 101 ©WinWin artlab, 101 ©Buravleva stock, 102 © ChingizDs, 102 © dasha_biryulina, 102 © Vectorium, 103 © VectorMine, 103 © Monster Ztudio, 104 © Passion-pearl, 104 © Maquiladora, 105 © Roi and Roi, 105 © PK Designs, 105 © MyPro, 106 © A_Boiko, 106 © Sunbeam_ks, 107 © melitas, 107 © pixelliebe, 108 © RATTANAPRON WONGSALUNG, 108 © Nicoleta Ionescu, 109 © Volosovich Igor, 109 © kamomeen 110 © PCH.Vector, 110 © TINA NIZOVA, 111 © Creative Hatti, 111 © GN.Studio, 112 © Tribalium, 112 © klyaksun, 113 © BlueRingMedia, 114 © BlueRingMedia, 114 © PCH.Vector, 115 © NiRain, 115 © WinWin artlab, 115 © Yasir Design, 116 © Sudarsan Thobias, 116 © robuart, 117 © Hennadii H, 117 © Volha Hlinskaya, 118 © piixypeach, 118 © Elegant Solution, 119 © Love You Stock, 120 © Irina Strelnikova, 120 © Arctic-stock, 120 © Novitech, 121 © klyaksun, 122 © Naumova Marina, 122 © grayjay, 123 © T-K-M, 124 © rumruay, 124 © ,124 © Katerina Kalugina, 125 © vectortatu, 125 © BlueRingMedia, 126 © Artisticco, 126 © Aleksangel, 126 © ClothingArtStudio, 127 © AlexBur777, 127 © Qualit Design, 128 © Ruslan Gi, 128 © d3verro, 129 © elenabsl, 129 © GoodStudio,130 © Yulia Tashirova, 131 © Arif_Vector, 131 © GoodStudio, 131 © Volha Hlinskaya, 132 © Vectorium, 132 © Amanita Silvicora, 133 © mei yanotai, 133 © elysart, 134 © TatyanaKar, 134 © delcarmat, 135 © Designer things, 135 © GoodStudio, 136 © GoodStudio, 136 © NotionPic, 136 © ONYXprj 137 © tynyuk, 138 © HappyPictures, 138 © Remo_Designer, 139 © KanKhem, 139 © MicroOne, 140 © ariepoernama, 140 © Ditrih Dankin, 140 © vectorpouch, 141 © GoodStudio, 141 © pannat, 142 © illMad, 142 © Volha Kratkouskaya, 142 © Tartila, 143 © Lickomicko, 143 © NotionPic, 144 © paprika, 144 © GraphicsRF.com, 145 © TINA NIZOVA, 146 © Tatyana_Tsurkan, 147 © Vectorium, 147 © Tanasab, 148 © WdiCreative, 148 © Natali Snailcat, 149 © Valery Brozhinsky, 149 © lemono, 149 © Andrew Rybalko, 150 © Mono_Abe, 150 © Merggy, 151 © BNP Design Studio, 151 © Lio putra, 152 © helenreveur, 152 © PchelaMajka, 152 © BOLDG, 153 © vectorpouch, 153 © Vectorium, 154 © elgun, 154 © D-sign Studio 10, 154 © PlutusART, 155 © Takoyaki Tech, 155 © BNP Design Studio, 156 © Oksana Moonsand, 156 © Sabelskaya, 157 © brgfx, 157 © Melkisheva Viktoriia, 158 © Derariad, 158 © Elegant Solution, 159 © Andrew Rybalko, 159 © Iconic Bestiary, 159 © eamesBot, 160 © ONYXprj, 160 © Olga1818, 161 © Elena Istomina, 161 © Armita, 162 © Wes Qosous, 162 © Vectorium, 163 © DenysHolovatiuk, 163 © Vasilyeva Larisa, 164 © Iconic Bestiary, 164 © Irina Voloshina, 164 © Julia Shamayaeva, 165 © Creativa Images, 166 © Modvector, 166 © Mr. Luck, 166 © AnnstasAg, 167 © ghrzuzudu, 167 © Prihanto Edi,168 © Treetops Interactive, 168 © Creativa Images, 169 © ClassicVector, 169 © wijayanto, 169 © Sensvector, 171 © Lyudmyla Kharlamova, 171 © Studio Ayutaka, 172 © Sabelskaya, 172 © vectorlab2D, 173 © Inspiring, 173 © Maquiladora, 174 © YuliaShvetsova, 174 © ONYXprj, 175 © Iconic Bestiary, 175 © 175 © , 176 © ProStockStudio, 177 © Iconic Bestiary, 177 © HappyPictures, 178 © Elena Istomina, 179 © GraphicsRF.com, 179 © Iconic Bestiary, 179 © Kraphix, 180 © BNP Design Studio, 181 © Ridackan, 181 © igorlale, 181 © Mark Rademaker, 182 © Vector Cool Arts, 182 © Olga1818, 183 © Sensvector, 183 © Skalapendra, 184 © svetabelaya, 184 © klyaksun, 185 © Vector FX, 185 © YummyBuum, 185 © Nicoleta Ionescu, 186 © Ksenya Savva, 186 © yusufdemirci, 187 © Iconic Bestiary, 187 © BarboS, 188 © GoodStudio, 188 © Mihai Gruianu, 188 © Iconic Bestiary, 189 © Volha Hlinskaya, 190 © yusufdemirci, 190 © TINA NIZOVA, 190 © Eny Setiyowati, 191 © Irina Strelnikova, 191 © NotionPic, 192 © Alfmaler, 192 © YummyBuum, 192 © Lana Sham, 193 © Belozersky, 193 © IfH, 194 © Grimgram, 194 © Katsiaryna Pleshakova, 195 © brgfx, 195 © Bibadash, 196 © Iconic Bestiary, 197 © LenaLaPina, 197 © Nadzeya Pakhomava, 198 © yusufdemirci, 198 © ClassicVector, 198 © Yuliia Konakhovska, 199 © Masyhurizal, 199 © GraphicsRF.com, 200 © Andrew Rybalko, 200 © Norbert9, 201 © ByEmo, 201 © Colorfuel Studio, 202 © freshcare, 202 © Dervish45, 203 © Sylfida, 203 © yiulipa, 205 © TMvectorart, 205 © Gurza, 205 © Tetiana D, 206 © Amanita Silvicora, 207 © GoodStudio, 207 © Sujono sujono, 207 © Colorfuel Studio, 208 © Amahce, 209 © Tartila, 209 © ArtHeart, 210 © GraphicsRF.com, 210 © FoxyImage, 211 © Juliasart, 211 © Rustic, 212 © KingVector, 212 © Lana Sham, 213 © ASTA Concept, 213 © klyaksun, 214 © Iconic Bestiary, 214 © ActiveLines, 214 © SofiaV, 215 © peart.ru, 215 © Colorfuel Studio, 216 © JUVART, 217 © Pavlo S, 217 © Viktoria Sokolova, 217 © Vector_Up, 219 © BrightRainbow,

Grundschulwörterbuch Deutsch-Ukrainisch
ISBN 9783962134808 interkulturaverlag.de